Meinhard Saremba

Giuseppe Verdi

Einführung

FSC
www.fsc.org
MIX
Papier aus verantwortungsvollen Quellen
Paper from responsible sources
FSC® C105338

Der Autor

Meinhard Saremba ist als Übersetzer, Dozent und musikwissenschaftlicher Publizist tätig. Er verfasste unter anderem die Bücher *Arthur Sullivan – Ein Komponistenleben im viktorianischen England* (Wilhelmshaven 1993), *Elgar, Britten & Co. – Eine Geschichte der britischen Musik in zwölf Portraits* (St.Gallen-Zürich 1994), *Leoš Janáček – Zeit, Leben, Werk, Wirkung* (Kassel 2001) und *Oper – Einführung* (Essen 2011). Er ist ferner Mit-Herausgeber des *Cambridge Companion to Gilbert and Sullivan* (Cambridge University Press 2009) und des Bandes *Sullivan-Perspektiven* (Essen 2012). Zudem publizierte er in Fachzeitschriften und auch in *Pipers Enzyklopädie des Musiktheaters*, *Metzlers Komponistenlexikon* und *Die Musik in Geschichte und Gegenwart* (*MGG*).

Meinhard Saremba

Giuseppe Verdi
Einführung

Oldib Verlag

Bibliografische Information der
Deutschen Nationalbibliothek
Die Deutsche Nationalbibliothek verzeichnet diese
Publikation in der Deutschen Nationalbibliografie;
detaillierte bibliografische Daten sind im Internet
über http://dnb.ddb.de abrufbar.

Waldeck 14, 45133 Essen
www.oldib-verlag.de, info@oldib-verlag.de
Umschlaggestaltung: Oliver Bidlo
Umschlagbild: Verdi-Portrait von A. Hermann, Archiv des Autors
Druck: BoD GmbH, Norderstedt

ISBN 978-3-939556-37-4

Inhaltsverzeichnis

Vorbemerkung und praktische Hinweise

Umfassende Lebensbeschreibungen Verdis, wie beispielsweise die vier jeweils etwa 800 Seiten umfassenden Bücher von Franco Abbiati (1898-1981) oder der fast tausendseitige Band von Mary Jane Phillips-Matz (1926-2013) und detaillierte Werkanalysen wie das dreibändige Opus *The Operas of Verdi* von Julian Budden (1924-2007) oder ein backsteindickes deutschsprachiges Verdi-„Handbuch" gibt es zur Genüge. Dieser Band bietet eine prägnante Einführung in das Lebenswerk des italienischen Komponisten, wobei ein Schwerpunkt auf den vielfältigen Hintergründen und Besonderheiten seines Schaffens liegt. Berücksichtigt werden nicht nur Verdis Opern, sondern auch seine Lieder, Chor- und Orchesterwerke. Die Opern werden unter musikdramaturgischen Gesichtspunkten thematisch vorgestellt, nicht in ihrer zeitlichen Abfolge, wobei jedem Werk auch ein eigener Abschnitt gewidmet ist. Eine chronologische Darstellung von Verdis Leben und Wirken findet sich in der Zeittafel. Zur weiteren Vertiefung bieten sich die in der Literaturliste und den Anmerkungen genannten Bücher an.

Hinsichtlich der Titel wird bei Verdis zweiter Gutiérrez-Vertonung die traditionelle italienische Schreibweise *Simone Boccanegra* verwendet, da der Name so auch gesungen wird und „Simone" wie auch „Andrea" oder „Gabriele" in Italien ein männlicher Vorname ist. Bei der vierten Schiller-Oper Verdis findet sich in diesem Buch für die französische Version das originale *Don Carlos* und für die italienischen Fassungen *Don Carlo*. Bei dem Operntitel *Otello* handelt es sich um die italienische Schreibweise des englischen *Othello*. Verdis mitunter nachlässige Schreibweise von Namen – wie etwa „Vagner" oder „Sakspere" – wurde der besseren Lesbarkeit halber korrigiert.

Um die Hinweise zum Werk praktisch leichter nachvollziehen zu können, wird auf Notenbeispiele verzichtet, dafür aber auf die entsprechenden Passagen in Referenzaufnahmen verwiesen. (Von fast der Hälfte der Opern gibt es nur eine bzw. eine wirklich empfehlenswerte Aufnahme. Alle genannten Werke von Verdis Zeitgenossen sind zumindest in Auszügen zugänglich.) Die Auswahl dieser Einspielungen wurde bestimmt durch die Qualität von Interpretation und Klang, zudem sollte sie ein möglichst breites Spektrum herausragender Verdi-Sängerinnen und -Sänger sowie

-Dirigenten der letzten fünfzig Jahre repräsentieren. Natürlich gibt es auch andere qualitativ hochwertige Aufnahmen, jedoch bietet die im Folgenden genannte Liste durchaus Anregungen für den Auf- bzw. den Ausbau der eigenen Verdi-Sammlung. Leider konnten die exquisiten Einspielungen von Arturo Toscanini, Renato Cellini und Fritz Busch nicht berücksichtigt werden, da es sich um Mono-Aufnahmen handelt. Die Textbücher zu den einzelnen Opern finden sich unter anderem auf der Webseite http://www.opera-guide.ch/ oder in den jeweiligen CD-Beiheften. Weitere interessante Webseiten sind http://imslp.org/wiki/Category:Verdi,_Giuseppe und:
http://www.fondazione-internazionale-giuseppe-verdi.org.
Beispiel für die Hinweise auf die entsprechenden Stellen:
(*SB 1881* I/13 1:20-2:23) verweist auf die erste CD und dort Track 13 der entsprechenden Einspielung der 1881 uraufgeführten revidierten Fassung von *Simone Boccanegra* und hier auf die Musikpassage von 1' 20" bis 2' 23" (Minuten/Sekunden).
Die Referenzaufnahmen:

- *Aida* – **Aida**; Caballé, Domingo, Cossotto, Dirigent: Riccardo Muti (EMI)
- *Alzira* – **Alzira**; Mescheriakova, Vargas, Dir.: Fabio Luisi (Philips)
- *Aroldo* – **Aroldo**; Shicoff, Vaness, Dir.: Fabio Luisi (Philips)
- *Attila* – **Attila**; Raimondi, Milnes, Dir.: Lamberto Gardelli (Philips)
- *Ballo* – **ballo in maschera**, **Un**; Pavarotti, Price, Bruson, Dir.: Georg Solti (Decca)
- *Battaglia* – **battaglia di Legnano, La**; Carreras, Manuguerra, Dir.: Lamberto Gardelli (Philips)
- *Corsaro* – **corsaro, Il;** Carreras, Caballé, Norman, Dir.: Lamberto Gardelli (Philips)
- *DC 1867* – **Don Carlos** (5-aktige frz. Pariser Fassung 1867); Alagna, Hampson, van Dam, Mattila, Dir.: Antonio Pappano (EMI)
- *DC 1884* – **Don Carlo** (4-aktige ital. Mailänder Fassung 1884); Carreras, Cappuccilli, Ghiaurov, Freni, Dir.: Herbert von Karajan (DGG)
- *DC 1886* – **Don Carlo** (5-aktige Modena-Fassung 1886); Margison, Hvorostovsky, Scandiuzzi, Gorchakova, Dir.: Bernard Haitink (Philips)

- *Ernani* – **Ernani**; Bergonzi, Price, Flagello, Sereni, Dir.: Thomas Schippers (RCA)
- *Falstaff* – **Falstaff**; Lafont, Martinpelto, Dir.: John Eliot Gardiner (Philips)
- *Forza 1862* – **Forza del destino, La;** (St. Petersburger Fassung 1862); Gorchakova, Grigorian, Putilin, Dir.: Valery Gergiev (Philips)
- *Forza 1869* – **Forza del destino, La;** (Mailänder Fassung 1869); Milanov, di Stefano, Warren, Dir.: Fernando Previtali (Decca)
- *Foscari* – **due Foscari**, **I**; Cappuccilli, Carreras, Dir.: Lamberto Gardelli (Philips)
- *Giorno* – **giorno di regno**, **Un**; Wixell, Cossotto, Dir.: Lamberto Gardelli (Philips)
- *Giovanna* – **Giovanna d'Arco**; Caballé, Domingo, Dir.: James Levine (EMI)
- *Jérusalem* – **Jérusalem**; Scandiuzzi, Giordani, Mescheriakova, Dir.: Fabio Luisi (Philips)
- *Lombardi* – **Lombardi alla prima crociata**, **I**; Ramey, Pavarotti, Anderson, Dir.: James Levine (Decca)
- *Luisa* – **Luisa Miller**; Ricciarelli, Domingo, Dir.: Lorin Maazel (DGG)
- *Macbeth 1847* – **Macbeth** (Fiorentiner Fassung 1847); Demerdjiev, Tamar, Dir.: Marco Guidarini (Dynamic)
- *Macbeth 1865* – **Macbeth** (Pariser Fassung 1865); Cappuccilli, Verrett, Dir.: Claudio Abbado (DGG)
- *Masnadieri* – **Masnadieri**, **I**; Bonisolli, Manuguerra, Dir.: Richard Bonynge (Decca)
- *Nabucco* – **Nabucco**; Bruson, Zampieri, Dir.: Giuseppe Sinopoli (DGG)
- *Oberto* – **Oberto**; Ramey, Dir.: Neville Marriner (Philips)
- *Otello* – **Otello**; Cossutta, Price, Bacquier, Dir.: Georg Solti (Decca)
- *R/QPS* – **Messa da Requiem** (für Manzoni) + **Quattro Pezzi Sacri**; Otter, Miles, Dir.: John Eliot Gardiner (Philips)
- *Rigoletto* – **Rigoletto**; Milnes, Sutherland, Pavarotti, Dir.: Richard Bonynge (Decca)
- *SB 1857* – **Simone Boccanegra** (Venezianische Fassung 1857); Bruscantini, Dir.: John Matheson (Opera Rara)
- *SB 1881* – **Simone Boccanegra** (Mailänder Fassung 1881); Cappuccilli, Dir.: Claudio Abbado (DGG)

- *Stiffelio* – **Stiffelio**; Carreras, Sass, Dir.: Lamberto Gardelli (Philips)
- *Traviata* – **traviata, La**; Cotrubas, Domingo, Dir.: Carlos Kleiber (DGG)
- *Trovatore* – **trovatore, Il**; Domingo, Price, Milnes, Dir.: Zubin Mehta (RCA)
- *VS 1855* – **vêpres siciliennes, Les** (frz. Fassung 1855); Brumaire, Bonhomme, Taylor, Dir.: Mario Rossi (Opera Rara)
- *VS 1861*– **vespri siciliani, I** (ital. Fassung nach 1861); Arroyo, Domingo, Milnes, Dir.: James Levine (RCA)

Lieder – *Verdi: Complete Songs*; Scotto, Washington, Scalera, (Nuova Era Internazinale 231725)

Unpublished Verdi (*Credo, Capriccio, Introduzione e tema* u. a.); Orchestra e coro Giuseppe Verdi di Busseto, Dir.: Fausto Pedretti (Blue Line 47574-2)

Verdi Discoveries (Orchester- und Instrumentalwerke); Thibaudet, Petrarulo, Orchestra Sinfonico di Milano Giuseppe Verdi, Dir.: Riccardo Chailly (Decca 473 767-2)

Verdi World Premieres (*Messa solenne*, *Qui tollis*, *Tantum ergo* u. a.); Orchestra Sinfonico e coro di Milano, Dir.: Riccardo Chailly (Decca 467 280-2)

Inno delle Nazioni u. a.; Armiliato, Orchestre Philharmonique et Chœr de l'Opéra de Nice, Dir.: Marcello Panni (Roméo Records 7207)

RpR – *Requiem per Rossini*; Beňačková-Čáp, Dir.: Helmuth Rilling (Hänssler 098.402.000)

Ballettmusik – *Verdi: Complete Ballet Music*, Bournemouth Symphony Orchestra, Dir.: José Serebrier (Naxos 8.572818-19, 2 CD)

Giuseppe Verdi – Zeittafel

1813 Giuseppe Verdi wird am 10. Oktober in dem Dorf Le Roncole bei Busseto im Herzogtum Parma geboren; 16.-19.10.: Völkerschlacht bei Leipzig.

1814-15 Wiener Kongress

1815-70 Zeit des so genannten „Risorgimento“ in Italien („Wiedererstehung“)

1820 (7) Verdis Eltern kaufen dem Sohn ein Spinett; Verdi wird Chorknabe in der Dorfkirche und vertritt Don Baistrocchi gelegentlich an der Orgel.

1822/23 Verdi wird Organist von San Michele in Le Roncole und geht auf das Gymnasium in Busseto.

1825 (12) Verdi besucht die Musikschule von Ferdinando Provesi in Busseto.

1826/27 Erstfassung von Alessandro Manzonis Roman *I promessi sposi* (*Die Brautleute*) – überarbeitete Neuausgabe 1840/42.

1828 (15) Verdi komponiert Ouvertüren und die Kantate *I deliri di Saul*.

1829 (16) Verdi wird Assistent von Provesi in Busseto.

1832 (19) *Laudate pueri* für zwei Tenöre, Bass, Chor und Orchester, *Tantum ergo* in F-Dur für Bass und Orchester und *Qui tollis* für Tenor und Klarinette; Verdi erhält von der Herzogin Marie-Louise von Parma ein vierjähriges Stipendium zum Studium in Mailand; da er zu alt ist, um ins Konservatorium aufgenommen zu werden, nimmt er Privatunterricht bei Vincenzo Lavigna.

1835 (22) *Messa solenne* (*Messa di Gloria*)

1836 (23) Verdi wird Musikdirektor von Busseto als Nachfolger von Provesi („maestro di musica“); 4.5.: Heirat mit Margherita Barezzi (22); Beginn der Arbeit an seiner ersten Oper; *Tantum ergo* in G-Dur für Tenor und Orchester.

1837 (24) „Suona la tromba“ für dreistimmigen Chor, *Adagio* für Trompete und Orchester, *Variazioni* für Oboe und Orchester; 26.3.: Geburt der Tochter Virginia.

1838 (25) Verdi zieht mit seiner Familie nach Mailand; seine Oper *Oberto* wird an der Scala angenommen; *Sei romanze* für Frauenstimme und Klavier, Sinfonia in C-Dur, *Capriccio* für Fagott mit Orchester; 11.7.: Geburt des Sohnes Icilio; 12.8.: Tochter Virginia stirbt.

1839 (26) **Oberto**, 17. November 1839 (Mailänder Scala); 22.10.: Sohn Icilio stirbt.

1840 (27) **Un giorno di regno**, 5. September 1840 (Mailänder Scala); 18.6.: Verdis Ehefrau Margherita (26) stirbt.

1842 (29) **Nabucco**, 9. März 1842 (Mailänder Scala); Beginn der Beziehung zu der Sängerin Giuseppina Strepponi (27).

1843 (30) **I Lombardi alla prima crociata**, 11. Februar 1843 (Mailänder Scala)

1844 (31) **Ernani**, 9. März 1844 (La Fenice, Venedig), **I due Foscari**, 3. November 1844 (Teatro Argentinia, Rom), *Romanza senza parole* für Klavier (veröffentlicht 1865).

1845 (32) **Giovanna d'Arco**, 15. Februar 1845 (Mailänder Scala), **Alzira**, 12. August 1845 (Teatro San Carlo, Neapel), *Sei romanze* für Singstimme und Klavier.

1846 (33) **Attila**, 17. März 1846 (Teatro La Fenice, Venedig)

1847 (34) **Macbeth**, 14. März 1847 (Teatro alla Pergola, Florenz), **I masnadieri**, 22. Juli 1847 (Her Majesty's Theatre London), **Jérusalem**, 26. November 1847 (Opéra, Paris; Neufassung von *I Lombardi*); Verdi erwirbt das Gut Sant'Agata in der Lombardei, das er zu einem prächtigen Herrensitz ausgestaltet, auf dem er bis zu seinem Lebensende wohnt.

1848 (35) März-August: Erster Unabhängigkeitskrieg Piemonts gegen Österrreich; **Il Corsaro**, 25. Oktober 1848 (Teatro Grande, Triest)

1849 (36) **La battaglia di Legnano**, 27. Januar 1849 (Teatro Argentinia, Rom); ab März: der Unabhängigkeitskampf geht weiter; **Luisa Miller**, 8. Dezember 1849 (Teatro San Carlo, Neapel)

1850 (37) **Stiffelio**, 16. November 1850 (Teatro Grande, Triest)

1851 (38) **Rigoletto**, 11. März 1851 (Teatro La Fenice, Venedig)

1853 (40) **Il trovatore**, 19. Januar 1853 (Teatro Apollo, Rom), **La traviata**, 6. März 1853 (Teatro La Fenice, Venedig)

1855 (42) Mai: Piemont-Sardinien beteiligt sich am Krieg (1853-56) gegen Russland, womit Cavour die Unterstützung der Westmächte gewinnt; **Les vêpres siciliennes**, 13. Juni 1855 (Opéra, Paris), Pläne zur Shakespeare-Vertonung *Re Lear*.

1857 (44) **Simone Boccanegra**, 12. März 1857 (Teatro La Fenice, Venedig), **Aroldo** (Neufassung von *Stiffelio*), 16. August 1857 (Teatro Nuovo, Rimini)

1859 (46) **Un ballo in maschera**, 17. Februar 1859 (Teatro Apollo, Rom); in Neapel kommt erstmals die Losung „Viva

	V.E.R.D.I." (= Vittorio Emanuele Re d'Italia) auf; April: Beginn des Zweiten Unabhängigkeitskriegs; 29.8.: Heirat mit Giuseppina Strepponi (44); 4.9.: Verdi wird zum Abgeordneten Bussetos für das Parlament der Provinz Parma gewählt.
1861 (48)	Januar: Erste Wahlen zum italienischen Parlament; März: Proklamation von Vittorio Emanuele II. als König von Italien; Konstituierung des italienischen Senats; Verdi wird von 1861 bis 1865 Abgeordneter im italienischen Parlament; ab 1861 wird *Les vêpres siciliennes* in Italien als **I vespri siciliani** aufgeführt.
1862 (49)	*Inno delle Nazioni*, 24. Mai 1862 (Her Majesty's Theatre, London), **La forza del destino**, 10. November 1862 (Bolschoi-Theater, St. Petersburg)
1865 (52)	Neufassung von **Macbeth**, 21. April 1865 (Théâtre Lyrique, Paris).
1866 (53)	Juni-Oktober: Dritter Unabhängigkeitskrieg, bei dem Italien an der Seite Preußens gegen Osterreich kämpft; Italien geeinigt bis auf den Kirchenstaat.
1867 (54)	**Don Carlos**, 11. März 1867 (Opéra, Paris); Mai: Die Verdis nehmen die siebenjährige Filomena Maria an Kindesstatt auf.
1868 (55)	30.6.: Begegnung mit Alessandro Manzoni in Mailand.
1869 (56)	Neufassung von **La forza del destino**, 27. Februar 1869 (Mailänder Scala)
1870	Rom wird zur neuen Hauptstadt ausgerufen, nachdem bisher Turin und ab Ende 1864 Florenz Sitz der italienischen Regierung waren.
1871 (58)	**Aida**, 24. Dezember 1871 (Dar Elopera Al Misria, Kairo)
1873 (60)	Streichquartett; *Pater noster* für fünfstimmigen Chor.
1874 (61)	**Messa da Requiem** (für Alessandro Manzoni); 8.12.: Verdi wird zum Senator des Königreichs Italien ernannt.
1880 (67)	*Ave Maria* für Sopran und Streicher.
1881 (68)	Neufassung von **Simone Boccanegra**, 24. März 1881 (Mailänder Scala)
1884 (71)	Neufassung von **Don Carlo** (4 Akte), 10. Januar 1884 (Mailänder Scala)
1886 (73)	Neufassung von **Don Carlo** (5 Akte), 26. Dezember 1886 (Teatro Municipale, Modena)
1887 (74)	**Otello**, 5. Februar 1887 (Mailänder Scala)
1888 (75)	Einweihung des von Verdi gestifteten Krankenhauses in Villanova sull'Arda.
1893 (80)	**Falstaff**, 9. Februar 1893 (Mailänder Scala)

1894 (81) *Pietà, Signore* für Tenor und Klavier

1897 (84) 14.11.: Tod von Verdis zweiter Ehefrau Giuseppina (82) auf Sant'Agata.

1898 (85) **Quattro pezzi sacri**.

1899 (86) Verdi stiftet ein Erholungs- und Altenheim für Musiker in Mailand („Casa di riposo per musicisti").

1901 Verdi stirbt am 27. Januar in Mailand und wird mit seiner Frau in der Krypta der Kapelle des Casa di riposo beigesetzt.

1. Verdis Œuvre in seiner Epoche

1.1 Zeithintergründe und biographische Aspekte

Der italienische Komponist Giuseppe Verdi verfasste im Gegensatz zu Gluck, Wagner oder Schönberg keine programmatischen Schriften oder umfangreiche Vorworte zu seinen Partituren. Einblicke in seine Ansichten, Arbeitsweise und künstlerischen Intentionen ermöglicht vor allem seine Korrespondenz mit Librettisten, Theaterleuten, Musikern, Literaten, Gönnern und Freunden. Mit schätzungsweise über 30.000 Briefen erweist er sich als einer der eloquentesten und mitteilsamsten Menschen seiner Epoche. Zu Lebzeiten verwahrte sich Verdi dagegen, dass seine Texte der Allgemeinheit zur Verfügung gestellt werden. „Welche Notwendigkeit besteht denn, die Briefe eines *Maestro di musica* hervorzukramen? Briefe, die immer in Eile geschrieben worden sind", jammerte er 1880. „Ach! Die Berühmtheit ist eine große Plage!"[1] Ein Freund, der Geschäftsmann Cesare De Sanctis, hatte schon acht Jahre zuvor darauf gedrängt, Teile des Schriftwechsels zu veröffentlichen, denn „Eure Briefe sind Kunstwerke". Auch Verdis zweite Frau, die Sängerin Giuseppina Strepponi, befürwortete bereits 1854 eine Veröffentlichung, denn „Dein Gefühl für die Kunst, der Du so viel Glanz verleihst, ist so echt und so tief, und Du sprichst es mit solcher Wahrhaftigkeit aus, dass Deine mit goldener Feder geschriebenen Briefe wirklich publiziert werden sollten".[2] Verdis Wunsch entsprechend gelangten zu seinen Lebzeiten nur wenige Schreiben an die Öffentlichkeit. Für diese konstruierte der Komponist geradezu das Bild, das sie von ihm haben sollte: das des Burschen, der sich aus einfachsten Verhältnissen hochgearbeitet hatte; das des verkannten Genies, dem das Mailänder Konservatorium das Studium verweigerte; das des aufstrebenden Künstlers, der „im Verlauf von rund zwei Monaten"[3] seine junge Familie verlor; das des hart arbeitenden Musikers, der sich in einer von ihm als „Galeerenjahre" bezeichneten Phase mühsam durchschlug, bis er als arrivierter Komponist sich schließlich in aller Bescheidenheit als „Bauer, der aus gutem Holz geschnitzt ist",[4] zurückziehen konnte, denn, so Verdi, er sei „dazu verdammt, ein Bär zu sein, und das werde ich ewig bleiben".[5] All dies war Teil eines Selbstschutzes gegenüber einem wachsenden Interesse an seiner Person. Jedoch wurde diese Selbstinszenierung integriert in den im 19. Jahrhundert geschaffenen Mythos der italienischen Einigung. In Jahre 1869 erschien der Band *Volere è potere* (Wo ein Wille ist, ist auch ein Weg) von Michele Lessona, der sich an Samuel Smiles Erfolgsbuch *Self-Help* (1859) orientiert, welches 1865 in Italien unter dem Titel *Chi si aiuta Dio l'aiuta* (Wer sich selbst hilft, dem hilft Gott) herausgekommen war. Der mit Verdi befreundete Zoologe und Darwin-Übersetzer Lessona (1823-1894) stellte die Städte und Regionen Italiens sowie deren bedeutendste Persönlichkeiten vor, die als prägnante Beispiele für den Aufstieg des Landes dienen konnten. Das neunte Kapitel seines einflussreichen Werks befasst sich mit Parma und Giuseppe Verdi. Zu diesem Zeitpunkt gehörte der Komponist bereits zur etablierten Elite des Landes und wurde zu den Ikonen und Gründervätern des neuen Italien gezählt. Er hatte sich ungeachtet aller Widerstände durchs Leben gekämpft, wie das Heimatland, das 1861 nach Jahrzehnte langen Kämpfen konstituiert worden war. 1866 kamen dann noch Venetien und das Friaul hinzu und 1870 letztendlich auch der Kirchenstaat, woraufhin Rom zur neuen Hauptstadt ausgerufen wurde, nachdem seit 1861 Turin und ab Ende 1864 Florenz Sitz der italienischen Regierung gewesen waren.

Von Herzogtümern und Königreichen

Mehr als die Hälfte seines Lebens verbrachte Verdi in einem Teil Europas, in dem „Italien", wie Metternich einst süffisant bemerkte, lediglich „un nom géographique" war und nicht ein einheitliches Staatsgebiet. Seit Ende des 15. Jahrhunderts hatten immer wieder französische und spanische Herrscher auf der Apeninnenhalbinsel interveniert und im 18. Jahrhundert machten auch die österreichischen Habsburger Ansprüche geltend. Die Landkarte glich einem Flickenteppich, auf dessen Teile die unterschiedlichsten europäischen Dynastien Ansprüche erhoben. Nach dem Sieg über Napoleon wurden 1814/15 auf dem Wiener Kongress die Grenzen und Besitzungen neu festgelegt. Im Süden stand 1816 das Königreich beider Sizilien mit Neapel und Palermo unter Herrschaft der spanischen Bourbonen, während in Mittelitalien der Papst mit dem Kirchenstaat von Rom bis Bologna ein umfangreiches Gebiet beanspruchte. Daran schlossen sich die von den österreichischen Habsburgern kontrollierten Herzogtümer Toskana, Modena und Parma an sowie die zum Königreich Lombardo-Venetien vereinigten Regionen der Lombardei und Venetiens. Nur das kleine Herzogtum Lucca unterstand durch das Haus Bourbon-Parma dem Einfluss von Spanien und Frankreich, bis es 1847 an die Toskana angeschlossen wurde. Zu den größten Landstrichen im Norden gehörte noch das Königreich Sardinien-Piemont unter dem Haus Savoyen. Diese Zersplitterung des Landes wurde für Verdis Laufbahn insofern bedeutsam, als er in den jeweiligen Opernhochburgen mit unterschiedlichen Mentalitäten, Erwartungshaltungen und rechtlichen Bestimmungen zurechtkommen musste.

Obwohl im Großherzogtum Parma geboren, war Verdi wegen seiner „beruflichen Belange"[6] nach Mailand in die Lombardei gezogen, wo zwischen 1839 und 1843 seine ersten Opern – *Oberto*, *Un giorno di regno*, *Nabucco* und *I Lombardi alla prima crociata* – uraufgeführt wurden. In Venedig, das wie Mailand Teil von Lombardo-Venetien war, schlossen sich experimentellere Werke an wie 1844 *Ernani* und 1851 *Rigoletto*, 1853 *La Traviata* sowie 1857 die Erstfassung von *Simone Boccanegra*, aber auch ein konventionelleres Stück wie *Attila* (1846) wurde am Gran Teatro La Fenice erstmals gegeben. Die Mailänder Scala wiederum erlebte Verdis Auseinandersetzung mit seinen bevorzugten Dramatikern Schiller und Shakespeare durch *Giovanna d'Arco* (1845) sowie – im hohen Alter noch – *Otello* (1887) und *Falstaff* (1893).

Mit der Oper *Stiffelio* (1850), die wie *La Traviata* einen zeitgenössischen Stoff behandelt, ging Verdi 1850 zum Teatro Grande nach Triest, das im österreichischen Kaiserstaat in das neu geschaffene Königreich Illyrien eingegliedert worden war. Politisch heikle Stücke wie *I due Foscari* (1844), *La Battaglia di Legnano* (1849) und *Un ballo in maschera* (1859), aber auch *Il trovatore* (1853), brachte er in Rom, dem Zentrum des Kirchenstaates, heraus, weil dort die Zensur andere Maßstäbe anlegte. Allgemein lässt sich sagen, dass die Behörden bei Schauspielproduktionen rigoroser vorgingen, wohingegen einem bedeutenden Wirtschaftsfaktor wie der Oper größere Kompromissmöglichkeiten zugebilligt wurden, weil man nicht durch Aufführungsverbote ganze Spielzeiten gefährden wollte. Dementsprechend konnten Komponisten und Librettisten flexibel Änderungen vornehmen, solange beispielsweise religiöse Aspekte keinen Anstoß erregten. Was in dem einen Ort regionale Empfindlichkeiten verletzte, mochte in einem anderen akzeptabel sein; was dem Geschmack bestimmter Publikumskreise nicht genehm war, konnte – gegebenenfalls durch entsprechende Anpassungen – bei anderen durchaus realisiert werden. Bei *I Lombardi* musste für die Uraufführung in Mailand lediglich ein „Ave Maria" in ein „Salve Maria" abgeändert werden, während *I due Foscari* die Venezianer wenig begeistert hätte, da noch Angehörige der Familie dort lebten. Folglich versuchte Verdi es in der Lagunenstadt mit anderen Werken. *Macbeth* wäre im seinerzeit eher konservativ orientierten Mailand kaum vorstellbar gewesen, daher ging er damit nach Florenz. Abseits der Metropolen vertraute Verdi Rimini, das zum Kirchenstaat gehörte, 1857 die Erstaufführung von *Aroldo* an, der bereinigten Neufassung des kirchenkritischen *Stiffelio*.

Im Königreich beider Sizilien verließ Verdi nie das italienische Festland, sondern genehmigte nur in Neapel die Uraufführungen von *Alzira* (1845) und *Luisa Miller* (1849). In Triest, seinerzeit Teil des Habsburger Kaiserreichs, sah man die Uraufführungen von *Il Corsaro* (1848) und *Stiffelio* (1850). Dadurch zählen diese Stücke aus damaliger Sicht zu den Bühnenwerken, die Verdi für ausländische Theater schrieb bzw. überarbeitete. Dazu gehören ferner 1847 die für London entstandene Oper *I masnadieri*, die in Paris vorgestellten Werke *Jérusalem* (1847 als Neufassung von *I Lombardi*) und *Macbeth* (Überarbeitung von 1865) sowie die Auftragsarbeiten der Pariser Opéra, *Les vêpres siciliennes* (1855) und *Don Carlos* (1867), zudem *La forza del destino* 1862 für Sankt Petersburg und 1871 *Aida* in Kairo. Damit wurde, inklusive der *Quattro pezzi sacri* (1898), etwa ein Viertel seines Gesamtwerks im Ausland uraufgeführt, was nicht zuletzt auch den universalen Anspruch von Verdis Schaffen belegt. Dass es ihm gelang, ungeachtet seiner relativ bescheidenen Herkunft zu einem der weltweit angesehensten und gefragtesten Komponisten aufzusteigen, hängt einerseits damit zusammen, dass er sich mit den Jahren ein Netzwerk von einflussreichen und zuverlässigen Kontakten aufbaute, und andererseits mit seinem unbändigen Ehrgeiz. „Wenn ich daran denke, dass Rossini Weltruf genießt, dann möchte ich mich umbringen und alle Schwachköpfe mit mir", schrieb er seiner Förderin Emilia Morosini, nachdem er 1842 den Starkomponisten besucht hatte. „Oh, es ist etwas Großes, Rossini zu sein!"[7] Nur wenige Jahre später hatte er der Oper seinen eigenen Stempel aufgedrückt.

Talent und Bildung

Merkwürdigerweise spinnen sich um Verdis Lieblingsdramatiker Shakespeare diverse Verschwörungstheorien, bei denen mehrfach Zweifel an der Authentizität seiner künstlerischen Arbeiten geäußert wurden, bei Giuseppe Verdi indes niemals. Dabei lassen sich bei dem englischen Dramatiker die Vorbehalte, er sei intellektuell nicht in der Lage gewesen, ein Gesamtwerk von solch gewaltigen Dimensionen zu schaffen, leicht entkräften, weil seine Hintergründe und Vorbildung nachweislich eine solide Grundlage boten, um den Anforderungen der Bühnen an handwerkliches Können und eine theaterwirksame Dramaturgie gewachsen zu sein. Bei dem italienischen Musiker ließ in seiner Jugend kaum etwas darauf schließen, dass er einmal im Musiktheater ein Œuvre von vergleichbaren Dimensionen schaffen würde. Sein Elternhaus stand in dem Dorf Le Roncole in der Emilia Romagna. Heute ist der Ort in „Le Roncole Verdi" umbenannt und in die Kleinstadt Busseto eingemeindet. Im Geburtshaus befindet sich nun ein Museum, ebenso wie in der nahe gelegenen Villa Verdi auf seinem Gut Sant'Agata nördlich von Busseto. In den dörflichen Verhältnissen seiner Jugend war es keineswegs üblich, lesen und schreiben zu lernen. Giuseppe Verdis Eltern galten als „illiterati", was zwar nicht – wie oftmals kolportiert – auf Analphabeten verweist (hierfür gibt es das Wort „analfabeto"), doch zumindest auf Menschen ohne Bildung. Der Vater, Carlo Verdi (1785-1867), besaß etwas Land und eine Gaststätte in Le Roncole, die zugleich auch als Laden diente. Die Mutter, Luigina, geborene Uttini (1787-1851), war eine Wirtstochter. Als erstes Kind von Geschäftsleuten – seine Schwester Giuseppa Francesca (1816-1833) starb bereits mit 17 Jahren – vermochte Giuseppe Verdi sein Leben lang gut mit Geld umzugehen. Er richtete stets ein besonderes Augenmerk auf den finanziellen Aspekt seiner künstlerischen Tätigkeit. In einer Region mit einer Analphabetenrate von etwa fünfzig Prozent – in den nicht von den Habsburgern bestimmten Gebieten lag sie bei bis zu achtzig Prozent – gehörte Verdi in Anbetracht seiner ländlichen Herkunft zu einer Minderheit von Kindern, die von ihren Eltern regelmäßig zur Schule geschickt wurden. Die Regierung zeigte keinerlei Interesse daran, die breite Masse der Italiener zu bilden. Da das Herzogtum Parma 1808 von Frankreich annektiert worden war, musste der Vorname Verdis am Montag, den 11. Oktober 1813 in der Schreibweise der französischen Amtssprache als „Joseph Fortunin François“ in das Taufregister eingetragen werden.[8] Bereits ein Jahr nach seiner Geburt stand die Region wieder unter Habsburger Vorherrschaft, regiert von Marie-Louise von Österreich. Für Giuseppe Verdi sollte sich dies noch zwanzig Jahre später als Vorteil erweisen, da er im aristokratischen Kulturleben der Metropole Mailand zunächst als Dirigent eines Hauptwerks von Joseph Haydn Aufmerksamkeit erregte. Schließlich widmete im Jahr 1843 der 29-jährige Verdi, dessen Opern später in den Mythenkanon des italienischen Widerstands integriert wurden, der Herzogin Marie-Louise von Parma seine neue Oper *I Lombardi alla prima crociata* (Die Lombarden auf dem ersten Kreuzzug), nachdem er zuvor den Hofmarschall um Genehmigung gebeten hatte. Die Habsburger Potentatin herrschte bis zu ihrem Lebensende 1847. Nach ihrem Tod kam das Haus Bourbon-Parma zurück auf den Thron und im Anschluss an die Gründung des italienischen Staates ging Parma 1861 im Königreich Sardinien auf.

Der junge Verdi, der sich einmal als „hingebungsvoll, leidenschaftlich, glühend“ charakterisierte,[9] zeigte schon bald musikalisches Talent. Er wurde Ministrant und Chorknabe an der Kirche San Michele, deren Organist, Don Baistrocchi (vor 1780-1823), seine Begabung entdeckte. Auf dessen Anraten hin kaufte Giuseppes Vater ein Spinett. Wie ein Dokument belegt, lehnte der Instrumentenstimmer 1821 eine Bezahlung ab „in Anbetracht der guten Veranlagung des jungen Giuseppe Verdi zum Erlernen dieses Instruments“.[10] Als Don Baistrocchi zwei Jahre später starb, übernahm der fast Zehnjährige dessen Amt als Organist in Le Roncole, das er am Wochenende und an Feiertagen auch weiter ausübte, als er wenige Monate später als Pensionist das Gymnasium im fünf Kilometer entfernten Busseto besuchte. Mit zwölf Jahren wurde er in die Musikschule von Ferdinando Provesi (1770-1833) aufgenommen, dem Domorganisten und städtischen Kapellmeister Bussetos. Alsbald konnte er seinem Lehrer bei dessen Aufgaben als Organist von San Bartolomeo zur Seite stehen und auch als Kopist behilflich sein, was ihm weitreichenden Einblick in die musikalische Struktur von Partituren sowie das Leistungsvermögen von Instrumenten und Stimmen vermittelte. Wenig später vermochte er sogar von Provesi nur skizzierte Partituren zu instrumentieren und das Orchestermaterial fertigzustellen. Verdis Beziehung zu klerikalen Kreisen in diesen frühen Jahren ist für seine spätere Entwicklung durchaus von Bedeutung, denn die Erfahrungen seiner Jugend brachten ihn zu der Überzeugung, dass die seelsorgerische Arbeit der Pfarrer die Hauptaufgabe der Kirche sei, während er die Institution als solche und ihre weltliche Machtausübung ablehnte.

Politische und weltanschauliche Haltungen

Sein Weltbild prägten nicht zuletzt auch etliche freisinnige Lehrer des Gymnasiums, aus dem manch einflussreiche Persönlichkeit hervorging. In der Phase des so genannten „Risorgimento" zwischen 1815 und 1870, des „Wiedererstehens" des italienischen Nationalbewusstseins und des Unabhängigkeitskampfs gegen die österreichische, spanische bzw. französische Fremdherrschaft, stand Verdi später vor allem den liberalen Kreisen um Camillo Cavour (1810-1861) nahe. Cavour war ab 1847 Gründer und Herausgeber der Zeitung *Il Risorgimento*, der diese Phase der italienischen Geschichte ihren Namen verdankt. Er wurde nach der Vereinigung der erste Ministerpräsident des neuen Königreichs. Nach nur drei Monaten im Amt verstarb Cavour, was Verdi „mit tiefer Trauer" erfüllte. Dem Musiker galt er als der „Prometheus der Nation", durch dessen Tod sich ein „Abgrund von Unheil" öffnete.[11] Cavour hatte Verdi 1859 überredet, eine Abgeordnetenkandidatur anzunehmen. Auch wenn es dem Komponisten gelang, sich im Parlament für die Belange von Künstlern einzusetzen, sah er sich doch nicht als geborener Politiker. Dennoch faszinierten ihn Integrationsfiguren. In der großen Ansprache des Dogen in der revidierten Fassung von *Simone Boccanegra* verleiht er einer solchen Profil (*SB 1881* I/16-17). Zu diesem Zeitpunkt galt Verdi schon längst als Symbolfigur des Risorgimento. Fraglich ist, inwiefern er dies in den 1840er- und 1850er Jahren bereits war. Die Bedeutung seiner Opern für die Entwicklung des Landes in jenen Jahren scheint vielfach überschätzt worden zu sein.[12] Selbst in den unzensierten national orientierten Blättern jener Zeit wird seine Rolle als politischer Komponist nicht hervorgehoben. Nie hat die Darbietung einer Verdi-Oper dazu geführt, dass sie – wie nach einer Aufführung von Aubers *La Muette de Portici* am 25. August 1830 in Brüssel – zur Initialzündung eines Aufstands gegen die Besatzungsmacht wurde. Vielmehr akzeptierte eine Persönlichkeit wie die Erzherzogin Adelheid von Österreich sogar, dass Verdi ihr ein vermeintlich revolutionäres

Werk wie *Nabucco* widmete. Zwar ist den Chören wie „Va, pensiero, sull'ali dorate" (Fliege, Gedanke, auf goldenen Schwingen) aus *Nabucco*, „O Signore, dal tetto natio chi chiamasti" (O Herr, du hast uns aus unserem Heim gerufen) aus *I Lombardi* oder „Scozia oppressa" (Unterdrücktes Schottland) aus der Erstfassung von *Macbeth* ein patriotischer Bezug nicht abzusprechen, aber damit stellte sich Verdi lediglich auf die gleiche Ebene wie Rossini oder Bellini. Die Marschmelodien und Chöre der Gallier aus Bellinis *Norma* (1831), einer der Lieblingsopern Verdis, waren seinerzeit nicht minder populär als Rossinis Opern über Moses (1818) oder Wilhelm Tell (1828). In Balzacs 1839 veröffentlichter Erzählung *Massimilla Doni* erläutert die Titelfigur einem Franzosen, wie sie die von Rossini höchstpersönlich 1819 in seine Oper *Mosè in Egitto* eingefügte „Preghiera", das Gebet des Moses im 3. Akt, versteht. „Moses ist der Befreier eines versklavten Volkes", sagt sie, „Bedenken Sie dies, wenn Sie erleben, mit welch religiöser Hoffnung das ganze Haus das Gebet der erretteten Hebräer hört und mit welch donnerndem Applaus es reagieren wird." Das Theaterpublikum verlangt nach einer Wiederholung und einen Mailänder lässt Balzac sinnieren, es sei „wie bei der Befreiung Italiens", während ein Zuschauer aus der Romagna ruft, diese Musik erhöhe noch die gebeugten Häupter und wecke Hoffnung. Es gibt vereinzelt Hinweise, die von entsprechenden Publikumsreaktionen bei Aufführungen von Verdis Opern berichten,[13] doch lässt sich daraus keine exponierte Stellung Verdis als eines vornehmlich politisch wahrgenommenen Künstlers ableiten. Auch in den Opern Donizettis, wie etwa *Marino Faliero* (1835) oder *L'assedio di Calais* (1836), gewann die Rolle des Volkes während der 1830er Jahre zunehmend am Bedeutung. Verdi schrieb 1848 optimistisch, „gegen den Willen des Volkes kann keine Macht bestehen", und hoffte darauf, Italien werde bald „frei sein, vereint, republikanisch".[14] Doch die vor allem von Giuseppe Mazzini (1805-1872) inspirierten republikanischen Kräfte vermochten sich bei der Einigung des Landes nicht durchzusetzen. Verdi begegnete dem seit 1837 im Exil lebenden Gründer des Künstler- und Intellektuellenbundes „Giovane Italia" (Junges Italien) erstmals während der Vorbereitungen zur Uraufführung von *I masnadieri* in London. Mazzini regte an, den Hymnus „Suona la tromba" (Es schallt die Trompete) von Goffredo Mameli (1827-1849) zu vertonen. Verdi schrieb eine

Fassung für einen dreistimmigen Männerchor ohne Instrumente, die ein wenig an den ebenfalls unbegleiteten Chor der lombardischen Liga zu Beginn von *La battaglia di Legnano* erinnert (*Lombardi* I/2 ab 1:49). „Möge diese Hymne zwischen der Musik der Kanonen bald in der lombardischen Ebene erklingen!", ließ er Mazzini wissen.[15] Zwar hatte der einflussreiche Schriftsteller Alessandro Manzoni auf literarischer Ebene den Blickwinkel des Volkes populär gemacht, allerdings wich dieser in der Realität oft von den Vorstellungen der geistigen Eliten ab. Verdi musste miterleben, wie Ende der 1850er Jahre sein Name sogar zum Synonym für ein geeintes Italien mit konstitutioneller Monarchie wurde. Bei der an Häuserwände geschriebenen Huldigung „Viva Verdi" (Es lebe Verdi!) nahm man das Akronym als Chiffre für die Losung: „Viva *V*ittorio *E*manuele *R*e *d'I*talia" (Es lebe Vittorio Emanuele, der italienische König!). Dem Zeitgeist der 1840er Jahre entsprechend, hatte Verdi in seinen Werken mit patriotischer Emphase den beliebten Nummern seiner Komponistenkollegen geeignete neue Szenen zur Seite gestellt. Mochte auch die Wendung „Avrai tu l'universo, resti l'Italia a me" (Du magst Dir das Universum nehmen, doch überlasse Italien mir, *Attila* I/10 ab 0:48), die in *Attila* (1846) der Feldherr Ezio dem Eroberer Attila entgegenschleudert, zur Parole einer neuen Generation geworden sein, so gilt doch zu bedenken, dass es dem römischen Heerführer lediglich um die Aufteilung von Machtsphären geht, nicht um die Selbstbestimmung der Völker. Und auch wenn im 4. Akt von *I Lombardi* die Kreuzfahrer stimmgewaltig von ihrer Sehnsucht zur Heimat singen, sind sie dennoch keine Opfer wie noch die Hebräer in *Nabucco*, sondern Invasoren. In *Macbeth* schließlich wird das Land von einem Tyrannen aus den eigenen Reihen unterdrückt.

Prägende Persönlichkeiten

Dass Verdi keinerlei Interesse daran hegte, sich auf Risorgimento-Themen festlegen zu lassen, zeigt der Umstand, dass er 1844/45 bei *Alzira* nicht die Möglichkeit nutzte, den politischen Gegensatz zwischen Inkas und spanischen Conquistadoren deutlich zu thematisieren. Hier wie in etlichen anderen Opern beschäftigte er sich vornehmlich mit den privaten Konflikten der Protagonisten. Bei *Attila* kam es Anfang 1846 sogar zum Zerwürfnis mit seinem Librettisten Termistocle Solera (1815-1878),

der das Stück wie zuvor *I Lombardi* mit einem gewaltigen Chor enden lassen wollte, und nicht verstehen konnte, warum Verdi „die Feierlichkeit der abschließenden Hymne nicht zu inspirieren vermochte".[16] Der Komponist zog es indes vor, im Finale die Hauptakteure ins Zentrum des Interesses zu rücken.
Auch im tatsächlichen Leben suchte Verdi kaum die Nähe der Volksmassen, sondern fühlte sich eher einigen wenigen Individuen eng verbunden. Durch Ferdinando Provesi kam er in Kontakt mit Antonio Barezzi (1787-1867), einem wohlhabenden Kaufmann in Busseto, der Giuseppes Vater mit Waren belieferte. Barezzi gewann Interesse an dem hochtalentierten Jungen, dessen Fähigkeiten er als Gründer und Präsident der Philharmonischen Gesellschaft durchaus einzuschätzen vermochte. Ohne Barezzis finanzielle Unterstützung hätte Giuseppe Verdi es kaum geschafft, sich musikalisch weiterzubilden, erste Kompositionsversuche zu wagen, entscheidende Verbindungen zu knüpfen und eine Laufbahn als professioneller Musiker einzuschlagen. Die künstlerischen Ambitionen des jungen Verdi waren zunächst ausgesprochen bescheiden: So bewarb er sich 1829 im Dorf Soragna, 1835 in Monza auf eine Stelle als Organist und noch ein Jahr später hatte er lediglich im Sinn, in Busseto die Nachfolge des verstorbenen Provesi als Organist und Musikdirektor anzutreten.
Im Jahr 1832 nahm Verdi an der Aufnahmeprüfung des Mailänder Konservatoriums teil, aber er wurde nicht zum Studium angenommen. Doch was er später als „Attentat auf meine Existenz" brandmarkte,[17] entsprach lediglich den Statuten des Instituts. Mit 19 Jahren war Verdi bereits zu alt und seine pianistischen Fähigkeiten erwiesen sich als nicht ausreichend, um eine Ausnahme zuzulassen. Mit Barezzis Unterstützung und mit Hilfe eines vierjährigen Stipendiums nahm er daraufhin Kompositionsunterricht bei Vincenzo Lavigna (1776-1836), der lange Konzertmeister und Cembalist der Mailänder Scala gewesen war und auch am Konservatorium unterrichtete. Als ehemaliger Schüler und Gefolgsmann von Giovanni Paisiello (1740-1816) sah sich Lavigna einer ganz anderen Tradition verpflichtet als jener der aktuellen Opernkomponisten, sodass Verdi neben der musiktheoretisch-handwerklichen Unterweisung des Routiniers vor allem das Kulturleben Mailands zur Lehrstätte wurde. Wesentliche Anregungen empfing er durch seine regelmäßigen Theaterbesuche, bei denen er „sehr genau Obacht" gab.[18] „Ich bin über einige der besten

zeitgenössischen Opern auf dem Laufenden", meinte Verdi, „habe sie nie studiert, sondern sie manchmal im Theater gehört."[19]

Im April 1834 bot sich für Verdi eine große Chance, um auf sich aufmerksam zu machen, als er kurzfristig als Dirigent einsprang, um die Leitung von Haydns Oratorium *Die Schöpfung* im Mailänder Casino de' nobili zu übernehmen. Mit der gelungenen Aufführung eines österreichischen Komponisten gewann der gerade erst 20-jährige Musiker den Respekt der führenden Kreise im Leben der Habsburger Residenzstadt. Mittlerweile hegte er bereits erste Pläne zu einer Oper, deren Arbeitstitel *Il duca di Rochester* lautete. Für diese vermochte er aber weder in Parma noch in Mailand jemanden zu begeistern. Obwohl für das Voranbringen seines Projekts die Anwesenheit in den großen Städten angebracht gewesen wäre, lebte Verdi wieder in Busseto. Dort hatte er als frischgebackener Musikdirektor im Mai 1836 die als Musiklehrerin tätige Margherita Barezzi (1814-1840), die Tochter seines Gönners, geheiratet. Alsbald gingen ihm jedoch die Eitelkeiten und Eifersüchteleien im kleinstädtischen Kulturleben auf die Nerven. „Die den Filarmonici konträre Partei freute sich und beschimpfte die andere, die andere wurde wütend und überschüttete mich und Signor Barezzi mit Schmähworten", ließ er einen Vertrauten wissen. „Wenn mein Wohltäter Barezzi meinetwegen nicht den nahezu allgemeinen Hass des Ortes zu erleiden hätte, wäre ich sofort abgereist."[20] Schließlich befand er, dass nur der Verkehr in Mailänder Künstler- und Adelskreisen ihn weiterbringen würde.

Privat war Verdis Leben in diesen Jahren vom Tod geprägt: Etliche seiner Lehrmeister waren mittlerweile verschieden, 1833 starb seine Schwester Giuseppa Francesca und am 12. August 1838 verlor das junge Ehepaar in Busseto im Alter von nur 17 Monaten seine Tochter Virginia. Auch wenn erst im Juli der Sohn Icilio zur Welt gekommen war, beschloss Verdi, mit seiner jungen Familie von seinem „unglückseligen Heimatort" nach Mailand zu ziehen, um dort vor Ort seine Karriere voranzutreiben. „Die Notwendigkeit, mir einen ausreichenden Unterhalt zur Ernährung meiner Familie zu beschaffen, veranlasst mich, anderswo das zu suchen, was ich in meiner Heimat nicht finden kann", schrieb er.[21] Ein Verlag in der lombardischen Hauptstadt hatte die Sammlung einiger seiner Lieder herausgebracht und die Realisierung seines Opernprojekts schien sogar an der Mailänder Scala nicht unrealistisch, sofern Verdi auf einige Änderungswünsche einging. Die überarbeitete Fassung von *Rochester* sollte den neuen Titel *Oberto, conte di San Bonifacio* erhalten. Die Ereignisse jener Zeit schilderte Verdi in seiner 1879 verfassten „selbstbiographischen Skizze" recht melodramatisch, indem er Ereignisse von mehreren Jahren wie in einem überdramatisierten Opernentwurf auf wenige Wochen und Monate verdichtete. Sein zweites Kind, Icilio, starb nicht – wie der Komponist kolportierte – zwei Wochen, sondern 14 Monate nach seiner Schwester am 22. Oktober 1839. Nur einen Monat später errang Verdi am 17. November 1839 mit *Oberto* an der Mailänder Scala einen Achtungserfolg, woraufhin der Impresario Bartolomeo Merelli (1794-1879) mit ihm einen Vertrag über drei weitere Opern schloss. Doch nur sieben Monate darauf verlor Verdi seine Frau Margherita am 18. Juni 1840, die mit 26 Jahren einer Hirnhautentzündung erlag. In dieser Phase arbeitete er gerade daran, eine komische Oper fertigzustellen. *Un giorno di regno* (König für einen Tag) gelangte ein Vierteljahr später am 5. September 1840 zur Uraufführung und wurde zu einem Fiasko. Verdis spätere Berichte über diese Phase seines Lebens haben viel zur Mystifizierung seiner Laufbahn beigetragen, beispielsweise die Legende, er habe das Komponieren aufgeben wollen und Merelli habe ihm ein Textbuch aufgedrängt, welches, von Verdi achtlos hingeworfen, zufällig an der Stelle des Gefangenenchors aufklappte. Die Fakten, die sich eindeutig rekonstruieren lassen, belegen, dass als Ersatz für die durchgefallene Oper sechs Wochen später *Oberto* wieder ins Programm genommen wurde, was Verdi für Proben und weitere siebzehn Aufführungen an die Mailänder Scala band. Zudem schrieb er für die Sängerin der Cuniza eine neue Arie mit Cabaletta und ein Duett. Im Dezember 1840 und Anfang Januar 1841 hielt sich Verdi in Genua auf, um die Vorbereitungen zu Aufführungen von *Oberto* am Teatro Carlo Felice zu begleiten. Bald darauf erhielt er von Merelli, bei dem er immer noch unter Vertrag stand, den Entwurf zu *Nabucco* und ab Februar traf er sich regelmäßig mit Solera, um an den Versen zu feilen. Er blieb dem Theater also weiterhin verbunden. Dass der Misserfolg von *Un giorno di regno* keineswegs allein dem Werk anzulasten ist, belegt, dass es wenige Jahre später an anderen Bühnen durchaus erfolgreich gespielt wurde. Das Uraufführungsdebakel dürfte eine Mischung aus enttäuschter Erwartungshaltung und Desinteresse an den aus Mailänder Perspektive abgedroschenen Komödientexten gewesen sein. Doch in den Künstlerkreisen an den führenden Bühnen der italienischen Regionen genoss Verdi weiterhin Anerkennung. Bei den Vorbereitungen zu *Nabucco* lernte er die Sängerin Giuseppina Strepponi (1815-1897) näher kennen, die spätestens 1843 seine Lebensgefährtin und 1859 seine zweite Ehefrau wurde. 1867 nahmen beide die siebenjährige Enkelin eines Onkels als Adoptivtochter auf, Filomena Maria Verdi (1859-nach 1901). Maria, so ihr Rufname, heiratete 1878 Alberto Carrara, den Sohn des für Verdi in geschäftlichen Angelegenheiten tätigen Notars, und wurde die Haupterbin Verdis.

Internationale Ambitionen

Mit *Nabucco* gelang Verdi am 9. März 1842 ein entscheidender Erfolg. Dieser brachte ihn nicht nur in Kontakt mit dem Verleger Ricordi, der den Klavierauszug herausbrachte, sondern öffnete ihm auch die Pforten zu den großen Mailänder Salons. Auf die triumphale Uraufführung folgten bis zum Ende der folgenden Spielzeit noch stolze 64 weitere Aufführungen. Das Stück macht Verdi auch nördlich der Alpen bekannt. Bereits mit *Nabucco* begann die internationale Karriere, denn der Impresario Merelli betreute neben der Mailänder Scala auch die „Italienische Opernsaison" am Kärntnertortheater in Wien. Dort präsentierte er im April 1843 *Nabucco* unter Verdis Leitung. „Seit *Nabucco* habe ich, kann man sagen, nicht eine Stunde Ruhe gehabt", klagte Verdi über die – wie er sie nannte – folgenden „sechzehn Galeerenjahre!"[22] Es stimmt zwar, dass der Komponist zwischen 1842 und 1853 regelmäßig an neuen Opern arbeitete – 17 in nur elf Jahren –, allerdings waren es nicht allein die Impresarios, sondern auch Verdi selbst, der das Tempo der „Galeere" vorgab. Natürlich erschien es für einen jungen Komponisten geboten, Neues zu liefern, um im Geschäft und im Gespräch zu bleiben. Doch was Verdi antrieb, war nicht zuletzt auch der Rausch des Erfolgs und die sich daraus ergebenden finanziellen Gewinne. „Manchmal fürchte ich", schrieb ihm Giuseppina Strepponi, „die Liebe zum Geld kommt wieder über Dich und verurteilt Dich noch zu vielen Jahren harter Arbeit."[23] Da Verdi zunehmend größere Geldsummen für seine Opern erhielt, konnte er es sich leisten, ab Mitte der 1850er Jahre weniger Aufträge anzunehmen.

Unmittelbar nach seinem Durchbruch strebte Verdi nicht nur eine Laufbahn als Komponist in den Herzogtümern und Königreichen auf der italienischen Halbinsel an, sondern richtete nach den positiven Erfahrungen mit Wien seine Aufmerksamkeit vor allem darauf, international bekannter zu werden. *Nabucco* wurde nicht nur in der Habsburger Metropole aufgeführt, sondern in nur sechs Jahren nach der Uraufführung auch in Lissabon, Barcelona, Berlin, Stuttgart, Marseille, Paris, Kopenhagen, London, Budapest, Brüssel, Havanna und Rio de Janeiro. Im Mai 1845 fragte erstmals die Académie Royale de Musique (das spätere Théâtre Impérial de l'Opéra) in Paris – kurz Opéra genannt – bei Verdi nach einem neuen Werk an. Dies konnte der Komponist als einen besonderen Erfolg werten, denn die Opéra galt als eines der respektabelsten Häuser Europas. Der angesehene Komponist Giacomo Meyerbeer (1791-1864), der das Theaterleben in Italien kennengelernt hatte (wo er seinen deutschen Vornamen von Jakob zu Giacomo italianisierte), hielt es für „weit ehrenvoller [...], für die französische Oper zu arbeiten, als für alle italienischen Bühnen zusammen“.[24] Doch da Verdi mit Aufträgen der großen italienischen Theater ausgelastet war, kam vorerst nur die Umarbeitung einer seiner bisherigen Opern für den französischen Bedarf in Betracht. Für *Jérusalem* (1847), die Pariser Neufassung von *I Lombardi*, gestaltete er gut ein Drittel des Werkes neu, wofür er das gleiche Honorar erhielt wie für eine eigens geschriebene Oper. Die französischen Versionen von *Il trovatore* (als *Le Trouvère* 1856 in Brüssel, 1857 in Paris), *Macbeth* (1865) und *Otello* (1894) fielen weniger aufwändig aus. Sie erforderten in erster Linie das Hinzufügen einer Ballettmusik, wobei jene zu *Macbeth*, dem er auch etliche Retuschen und Ergänzungen angedeihen ließ, ihn zu seinem ausgefeiltesten Beitrag auf diesem Gebiet inspirierte. Originalkompositionen für Paris wurden 1855 *Les vêpres siciliennes* und 1867 *Don Carlos*. Zudem schrieb Verdi Auftragskompositionen für das Her Majesty's Theatre in London, das Opernhaus der damaligen Hauptstadt des russischen Reiches, Sankt Petersburg, und für das Dar Elopera Al Misria[25] in Kairo. Somit verlief seine internationale Karriere fast von Anfang an parallel zu seiner italienischen. Zeitweilig lebte er sogar für mehrere Monate in Paris, um vor Ort die Möglichkeiten und Anforderungen der Bühnen zu studieren. Bei seinen ausgiebigen Aufenthalten in der Hauptstadt machte Verdi sich mit den Gepflogenheiten der französischen Oper vertraut. Dort gab es andere Produktionsbedingungen und alle ausländischen Komponisten mussten sich dementsprechend mit dem Geschmack des Publikums auseinandersetzen.

Zwischen Pragmatismus und Welttheater

Einen weiteren markanten Einschnitt nach dem *Nabucco*-Erfolg stellt im Jahr 1851 die Oper *Rigoletto* dar, da sie den Beginn von Verdis künstlerischer Autonomie markiert. Bis dahin war der Komponist eingebunden in die Maschinerie des italienischen Theaterbetriebs, bei dem die Impresarios der verschiedenen Opernhäuser Aufträge vergaben, so genannte „scritture". Dies bot den geistigen Schöpfern der Bühnenwerke wenig Verhandlungsspielraum. Nach dem landesweit üblichen Gebaren entschied ein Impresario, welche Opern zur Uraufführung gelangen durften. Zuvor wurde eine Besetzung festgelegt und anschließend ein Librettist beauftragt, die Handlung in groben Zügen zu skizzieren. Sofern die Zensurbehörde das geplante Stück akzeptierte, arbeitete man das endgültige Libretto aus. Der Komponist hatte sich an die seit Jahrzehnten vorgegebenen Konventionen der Nummernoper zu halten und zumindest ein Bravourstück für die Primadonna zu schreiben. Wenn es dieser nicht konvenierte, konnte es ihm passieren, dass seine Musik durch eine Arie aus ihrem Repertoire ersetzt wurde, die dann oft von einem anderen Musiker stammte. Als etwa *Oberto* während der Karnevalssaison 1840 in Turin nachgespielt werden sollte, stand Mary Shaw, die Sängerin der Cuniza in der Uraufführung, nicht zur Verfügung. Luigia Abbadia, die stattdessen die Partie sang, war mit ihrer Rolle unzufrieden und fügte im 1. Akt eine Arie aus Saverio Mercadantes 1839 uraufgeführter Oper *Elena da Feltre* ein. Umbesetzungen oder Produktionen an anderen Häusern erforderten allgemein Anpassungen an die Fähigkeiten der Solisten. Verdi musste für solche Zwecke etliche neue Nummern schreiben. In späteren Jahren war er nicht mehr bereit, Konzessionen für einzelne Sänger zu machen. Die Anfrage nach einer neuen Arie in *Rigoletto* lehnte er sogar brüsk ab. Die teilweise umfangreichen Überarbeitungen von *La forza del destino*, *Simone Boccanegra* oder *Don Carlos* stehen in engem Zusammenhang mit der Dramaturgie, die den Komponisten veranlasste, stärkere musikalische Eingriffe vorzunehmen (siehe 3.2 Verdis Überarbeitungen). Mit *Rigoletto* – ei-

nem Werk, das er Mitte der 1850er Jahre noch als „meine beste Oper“ bezeichnete[26] – gelang es Verdi 1851, sich von den Forderungen einzelner Bühnen zu lösen. Indem er seine Partituren nun nicht mehr dem Impresario eines Theaters überließ, sondern einem Verlag, erlangte er größere Autonomie und konnte mehr Gewinn erzielen. Die nächste Oper, *Il trovatore*, entstand schließlich erstmals ohne einen konkreten Kompositionsauftrag.
Hatte Verdi bis 1849 in nur zehn Jahren die Hälfte seiner 26 Opern – ohne die Umarbeitungen – geschrieben, entstand die andere Hälfte in den verbleibenden 44 Jahren seiner Laufbahn. Dadurch, dass er die Produktionsbedingungen zu seinen Gunsten verändert hatte, verschaffte er sich freie Hand, um sich verstärkt inhaltlichen und musikalischen Aspekten widmen zu können. Dabei blieb Verdi bis zum Ende seiner aktiven Zeit stets ein Pragmatiker, der nicht nur bei *Un ballo in maschera* Zugeständnisse an die Zensur machte, indem er auf den Königsmord verzichtete und der Obrigkeit mit einer Änderung von Protagonisten und Handlungsort entgegenkam. Auch für Pariser Aufführungen von *Otello* komponierte er noch mit 81 Jahren Musik für dramaturgisch überflüssige und in die Handlung schwer integrierbare Tanzeinlagen, um den Erwartungen an der Opéra Genüge zu tun. Trotzdem gelang es ihm schließlich durch seine zunehmende Bereitschaft, Neues auszuprobieren, Opern zu realisieren, die seinen Vorstellungen von Utopie und Welttheater entsprachen. Ab den 1850er Jahren tastete er sich durch neue Stilelemente und eine Verfeinerung seiner Gestaltungstechniken an sein Ideal heran. Sein Ziel bestand darin, ein „Werk aus einem Guss“ zu kreieren, „ein wahres Kunstwerk, das universal sein muss [...] Ich bin mir bewusst, dass ein wirklicher Erfolg nur dann möglich ist, wenn ich so schreibe, wie ich fühle, frei von jedwedem Einfluss und ohne zu überlegen, ob ich für Paris schreibe statt für die Welt des Mondes.“ [27] Hinsichtlich der Umsetzung, meinte Verdi, sei es sinnvoll, dass „schließlich alles von mir abhängt, dass ein Wille allein alles beherrscht: der meine. Das mag Euch ein wenig tyrannisch erscheinen und vielleicht ist es wahr; aber wenn das Werk aus einem Wurf ist, gibt es nur eine Idee, und alles muss zusammenwirken, um dieses Eine zu bilden.“[28] Nachdem er bei *Aida* (1871) schon weitgehend frei Hand hatte hinsichtlich der Ausgestaltung des Stoffes, vermochte er erst nach einer längeren Schaffenspause mit *Otello* (1887) und *Falstaff* (1893) seine Absichten

vollends zu realisieren. Am Ende seines Leben bezeichnete der Sohn einfacher Leute dennoch das von ihm gestiftete und aus den Tantiemen seiner Werke finanzierte „Casa di riposo per musicisti“ in Mailand, ein Altenheim für Musiker und Musikerinnen, als sein bestes Werk.[29] Das Interagieren in einem sozialen Kontext hatte für Verdi stets Priorität. Sein umfangreiches Œuvre entstand nicht durch abstrakt konzipierte, unveränderbare Primärkompositionen, sondern stets in Verbindung mit den ausübenden Künstlern und dem Theaterbetrieb.

1.2 Verdis Themenkreise in Lied und Oper

Schon die ersten beiden Opern Verdis markieren die Pole seines künstlerischen Schaffens: Bei dem „dramma in due atti“ *Oberto* (1839) handelt es sich um ein tragisches Werk, bei dem „melodramma giocoso“ *Un giorno di regno* (1840) um ein heiteres Stück. Auch wenn Verdi erst im hohen Alter mit *Falstaff* wieder eine explizit als „Komödie“, „commedia lirica“, ausgewiesene Vertonung vorlegen sollte, finden sich in seinem Gesamtschaffen doch immer wieder unterhaltsame Szenen inmitten hochdramatischer Abläufe (siehe 4.3 Verdi und der Humor). Doch wie bei den Opern gibt es auch in seinen Liedern mehr ernste als heitere Themen. Selbst wenn dieser Teil von Verdis Œuvre – wie auch seine Instrumentalmusik – zumeist wenig Beachtung findet, begleiteten Sololieder den Anfang, den Verlauf und das Ende seiner Karriere.

Dichter und Denker

Im Jahre 1838 brachte der Mailänder Verlag Giovanni Canti & Carlo die Sammlung *Sei Romanze per Canto con accompagnamento di Pianoforte* heraus und noch 1894 vertonte Verdi eine Bearbeitung des *Agnus Dei* von Boito, „Pietà, Signor!“. Wie die *Inno delle nazioni* (Hymne der Völker), die 1862 anlässlich der „Great London Exposition“ entstand, waren auch die Lieder Gelegenheitsarbeiten – inklusive dem letztgenannten, das er für eine Benefizveranstaltung zu Gunsten von Erdbebenopfern in Sizilien und Kalabrien schrieb. Mitunter entsprangen sie der Eigeninitiative wie etwa für ein Album, dessen Erlös für den schwer erkrankten Librettisten Francesco Maria Piave bestimmt war. Obwohl sie einen durchaus eigenständigen Charakter haben, muten manche melodramatischen Ausgestaltungen oder bestimmte Wendung wie Skizzen zu den Opern an, wenn beispielsweise in der Goethe-Vertonung „Chi i bei dì m'aducce ancora“ (Erster Verlust, Goethe 1789, ital. Fassung: Luigi Balestra, 1842) eine Phrase das „Di quell'amore ch'è palpito“ in *La Traviata* vorwegnimmt (*Lieder* 14, 1:01 f.; *Traviata* I/5, 0:34 f.). Die Textvorlagen stammen teilweise von Verfassern, die als Ideengeber und Mitarbeiter eine große Rolle gespielt haben, wie Francesco Maria Piave, Termistocle Solera, Arrigo Boito, Alessandro Manzoni und Andrea Maffei. Bei den Liedern tauchen Themen auf, die auch in Verdis Opern von Bedeutung sind, wie zum Beispiel Italien. In „Il brigidino“ (Francesco dall'Ongaro, 1863; *Lieder* 3) – neben „Brindisi“ (Trinklied, Andrea Maffei 1845, *Lieder* 24), „Lo Spazzacamino“ (Der Kaminkehrer, Manfredo Maggioni, 1845; *Lieder* 22) und „Stornello“ (Reim, unbekannter Dichter, 1869; *Lieder* 12) eines der beschwingteren Lieder – wird charmant mit der Doppelbedeutung von „brigidino“ gespielt, das nicht nur eine Aniswaffel bezeichnet, sondern auch eine Kokarde. Dementsprechend werden die Farben der italienischen Flagge besungen. Seine Verbundenheit nicht nur mit seiner Heimatregion, sondern mit Italien allgemein hatte Verdi schon dadurch bewiesen, dass er seinen Kindern mit Icilio und Virginia Namen gab, die bereits in Alfieris Dramen und Livius' Schriften überliefert sind und an die große Epoche der römischen Republik gemahnen. Der Aufklärer und Dramatiker Vittorio Alfieri (1749-1803), der als erster von Unabhängigkeit und Einheit des Landes geschrieben, ja, der die patriotische Ausrichtung der italienischen Literatur begründet hat, nahm nachhaltig Einfluss auf Verdis Freiheitsstreben und die Haltung gegenüber seinem Land. Bereits als Fünfzehnjähriger komponierte Verdi die nicht erhaltene Kantate *I deliri di Saul* nach Alfieris Drama *Saul* (1782). Höchstwahrscheinlich wurde die Titelrolle des wahnsinnig gewordenen Königs von dem Amateurbariton Giuseppe Guarnieri gesungen. Durch dieses Werk und die prominente Vorlage erlangte Verdi schon als Jugendlicher eine gewisse regionale Bekanntheit. Im Zuge der Aufstände 1848 schrieb er später, die Österreicher „könnten alles tun, alle Anstrengungen machen, die sie nur wollen, sich da mit aller Macht durchzusetzen versuchen, aber es wird ihnen nicht gelingen, das Volk um seine Rechte zu betrügen“.[30] Verdi unterstützte 1848 die italienischen Widerständler auch finanziell. Passenderweise ist das melancholische „Il Poveretto“ (Der Bettler, Manfredo Maggioni, 1847; *Lieder* 16) ein Appell an die Mitmenschlichkeit: Es erzählt von einem Kriegsheimkehrer, der nun, alt, schwach und vergessen, auf die Gaben anderer angewiesen ist. Eines der ersten Lieder, das umfangreiche „L'esule“ (Der Verbannte, Termistocle Solera, 1839), thematisiert das Exil und die Sehnsucht nach der Heimat – ein Aspekt, der sowohl in den Chören einiger früher Opern eine Rolle spielt als auch in dem Rezitativ und der Arie des Procida „Palerme! Ô mon pays!“ bzw. „O Patria!“ (*Lieder* 18; *Vêpres* 1/10-11 und *Vespri* 1/13). Verdi kannte viele Exilanten in Paris und London, sodass ihm die Wehmut über den Verlust der Heimat, die Idealisierung der Erinnerungen und die Sehnsucht nach einer Rückkehr vertraut waren.

Konfliktpotenzial und Religion

Über ein Drittel der Opern Verdis spielen auf italienischem Boden bzw. im Mittelmeerraum: *Oberto* (Bassano in Venetien), *I Lombardi* (Mailand, Lombardei, im 1. Akt), *I due Foscari* (Venedig), *Attila* (Aquileia in der Provinz Udine und bei Rom), *Il Corsaro* (Ägäisches Meer), *La Battaglia di Legnano* (Mailand und Como in der Lombardei), *Simone Boccanegra* (Genua, Ligurien), *Rigoletto* (Mantua, Lombardei), *Les vêpres siciliennes* (Palermo, Sizilien) und *Otello* (Zypern, ohne den Venedig-Akt bei Shakespeare). Sie bieten die unterschiedlichsten regionalen, lokalgeschichtlichen und mentalitätsgeprägten Stoffe. Durch die Verhältnisse in Italien war sich Verdi zudem der komplexen verwandtschaftlichen Netzwerke, Machtkämpfe und Intrigen bewusst, die letzten Endes seine Aufmerksamkeit auf familiäre Tragödien sowohl auf bürgerlicher Ebene (*Luisa Miller* – nach Schillers *Kabale und Liebe*) als auch im fürstlichen Hause (*Don Carlos*) gelenkt haben. Aus all den damit verbundenen Konflikten und Nöten erwächst ein Verlangen nach Zurückgezogenheit, das Verdi nicht nur selbst pflegte, sondern ebenso in Liedern wie „Ad una stella“ (An einen Stern, Andrea Maffei, 1845; *Lieder* 21) und „In solitaria stanza“ (In einem einsamen Zimmer, Jacopo Vittorelli, 1838; *Lieder* 9) zum Ausdruck brachte. Seine mitunter fatalistische Haltung „Der Mensch denkt und … lenkt“[31] fand später Niederschlag in Szenen, in denen die Protagonisten im Kloster Zuflucht suchen (Leonora in *Il trovatore* und *La forza del destino*) oder sich von der Welt zurückziehen (Pagano in *I Lombardi* bzw. Roger in *Jérusalem*, Alvaro in *La forza del destino*). Obwohl Verdi gegenüber der Kirche eine kritische Haltung einnahm, kom-

men religiöse Aspekte in seinen Werken wiederholt vor, verstärkt in den späten Jahren. Bemerkenswerte Miniaturen sind bereits die Sololieder „La preghiera del poeta“ (Das Gebet des Dichters, Nicola Sola, 1858; *Lieder* 1) und „Pietà, Signor“ (Erbarme dich, Herr; Arrigo Boito 1894; *Lieder* 5), noch bevor herausragende Stücke wie das *Requiem* (1874) bzw. die *Quattro pezzi sacri* (Vier geistliche Gesänge, 1889-1897) entstanden. In den Opern treten immer wieder fromme Menschen und Vertreter der Kirche auf. Als Vertraute und Seelsorger werden sie durchaus positiv gezeichnet wie etwa in *La forza del destino*. Sobald jedoch Kleriker Anspruch auf weltliche Macht geltend machen und diese letztendlich auch ausüben, wie in *Don Carlos* oder *Aida*, zeigt Verdi sie von ihrer unangenehmen Seite, denn er war überzeugt: „Wenn die Situation es erfordert, darf man keine Skrupel haben.“[32]
Nachdem er in seiner Jugend positive Erfahrungen mit Dorfpfarren und Pastoren gemacht hatte, ließ er später auf seinem Landgut für seine Bediensteten eine Kapelle bauen. Er selbst wurde nach religiösem Brauch am Ende seines Lebens mit den Sterbesakramenten versehen. Einschneidende Veränderungen gab es indes im Verlauf des italienischen Einigungsprozesses durch die restriktive Haltung des Kirchenstaats, bei der der Papst liberalen Vorstellungen eine Absage erteilte, um seinen Einfluss zu erhalten. Für Irritation und Verstimmung sorgten vor allem Enzykliken wie „Quanta cura“ 1864 mit dem „Syllabus der Zeitirrtümer“, in dem soziales Ideengut, Gleichstellung und Pressefreiheit gebrandmarkt wurden, sowie „Non expedit“ 1874, die Christen die Beteiligung am politischen Leben des Landes untersagte. Dementsprechend sind es 1871 in *Aida* die Priester, die im 2. Akt verlangen, den geschlagenen Feinden nicht die Gnade zu erweisen, die der siegreiche Feldherr fordert (*Aida*, II/14 ab 1:01 f. und II/16 ab 0:39 f.). Sie – und nicht der Pharao – verhängen im 4. Akt das Todesurteil wegen Landesverrats (*Aida*, III/19-20). „Sicherlich bin ich nicht für den Papst des Syllabus“, schrieb Verdi, „aber ich bin für den Papst der Amnestie und für den der Worte ‚Segnet, großer Gott, Italien…‘“[33] In *Don Carlos* stiftet 1867 der Großinquisitor den König sogar zum Mord an (*DC 1867*, II/15 2:33 f.) und beim Autodafé erklingen Mönchschöre, wenn durch den „actus fidei“, dem Glaubensakt, die so genannten Ketzer vernichtet werden sollen. Dabei geht Verdi noch über Schillers Vorlage hinaus, indem er Szenen umstellt, wodurch die Forderung an

den König, es dem Klerus zu überlassen, wie man mit dem freidenkerischen Marquis von Posa verfährt, umso ungeheuerlicher wirkt. Bei Schiller ist Posa bereits ermordet worden (5. Akt, 3. Auftritt), als der Großinquisitor sich mit dem König trifft (5. Akt, 10. Auftritt). Bei Verdi folgt der Tod Posas erst danach (4. Akt, 2. Bild) und ist eine grundlegende Forderung in dieser Unterredung (4. Akt, 1. Bild). Das Autodafé, das bei Schiller nur erwähnt wird, gestaltet Verdi am Ende des 3. Akts zu einem Volksfest aus, bei dem er schon in der Pariser Erstfassung teilweise sogar die „Banda" zum Einsatz bringt, in Italien allerorten populäre Blaskapellen, die ihm seit Kindertagen vertraut waren (*DC 1867*, II/10, 4:04-6:13). Zudem wird die öffentliche Ketzerverbrennung zu einer Art Jüngstem Gericht, das von den weltlichen Mächten abgehalten wird. Dabei setzt Verdi in der umfangreichen Szene dem blechgepanzerten, martialisch auftrumpfenden Machtanspruch der Kirche als idealistisches Pendant die sphärenhaften E-Dur-Klänge einer Stimme vom Himmel entgegen – sie verheißt den Hingerichteten, „den Frieden am Thron Gottes zu kosten, die Vergebung" (*DC 1867*, II/12 ab 3:27; *DC 1886*, II/12 ab 3:45). Verdi war sich bewusst, dass er nicht „beim Heiligen Vater in Gnaden" stand,[34] da er „Sünden" angehäuft habe, „für die nicht einmal der Ablass von Johann XXII. reichen würde (Irrtum vorbehalten), um mich freizusprechen".[35] Dennoch trieben ihn immer wieder Fragen der Moral, des richtigen und falschen Handelns um.

Ehre und Rache

Im Frühwerk dominieren noch zeitverhaftete Auffassungen von Schande und Ehre. In *Oberto* und *Ernani* erscheint es geradezu als Selbstverständlichkeit, dass man, um der Ehre Genüge zu tun, nur allzu bereitwillig die Waffe zückt. In *La forza del destino* (1862/69) wird besonders deutlich, wie ein übersteigertes Ehrgefühl und Rachsucht in die Katastrophe münden. Hier gilt es bereits als Tugend, dem Kampf durch Flucht oder Verweigerung auszuweichen. Jahrzehnte später wird Verdi in *Falstaff* die Ehre der Lächerlichkeit preisgegeben, wenn Falstaff in seinem Monolog sinniert (*Falstaff* I/3, ab 1:39 f.):

> Può l'onore riempirvi la pancia?
>
> Füllt euch die Ehre etwa den Wanst?
>
> No. Può l'onor rimettervi uno stinco? Non può.
>
> Nein. Kann euch die Ehre ein Bein zurückgeben? Sie kann es nicht.

Né un piede? No. Né un dito? Né un capello? No.
    Oder einen Fuß? Nein. Oder etwa eine Zehe?
    Nein. Oder vielleicht ein Haar? Nein.
L'onor non è chirurgo.
    Die Ehre ist kein Wundarzt.
Che è dunque? Una parola.
    Was ist sie dann? Nur ein Wort.
Che c'è in questa parola?
    Und was steckt in diesem Wort?
C'è dell'aria che vola.
    Bloß Luft, die sich verflüchtigt.
Bel costrutto!
    Es ist lediglich eine Floskel.
L'onore lo può sentire chi è morto?
    Kann ein Toter noch die Ehre spüren?
No. Vive sol coi vivi?...
    Nein. Lebt sie nur unter den Lebendigen?...
Neppure: perché a torto
    Auch das nicht. Denn
Lo gonfian le lusinghe, lo corrompe l'orgoglio,
    die Schmeicheleien blähen sie auf, der Stolz korrumpiert sie
L'ammorban le calunnie; e per me non ne voglio!
    und die Verleumdungen machen sie krank. Was mich betrifft, ich
    will sie gar nicht haben!

Dazwischen finden sich in Verdis Opernschaffen die unterschiedlichsten Schattierungen und Beweggründe, die Menschen zur Rache antreiben. Sind es bei Rigoletto oder Azucena (in *Il trovatore*) vor allem persönliche Motive, so treten bei Aidas Vater Amonasro oder den verfeindeten Individuen und Gruppierungen in *Simone Boccanegra* politische hinzu. Die Rache dient nicht allein der individuellen Befriedigung, sondern auch der vermeintlichen Wiederherstellung einer gestörten Ordnung. Das „ewige Wüten, Blutvergießen, Schimpfen, Schlagen und Morden", das den auch südlich der Alpen erfolgreichen Komponisten Otto Nicolai (1810-1849) bereits am Sujet des *Nabucco* abgestoßen hatte,[36] wird zu einem dauerhaften Topos in Verdis Opern. Mal vollzieht man die Rache mit dem Segen transzendenter Mächte, wenn in *Nabucco* zu Beginn des zweiten Teils die Priesterschaft mit Abigail „E di Belo la vendetta con la tua saprà tuonar" skandiert (Baals Rache wird mit der deinen donnern; *Nabucco* I/17) oder Otello am Ende des zweiten Akts den Gott der Rache anruft („dio vendicator"; *Otello* I/23), mal gilt sie als unausweichliche Folge eines ominösen Fatums, wenn Carlos di Vargas in *La forza del destino* seinen Todfeind mit den Worten grüßt: „Ch'io ti punisca è scritto sul libro del destin" (Dass ich dich bestrafen werde, steht im Buch des Schicksals geschrieben; *Forza 1869* II/5 0:49-0:59).

Bedrohungen der Liebe und der Tod

Die Nähe des Todes ist in Verdis Werk ständig präsent. Nicht allein durch die Bedrohung von Leib und Leben, sondern auch durch die Sehnsucht nach dem Ende, hervorgerufen durch Verluste oder Einsamkeit. Dies findet sich bereits in Liedern wie „More, Elisa, lo stanco poeta" (Er stirbt, Elisa, der müde Dichter; Tommasso Bianchi, 1838; *Lieder* 7), „Perduta ho la pace" (nach Goethes „Meine Ruh' ist hin" aus *Faust*; *Lieder* 10), „Nell'orror di notte scura" (Im Grauen der finsteren Nacht, Carlo Angiolini 1838; *Lieder* 8) oder „In solitaria stanza" (In einem einsamen Zimmer; Jacopo Vittorelli, 1838), das bereits die Arie der Leonora aus *Il trovatore* anklingen lässt (*Lieder* 9, 1:56 f.; *Trovatore* I/4 0:37 f.). „Man sagt, diese Oper sei zu traurig und es gebe zu viele Tote darin", merkte Verdi an. „Aber schließlich ist im Leben doch alles Tod? Was lebt schon?"[37]

Verdi beschäftigten diese düsteren Stoffe nicht um ihrer selbst willen. Ein anderer Aspekt in seinem Œuvre sind die Gefährdungen der Liebe. Die ersten Worte Fenenas in *Nabucco* umreißen ein Dilemma, das Verdi in fast allen seinen Opern thematisiert: „Wer hat am Tag der Rache von Liebe reden hören?" Von *Oberto* über *Il trovatore* bis *La forza del destino* und *Otello* zeigt er gesellschaftliche Mechanismen, die zu scheinbar unkontrollierbarer Gewalt und Zerstörungsorgien führen. Wie sich der Komponist von Oper zu Oper weiterentwickelt, belegt ein Vergleich zweier Szenen, die eine ähnliche Grundkonstellation aufweisen: Sowohl in *Il Corsaro* als auch in *Macbeth* soll – auf der Bühne nicht sichtbar – ein Mensch im Schlaf getötet werden. Bei der einen Oper soll zwei Personen die Flucht ermöglicht werden, bei der anderen will ein Paar den König beseitigen, um selbst an die Macht zu gelangen. Verdi hatte die Szene aus *Il Corsaro* bereits 1846 konzipiert (*Corsaro* II/6-8). Bei ihr ist die traditionelle Form des Duetts mit langsamem Beginn und schnellem Finale noch deutlich erkennbar, wobei dem Zögern und Drängen des Textes die melodischen bzw. die rezitativischen Abschnitte entsprechen. Letztere münden immer wieder in den größeren Fluss des musikalischen Ablaufs. Der entscheidende Moment, in dem die Frau den Dolch an sich nimmt, um den Mord zu vollziehen, wird von einer fesselnden, sturmartigen Musik begleitet, die bis zu einem leisen Trommelwirbel abschwillt, wenn sie „Già l'opera è finita“ (Das Werk ist schon vollbracht) verkündet. In der ein Jahr später uraufgeführten Oper *Macbeth* ist der konventionelle Aufbau eines Duetts verschleiert (*Macbeth 1847* I/8-9), die Zweifel und das Drängen zur Tat singt man nicht mit voller Emphase aus. Vielmehr wird der Dialog sorgfältig abgestuft durch eine differenzierte Stimmführung und durch in der Partitur festgelegte feine Betonungsnuancen ausgestaltet. Über weite Strecken vollzieht sich die Auseinandersetzung rezitativisch, durchbrochen von einem Monolog – keiner formgebundenen Arie –, in dem die Furcht vor der ruchlosen Tat deutlich wird. Der Anschlag selbst wird von kurzen Orchesterschlägen und einer sachten, nocturneartigen Stimmung in den Streichern untermalt. Beim „Tutto è finito“ (Alles ist vollbracht) nach dem Mord schweigt das Orchester, um sodann das Gespräch mit nervöser Rhythmik voranzutreiben. Die Qualität der literarischen Vorlage inspirierte Verdi zu einer gewagteren Wahl der Mittel.

Konventionen und Grenzüberschreitungen

In der Folge gelang es ihm, ab den 1850er Jahren aus seinen Opernstoffen ein dramaturgisch überzeugendes Ganzes zu formen. Manche Unausgewogenheiten im Frühwerk erklären sich daraus, dass Verdis Fokussierung auf bestimmten Situationen ihn dazu verleitete, diesen musikalisch besonderes Gewicht zu verleihen, während andere Szenen eher schablonenhaft geraten. Auffallend ist dabei beispielsweise die Idealisierung des Revoluzzers und Geächteten, welcher als verstoßener Adeliger (*Ernani*), politisch Gefangener (*I due Foscari*), Anführer einer Räuberbande (*I Masnadieri)* oder Freibeuter (*Il corsaro*) stets als Tenorheld präsentiert wird, der in der ersten Szene eine bewegende Arie mit anschließender Cabaletta singt. Was in den ersten beiden dieser Opern noch zu mitreißenden Szenen führt, erfüllt später nur noch den Zweck, der Konvention Genüge zu tun. Auch der Hofnarr Rigoletto und der Korsar Simone Boccanegra sind Außenseiter der Gesellschaft – ihr Werdegang ist jedoch eingebettet in eine szenisch-musikalische Dramaturgie, bei der selbst das in der italienischen Oper gängige Nummern-Schema vielfach aufgelöst bzw. durch fließende Übergänge verhüllt wird. Jede einzelne Szene

dient der Charakterisierung des Protagonisten oder des Konflikts. Wenn Verdi im April 1851 den *Troubadour*-Librettisten Salvatore Cammarano anweist, wenn er „fürchtet, die Partie der Eleonora zu groß zu machen“, solle er ruhig die Kavatine weglassen,[38] dann signalisiert er damit, dass er die überzeugende Ausgestaltung des musikalischen Dramas über die Bühnenkonvention und die Wünsche der Gesangssolisten stellt. „Wenn ich etwas Regelwidriges schreibe, dann deshalb, weil mir die begrenzte Regel nicht das gibt, was ich will, und weil ich alle bisher angewandten Regeln nicht einmal für gut halte“, wusste er.[39]
Die zumeist düsteren Themen in Verdis Opern stehen in Verbindung mit seinem Temperament und den Dichtungen, die ihn am meisten beeindruckten. Das Lied „È la vita un mar d'affanni“ (Das Leben ist ein Meer von Kummer, unbekannter Dichter 1844, *Lieder* 4) – entstanden nur wenige Jahre nach dem Verlust von Frau und Kindern – zeugt von einem ähnlichen Leiden am Dasein wie das Rezitativ und die Arie des Alvaro „La vita è inferno all'infelice“ (Für den Unglücklichen ist das Leben die Hölle; *Forza 1862* II/2 bzw. *Forza 1869* II/2 ab 4:10) zu Beginn des 3. Akts von *La forza del destino* aus den 1860er Jahren. Dieses Stück geht zurück auf eines der Hauptwerke der literarischen Romantik in Spanien. Für den ausgesprochen belesenen Komponisten waren in erster Linie sechs Autoren prägend: Manzoni, Hugo, Gutiérrez, de Saveedra, Schiller und Shakespeare. Abgesehen von dem Erstgenannten und de Saveedra vertonte er von den anderen mehrere Dramen. Jeder dieser Künstler beeinflusste Verdis Blick auf die Welt in unterschiedlicher Weise. Insbesondere Manzoni hinterließ einen derart nachhaltigen Eindruck, dass der Musiker ihm schließlich seine *Messa da Requiem* widmete.

Alessandro Manzoni (1785-1873)

Die in *Giovanna d'Arco*, *Don Carlos*, *Aida* und am Schluss der zweiten Fassung von *La forza del destino* umgesetzte Vorstellung, dass das Leiden der Menschen erst nach dem Tod entlohnt wird, findet sich bereits in dem Liedfragment „Sgombra, o gentil, dall'ansia“ (Frei von Sorgen, meine Lieben; Alessando Manzoni; 1858, *Lieder* 15). Dieses stammt aus dem dritten Abschnitt eines Chores, der in der 1822 veröffentlichten Tragödie *Adelchi* von Manzoni den Tod einer der Hauptfiguren, Ermengarda, beklagt. Diesem Stück, das vom Untergang des italischen Lombardenreiches im 8. Jahrhundert handelt, gingen wie stets bei Manzoni umfangreiche historische Studien voraus, die der Autor im gleichen Erscheinungsjahr unter dem Titel *Discorsi sopra alcuni punti della storia langobardica in Italia* (Reden über einige Aspekte der langobardischen Geschichte in Italien) herausbrachte. Nach eigenem Bekunden hatte Verdi bereits mit sechzehn Jahren Manzonis Hauptwerk, den Roman *I promessi sposi* (Die Brautleute bzw. Die Verlobten), gelesen und seine „Begeisterung dafür hat niemals nachgelassen". „Vielmehr ist sie, nachdem ich die Menschen besser kennengelernt habe, sogar noch größer geworden", fährt er fort mit seinem Lob für „das größte Buch unserer Zeit", das „nicht bloß ein Buch ist, sondern der Menschheit ein Trost".[40] Manzonis Roman, der in ganz Europa für Furore sorgte, war erstmals 1827 herausgekommen und Verdi hätte bereits als Jugendlicher sogar Zugriff auf andere seiner Werke nehmen können, denn die *Osservazioni sulla morale cattolica* (Anmerkungen zur katholischen Moral) erschienen 1819 und die *Inni Sacri* (Kirchengesänge) zwischen 1815 und 1822. Wenngleich Dramen wie *Il conte di Carmagnola* und *Adelchi* erst 1828 bzw. 1843 uraufgeführt wurden, so lagen sie doch bereits 1820 und 1822 gedruckt vor. Schließlich kamen in Mailand 1845 die vom Autor überarbeitete Werksammlung *Opere varie* in den Handel und 1840 die – so Manzoni – „im Arno nachgespülte" Fassung von *I promessi sposi*, in der er alle dialektalen Wendungen durch die toskanische Schriftsprache ersetzt hatte. Obwohl sie Zeitgenossen waren, erfolgte der intellektuelle Diskurs zwischen Manzoni und Verdi in erster Linie durch die Kunstwerke. Die wenigen Briefe gehen kaum über ein paar Höflichkeiten hinaus und zu einer persönlichen Begegnung ist es erst relativ spät im Juni 1868 gekommen, als Clara Maffei Verdi zu einem Besuch seines Idols in die Via Morone nach Mailand mitnahm. In einem Dankesschreiben an Clara Maffei vermochte er kaum, dem „unbeschreiblichen neuen Gefühl von ungemeiner Frische" Ausdruck zu verleihen, das ihn überkam, als er „in Gegenwart dieses Heiligen, wie du ihn nennst", war.[41] Nachhaltigen Eindruck bei Verdi hinterließen Manzonis Geschichtsbewusstsein, seine in historische Zusammenhänge eingebettete überzeugende Darstellung menschlicher Lebenswege, die Kraft seiner Sprache sowie sein Eintreten für eine liberale Form des Katholizismus, die der Komponist durchaus billigte. Auch wenn eine Opernfassung von *I promessi sposi*

1856 von Amilcare Ponchielli sowie 1869 von Errico Petrella auf die Bühne gebracht wurde und von Verdi lediglich das bereits genannte Fragment überliefert ist – während seine Vertonung von Manzonis Ode *Il Cinque Maggio* (Der 5. Mai, dem Todestag Napoleons im Jahre 1821) verloren ging –, wirkte der Einfluss Manzonis auf ihn und das intellektuelle Leben in den italienischen Landen indirekt nach. Für Verdi übertraf er die Bedeutung von Walter Scott, der ansonsten die Opernthemen im 19. Jahrhundert am stärksten geprägt, die Dramatiker des 19. Jahrhunderts inspiriert und auch die Konzeption von Manzonis Roman beeinflusst hat. Lediglich bei seinem ersten Projekt für die Bühne, dem nie aufgeführten *Il duca di Rochester*, und bei *Aroldo*, der Neufassung von *Stiffelio*, hatte sich Verdi an Motive des schottischen Autors angelehnt.
Die Reform der italienischen Hochsprache, die *I promessi sposi* zugesprochen wird, blieb in letzter Konsequenz nicht ohne Auswirkung auf die Gestaltung der Opernlibretti. War es bis weit ins 19. Jahrhundert hinein noch üblich, sich einer gekünstelt historisierenden, pathetischen Sprache zu bedienen – eine Glocke war „geweihte Bronze", eine Kirche wurde zum „Tempel" und nicht die Hand ergriff das Schwert, sondern „die Rechte" –, so findet sich in Verdis Textbüchern zunehmend eine vereinfachte Sprache, in der die Dinge beim Namen genannt werden. Sein Anliegen, individuelle Schicksale vor dem Hintergrund historischer bzw. gesamtpolitischer Ereignisse darzustellen, ist bei Manzoni bereits vorgeformt. In *I promessi sposi* werden die beiden Liebenden Lucia und Renzo getrennt und erst nach endlosen Verwicklungen, in denen sie Flucht, Verfolgung, Hungersnöte, Aufstände, Gewalt, Krieg, Pest, Lebenszweifel und Gottvertrauen erlebt haben, finden sie wieder zusammen. Der Schritt von Manzonis Kaleidoskop persönlicher und historischer Irrsal und Wirrsal hin zu *Il trovatore* und *La forza del destino* ist winzig. Die Erfahrungen der Französischen Revolution von 1789 und ihre Folgen, die von 1792 bis 1815 dauernden Napoleonischen Kriege, das bewusste Erleben von Unterdrückung und Befreiung in den besetzten Gebieten, Aufstände, Brigantentum, Elend und Wohlergehen, Glaube und Verzweiflung, Sieg und Niederlage begleiteten die ganze geistes- und landesgeschichtliche Entwicklung, die den Hintergrund bildete für die europäische Literatur und das Musiktheater im 19. Jahrhundert. Dies alles prägte die politischen Einstellun-

gen und das Weltbild, sodass alles, was auf der Theaterbühne Rigoletto und Gilda, Azucena und Manrico, Leonora und Alvaro, Radames und Aida widerfährt, nicht bloß krude Fiktion war, sondern auf realen Erfahrungen beruhte. Diese werden von Verdi bewusst transformiert. In einem Brief an Clara Maffei nimmt der Komponist Bezug auf seine Vorstellungen und postuliert, „das Wahre zu kopieren, kann gut sein, aber das Wahre zu erfinden, ist besser". Mit Bezug auf Shakespeare verweist er darauf, dass dieser möglicherweise „irgend einem Falstaff begegnet ist, aber er wird schwerlich einem solchen Bösewicht wie Jago begegnet sein und nie und nimmer solchen Engeln wie Cordelia, Imogene, Desdemona usw. usf., die doch alle so wahr sind", und resümiert: „Das Wahre zu kopieren, ist schön, aber Fotografie nicht Malerei."[42] Dahinter steht Manzonis Konzept der „verosimilitudine", der Wahrheitsangleichung, die Wahrscheinlichkeit und Glaubwürdigkeit der Handlung ermöglicht. Der Zuschauer muss die Bühnenhandlung als wahr anerkennen, um bewusst die Aspekte der menschlichen Dimensionen und der moralischen Verantwortung zu erfassen. Wie Manzoni, der beispielsweise seinem Drama *Il conte di Carmagnola* noch Anmerkungen zu den historischen Hintergründen voranstellte – dem Beispiel folgte Piave bei *I due Foscari* –, suchte Verdi nach historisch bzw. gesellschaftlich überzeugenden Hintergründen ohne mythologische Überhöhung, um vor diesen die zwischenmenschlichen Konflikte zu entfalten. Auffallend ist, dass Verdi in der Gefängnisszene des 2. Akts von *I due Foscari* auf Manzoni anspielt: Jacopo glaubt, in seinen Wahnvorstellungen den enthaupteten Söldnerführer Carmagnola zu erblicken, den sein Vater hat hinrichten lassen (*Foscari* I/16 ab 0:50). In Verdis Oper wie auch in Manzonis Tragödie um Carmagnola bilden historische Ereignisse die Grundlage, um die letztlich fiktiven Bühnengeschehnisse als wahrhaftig zu akzeptieren. Seine eigene Epoche bot Verdi ausreichend Beispiele für die ungewöhnlichsten Begebenheiten. Auch im 20. Jahrhundert haben Kriegs- und Nachkriegserfahrungen zur Genüge gezeigt, wie unberechenbare Zufälle das Dasein positiv oder negativ bestimmen. Solche Erfahrungen prägen auch Verdis Haltung zum Theater und seine Stoffwahl. Sprunghafte Ereignisse und mitunter abrupte Reaktionen der Figuren gehören zur dramaturgischen Ausgestaltung seiner Opern. Ausgehend von einer vielschichtigen, ständig im Wandel begriffenen Wirklichkeit, zeigt Verdis Theater in der

Kunst eine Parallelwelt auf, die bevölkert ist von Liebenden und Hoffenden, Kämpfern und Schwächlingen, Siegern und Entrechteten, Mächtigen und Unterdrückten. Verdis Bühnenwelt ermöglicht keinen Eskapismus, bietet keine Zuflucht, sondern erfasst die Realität in archetypischer Weise. Es gibt kein Verharren in Schönheit, keine noch so gefällige Melodie, die in der nächsten Szene nicht wieder gebrochen oder konterkariert wird. Auf die Liebesarie des Grafen Luna im 2. Akt von *Il trovatore* folgt der brutale Versuch einer Entführung, auf den klagenden Gefangenenchor in *Nabucco* ein Aufruf zu Vernichtung und Zerstörung, auf das eingängige „La donna è mobile"-Geträller des Herzogs in *Rigoletto* die Anbahnung einer geschäftlichen Transaktion mit einer Prostituierten. Der melodische Duktus von Verführungsszenen wie jenen in *Rigoletto* ist bei Verdi schon in Liedern wie „La seduzione" (Die Verführung, Luigi Balestra, 1839, *Lieder* 17) vorgebildet. Die desillusionierende Struktur haben seine Bühnendramen gemein mit einem Großteil von Manzonis *I promessi sposi*. Letztlich geht der Komponist noch einen Schritt weiter, denn die Genugtuung, dass am Schluss die vom Leben hart Geprüften letztendlich zueinanderfinden, versagt Verdi seinen Protagonisten zumeist. Sie existieren in einer Welt, in der das Dasein seinen Sinn eingebüßt hat. Vereinigung findet man hier höchstens im Tode und Gerechtigkeit, wenn überhaupt, vornehmlich in einer jenseitigen Sphäre.

Verdis Haltung zur Religion und die damit einhergehenden Kompositionen dürften ebenfalls durch Manzoni beeinflusst worden sein. Dieser hatte sich mit Nachdruck gegen die Überlegungen des Schweizer Historikers Jean-Charles-Léonard Simonde de Sismondi (1773-1842) ausgesprochen, dass der katholische Glaube Schuld am politischen Niedergang Italiens sei. Nach Manzonis Auffassung hatte gerade das Abwenden von der durch den Katholizismus vorgegebenen Moral eine „Verderbtheit" zur Folge, die zum Verfall führt. Das Vertrauen auf eine wie auch immer geartete Vorsehung entbindet den einzelnen Menschen nicht davon, Verantwortung für sein Leben zu übernehmen. Dementsprechend konnte eine religiöse Haltung, ob mit oder ohne Unterstützung der Kirche, den Unabhängigkeitskampf durchaus ideell unterstützen. Ungeachtet seines distanzierten Verhältnisses zur Kirche, respektierte Verdi den Glauben und ließ auf seinem Landgut von Sant'Agata sowie in dem von ihm gestifteten Krankenhaus von

Villanova sull'Arda und dem Mailänder „Casa di riposo" Kapellen errichten. Religiöse Elemente finden sich in fast allen seiner Werke – sie bieten, wie bei Manzoni, den Menschen Selbstvergewisserung, Zuflucht und Kontrolle. Manzoni stützt sich vielfach auf den Literaturhistoriker August Wilhelm von Schlegel (1767-1845), dessen Hauptwerk, die zwischen 1809 und 1811 gehaltenen Vorlesungen *Über dramatische Kunst und Literatur*, sechs Jahre später auch in italienischer Übersetzung vorlag. Für Schlegel ist das Erfassen der historischen Zusammenhänge und Entwicklungen wesentlich für eine ästhetische Urteilsbildung. Mit ihm akzeptieren Manzoni und letztlich auch Verdi, dass die eigene Epoche nicht mehr die vollendeten Kunstwerke des griechischen Dramas, für den Wissenschaftler die „klassische Phase", zu wiederholen vermag; auch das „romantische Drama" der christlichen Ära in Calderóns Spanien oder Shakespeares England entsprach einer anderen Erfahrungswirklichkeit. Der Charakter des modernen Dramas muss Schlegel zufolge den Zeitumständen entsprechend pittoresk und fragmentarisch bleiben – ein Verständnis, das Manzonis Schaffen und zum Teil auch Verdis zerklüfteter, heterogener Operndramatugie zugrunde lag.

Victor Hugo (1802-1885)

Im Jahr 1842 erschien in Mailand mit *Filosofia della musica, o Estetica applicata a quest'arte* (Philosophie der Musik, oder Eine Ästhetik dieser Kunst) von Raimondo Boucheron eine Abhandlung zu Fragen der Opernästhetik, die auf die „gemischten Tragödien" eines gewissen „Vittor Ugo" und „Skakspeare" aufmerksam machte, in denen „niedere und sogar buffoneske Figuren eingeführt" werden. Spätestens seit dem 1830 uraufgeführten und veröffentlichten Drama *Hernani* war Victor Hugo einer der am meisten beachteten Autoren Europas. Die führenden Komponisten Italiens begannen, seine Dramen als Vorlagen für Opern zu entdecken, wie etwa Donizetti mit *Lucrezia Borgia* (1833), Mercadante mit *Il Giuramento* (1837) oder Pacini mit *Maria Tudor* (1843). Auch Bellini setzte sich mit seinem Werk auseinander, doch schreckte er 1831 letztendlich aus Angst vor der Habsburger Zensur davor zurück, die bereits begonnene Komposition seines *Ernani*-Projekts weiterzuführen, sodass die Musik in andere Werke einging. Verdi war dreizehn Jahre später weniger zimperlich und wagte sich an das revolutionäre Drama. Nach den konventionellen Frühwerken zeigte er sich zwar bei der Stoffwahl risikofreudiger, doch blieb er mit seiner fünften Oper noch weitgehend in den Fahrwassern der damals gängigen italienischen Opernpraxis. Somit fand Hugos provozierende Absage an die über Jahrzehnte etablierten Normen der „doctrine classique" mit ihrer mittlerweile zur Formelhaftigkeit erstarrten Einheit von Zeit, Ort und Handlung bei Verdi zunächst noch keine angemessene Umsetzung für das Musiktheater. Hugos Theaterästhetik, die der Franzose vor allem 1827 in seinem Vorwort zu dem Drama *Cromwell* darlegte, besagt, dass es die Dichtung jetzt „wie die Natur" mache: „Sie gesellt – ohne jedoch die Unterschiede zu verwischen – den Schatten zum Licht, das Groteske zum Erhabenen, mit anderen Worten: den Körper zur Seele, das Animalische zum Geist." Die dramaturgischen Freiheiten, die Verdi durch die Auseinandersetzung mit dem Werk des Franzosen schließlich gewann, sollte in seinen Forderungen kulminieren, er wünsche sich „neue, große, schöne, abwechslungsreiche, kühne Stoffe – kühn bis zum Äußersten, neu in der Form, und bei alledem gut komponierbar."[43] Auf diesem Weg stand ihm bei gut einem Drittel seiner Bühnenwerke vor allem ein Textbuchautor zur Seite, der ihm neun Opernlibretti und eine Überarbeitung lieferte: Francesco Maria Piave (1810-1876). Mit 33 Jahren hatte Piave den aufstrebenden jungen Komponisten kontaktiert und ihm den Entwurf seiner *Cromwell*-Oper vorgelegt. Schließlich wurde – sich zunehmend von Hugo lösend – das Projekt einer Oper zur englischen Historie weiterverfolgt. Doch letzten Endes ließ Verdi Piave wissen, dass „dieser *Cromwell* nicht wirklich sonderlich fesselnd" sei, „wenn man die Anforderungen des Theaters berücksichtigt". „Das Stück ist verständlich, sprachgewandt und gut gemacht, aber fürchterlich ereignisarm", was, so versicherte Verdi gleich, „die Schuld des Themas und nicht die des Dichters" sei. „Wenn wir stattdessen nur *Hernani* nehmen könnten, das wäre großartig..."[44]

Piave wurde schließlich auch der Librettist bei Verdis zweiter Hugo-Vertonung, *Rigoletto* nach dem Drama *Le roi s'amuse* (1832). Bei diesem Werk treten Verdis musikdramatische Vorstellungen noch deutlicher zutage als bei *Ernani*. Seinerzeit ging es ihm in erster Linie um effektvolle Szenen. „Wer kann sagen, dies wird wirken und das nicht?" schrieb er an Piave, als es mal wieder zu Problemen mit der Zensur kam. „Eine Schwierigkeit dieser Art gab es auch mit Ernanis Horn: nun, und wer hat bei dem Klang jenes Horns gelacht?"[45] Doch wenige Jahre später erzielte er Bühnenwirkung mit viel ausgefeilteren Mitteln. Wenn ein Künstler sich mit Kleinigkeiten abgebe, werde er nie etwas Schönes, Originelles zuwege bringen, ließ er seinen Mitarbeiter im April 1850 wissen. „Es macht mir wenig aus, ob das Thema grandios, leidenschaftlich oder phantastisch ist, wenn es nur schön ist", schrieb Verdi und pries Hugos Vorlage zu *Rigoletto*: „Das Sujet ist groß, gewaltig, und enthält eine Figur, die eine der größten Schöpfungen ist, deren sich das Theater aller Länder und aller Zeiten rühmen darf." Dabei tritt seine individuelle Vorstellung von „Schönheit" deutlich hervor, denn hinsichtlich des buckeligen Hofnarren Rigoletto – der bei Hugo Triboulet heißt – findet der Komponist „es gerade wunderschön, diese Persönlichkeit äußerlich missgestaltet und lächerlich darzustellen, und innerlich leidenschaftlich und liebevoll. Gerade um all dieser Eigenheiten willen bin ich auf diesen Stoff verfallen." Dass er aus François I. einen politisch bedeutungslosen Herzog von Mantua machen sollte, störte ihn wenig, denn für Verdi waren es nicht der Rang, sondern die Charakterzüge, die für Konflikt sorgten. „Der Herzog muss durchaus ein Wüstling sein; sonst ist Triboulettos Angst, dass seine Tochter ihr Versteck verlassen könnte, nicht begründet, das Drama unmöglich", notierte er. Durch Hugo begeisterte sich Verdi fortan für Stoffe, die reichlich „gewaltige Situationen, Mannigfaltigkeit, Feuer, Pathos [und] Verwicklungen" boten und wagte sich an Themen, die er nach eigenem Bekunden zehn Jahren zuvor nicht riskiert hätte.[46] Während Hugo Verdi zu dramaturgischen Kühnheiten inspirierte, beflügelte ihn bei *Alzira* ein anderer bedeutender französischer Autor, dem er sich zuwandte, und zwar Voltaire (1694-1778), nicht auf gleiche Weise. Einen nachhaltigeren Einfluss auf Verdi übten Dramatiker der spanischen Romantik aus.

Ángel de Saavedra, Duque de Rivas (1791-1865) und Antonio Garcia Gutiérrez (1813-1884)

Im Gegensatz zu Hugo, der seine Dramen mit sorgfältig durchdachtem Kalkül entwickelte, wirken die spanischen Tragödien ungezügelt und hinterlassen mitunter den Eindruck, als vermochten die Künstler ihre Phantasie sowie letztlich ihre Themen nicht zu bändigen. Verdi sprachen besonders jene Werke an, welche über die individuellen Schicksale bei Hugo hinausgingen und zusätzlich ein gesellschaftliches Panorama entfalteten wie etwa *El trovador* (1836), mit dem der knapp 23-jährige Antonio Garcia Gutiérrez in seinem Erstlingswerk auf sensationelle Weise Furore machte. In diesem Stück, dessen Hintergrund die Machtkämpfe um die Vorherrschaft in Kastilien und Aragonien im 15. Jahrhundert bilden, liebt eine Dame von Stand einen Außenseiter und am Schluss triumphiert nicht ein Vertreter der Oberschicht, sondern eine Zigeunerin. Gutiérrez' Drama *Simón Bocanegra* (1843) erzählt zwar von politischen Intrigen in Genua, doch war das intellektuelle Leben in Spanien zu jener Zeit immer noch geprägt durch die Erfahrungen der Befreiungskriege gegen Napoleon, die rigide absolutistische Herrschaft Ferdinands VII. (einem Sohn von Maria Luise von Bourbon-Parma), das Exil, den innerspanischen Kulturkampf und den Beginn der Carlistenkriege. Folglich bündelte der Spanier die Kapriolen des Daseins in einem Bühnenwerk über Vergeltung und Vergebung. Ángel de Saavedra, ab 1834 Duque de Rivas, der in Paris die Uraufführung von *Hernani* erlebt hatte, ließ bereits in *Don Álvaro, o la fuerza del sino* (1835) den Zufall regieren. Auch wenn die Protagonisten Zuflucht im Schutz der Kirche suchen, liegt – diesem Stück zufolge – das menschliche Schicksal nicht mehr in Gottes Hand, sondern ist der chaotisch wütenden Kraft eines unbestimmbaren Fatums ausgeliefert. Das Ethos der mediterranen Welt – Ehre, Mut, Selbstaufopferung, Gottesfürchtigkeit – wird hier durch Gewaltorgien und Guerillamentalität entzaubert. Dieses Werk wurde Verdi so wichtig, dass er es nach der Uraufführung in St. Petersburg 1862 nicht nur in einer Neufassung 1869 in Mailand herausbrachte, sondern einer Bühne, die ihm ungeeignet erschien, wie dem Teatro San Carlo in Neapel, sogar verweigerte. Für „Opern der Ideen"[47] benötigte er Häuser, die mehr bieten konnten als lediglich stimmkräftige Solisten und selbstherrliche Maestros. Die Beschäftigung mit einem deutschen Dramatiker, Friedrich Schiller, hat ihn in dieser Überzeugung bestärkt.

Friedrich Schiller (1759-1805)

Verdi sprach neben Italienisch auch Französisch, beherrschte jedoch andere Fremdsprachen, wenn überhaupt, nur unzureichend. Dafür war er aber befreundet mit dem Schiller-Kenner und -Übersetzer Andrea Maffei (1798-1885) und dessen Frau Clara Maffei (1814-1886), die in Mailand Gastgeberin eines literarischen Salons war, dem „Salotto Maffei", in dem Verdi viele Künstler und Intellektuelle kennengelernt hat. Es wäre undenkbar gewesen, dass in diesen Kreisen nicht über Schiller, sein Werk und sein Gedankengut diskutiert wurde, ebenso wie über die Brüder Schlegel, Schelling, Hegel, Fichte oder Goethe, von dem Verdi Lieder in italienischer Übersetzung vertonte. Schillers Dramen waren in dem noch zersplitterten Italien äußerst positiv aufgenommen worden. Alessandro Manzoni stützte sich in seinen Bühnenwerken auf Schillers Vorbild, dessen „romantische" Kunst südlich der Alpen als der Inbegriff moderner Dramatik galt. Doch wegen mancher Einschränkungen durch die Zensur brachte man auf der Opernbühne Rossinis Adaption von *Wilhelm Tell* erst vier Jahre nach der Pariser Uraufführung von 1829 als *Guglielmo Tell* in Neapel heraus und in Venedig bekam man die Oper nicht vor 1856 zu sehen. Donizettis *Maria Stuarda* (1835), Vaccajs *La sposa di Messina* (1839) nebst seiner (1827) und Pacinis (1830) *Giovanna d'Arco* sowie Mercadantes *Maria Stuarda, regina di Scozia* (1821) und *I briganti* (1836) – die bereits ein Jahr nach der Pariser Uraufführung den Sprung nach Mailand schafften, aber erst 1853 in Neapel herauskamen – sind nur einige von vielen Beispielen für die Schiller-Begeisterung. Verdi schrieb vier Opern nach Stoffen des deutschen Dramatikers, jedoch entstanden drei davon (*Giovanna d'Arco*, *I Masnadieri* und *Luisa Miller*) in den 1840er Jahren in einer Phase, in welcher der Komponist seine Fähigkeiten und Grenzen noch austestete. Erst mit *Don Carlos* gelang es ihm durch mehrere Überarbeitungen zwischen 1867 und 1886 seinem Ideal eines Ideendramas im Schillerschen Sinn wirklich gerecht zu werden. Mindestens ein weiteres Werk atmet noch den Geist Schillers, denn der Dramatiker führte es bis zu seinem frühen Tode auf seiner Liste der noch zu realisierenden Projekte: „Die Sizilianische Vesper".

Andrea Maffei sprach sicher auch im Sinne des Komponisten, wenn er in seinem Vorwort zum Libretto von *I Masnadieri* anmerkte, Schillers erstes Drama *Die Räuber* stamme noch aus einer Phase, bevor der Autor intellektuell „zur Reife gelangte und das Studium der menschlichen Natur die Ausschweifungen seiner wilden Phantasie gezügelt habe". Wenn Schiller es auch „nicht vermöge, jene eindrücklichen Einsichten in das menschliche Herz zu vermitteln, die man an *Maria Stuart, Wallenstein* und *Wilhelm Tell* bewundert, gelingt es ihm doch durch Kontrastwirkungen eine solche Lebhaftigkeit, eine ansteigende Spannung, eine solch breite Palette kraftvoller Emotionen zu vermitteln, dass sich kein anderes literarisches Werk denken lässt, das sich so gut für eine musikalische Umsetzung eignet". Maffei war sich darüber im Klaren, dass ein Librettist durch die erforderlichen Verkürzungen „nicht die psychologische Tiefe erfassen kann, die das Drama erfordert", denn er ist nur in der Lage, „ein Gerüst zu bieten, das Form, Leben und Wärme nicht durch die Worte, sondern durch die Noten empfängt". Abgesehen von den abwechslungsreichen, explosiven Stoffen dürfte Verdi in Schillers Dramen vor allem das Streben nach Freiheit angesprochen haben. In Konfliktsituationen war Verdi, wie er betonte, auf nichts anderes bedacht, „als dass ich meine Freiheit des Handelns verlange, weil alle Menschen ein Recht darauf haben, und weil sich meine Natur dagegen auflehnt, wie andere zu handeln".[48] Mit Schillers Dramen fand Verdi Vorlagen, die Manzonis weit gestecktes Panorama von individuellen Schicksalen vor einem historischen Panorama in bühnenwirksamen Stoffen realisierten: Deckten *Luisa Miller* (nach Kabale und Liebe) und *I Masnadieri* noch den Typus des bürgerlichen Dramas ab, verlagerte Verdi, wie einst Schiller, mit *Giovanna d'Arco* (nach *Die Jungfrau von Orléans*) und *Don Carlos* die Tragödien aus dem Volke ins adelige Haus und auf die Weltbühne.

Manzoni hatte an Schiller die geschichtliche Dimension sowie die ethisch-idealistische Grundhaltung beeindruckt. Besonders angetan war er von *Wallenstein*, auf den auch Verdi Bezug nahm, als er in *La forza del destino* im Soldatenlager die Moralpredigt des Fra Melitone an Schillers Kapuzinerpredigt aus *Wallensteins Lager* anlehnte. Wenngleich Goethe sehr bedauerte, dass Schiller nie einen „verwandten Geist" wie Byron kennengelernt habe, kommt Verdis Auseinandersetzung mit dem Engländer nicht der gleiche Stellenwert zu. Die Beschäftigung mit dem „Byronic hero" aus der Verserzählung *The Corsair* (1814) begeisterte ihn Anfang der 1840er Jahre, doch als sich schließlich die Möglichkeit bot, daraus eine Oper zu generieren, hatte sich sein Enthusiasmus schon merklich abgekühlt. Die Historientragödie *The two Foscari* (1821) mochte Verdi wegen ihrer glaubwürdigeren Charaktere angesprochen haben. Nicht nur als eine Durchgangsphase, sondern weitaus tiefgehender stellte sich hingegen die Auseinandersetzung mit Shakespeare dar.

William Shakespeare (1564-1616)
Verdis höchstes Lob für den Realismus eines Hugo war, dass er damit einem Shakespeare gleichkomme – „degno di Shakespeare", eines Shakespeares würdig, galt ihm als besondere Auszeichnung. Auch sein Librettist Solera dürfte sein Wohlwollen gefunden haben, als er sich in einem Brief an den Verleger Ricordi auf Shakespeare als Ideengeber für die Ausgestaltung des Textbuches zu dem Schiller-Destillat *Giovanna d'Arco* bezog. Während Manzoni die Welt, wie sie war und wie Verdi sie kannte, künstlerisch transformierte, half Shakespeare dem Komponisten dabei, Mechanismen zu verstehen und das Paradigmatische zu erfassen. War bei Manzoni der Einzelne nur ein Rädchen im Getriebe, das von einer höheren Macht gelenkt wurde, öffnete Shakespeare den Blick für archetypische Dimensionen im menschlichen Leben. In dem von Schiller und Manzoni geprägten Teil von Verdis Œuvre bietet etwas Jenseitiges eine wie auch immer geartete „Erlösung". Wenn Shakespeares Dramaturgie zur Wirkung kommt, bleiben Konflikt und Lösung vollends im Diesseits. Verdi betrachtete den englischen Dramatiker als einen „verista",[49] einen an der Realität orientierten Künstler. Das prägnante Bündeln des Geschehens, das unmittelbare Hineinspringen in die Handlung, abwechslungsreiche Szenen, Kontrastwirkungen und das realistische Ende bar jedweder Verklärung sind Charakteristika der Shakespearschen Dramaturgie, die auch auf andere Opernprojekte Verdis ausstrahlte. Wegen dieser „varietá", der Mannigfaltigkeit, zog Verdi „Shakespeare allen Dramatikern einschließlich der Griechen vor".[50]
In Italien genoss Shakespeare unter Intellektuellen bereits seit Anfang des 19. Jahrhunderts Anerkennung, nachdem die ersten Übertragungen von *Othello*, *Macbeth* und *Coriolanus* erschienen waren. Grundlage für Verdis intensive Auseinandersetzung mit *Macbeth* in den 1840er Jahren war die 1838 erschienene Übersetzung von Carlo Rusconi (1819-1889). Paradoxerweise ist neben den drei vollendeten Shakespeare-Vertonungen ein anderes Drama des Engländers mindestens genau so interessant, obwohl Verdi dieses Opernprojekt nie realisierte: *Re Lear*. Das Drama um König Lear beschäftigte den Komponisten Jahrzehnte lang, was letztendlich die Problematik der italienischen Librettistik und Theaterkonventionen sowie Verdis Streben nach einem Ideal zeigt. Der Komponist fand keine ihn befriedigende Textfassung der Tragödie und vor allem keine Besetzung, die ihm geeignet er-

schien.[51] Es bleibt Spekulation, inwiefern seine Skizzen in die Wahnvorstellungen des Macbeth oder Simone Boccanegras Gespräche mit seiner Tochter eingingen. Bemerkenswerterweise finden sich in der ersten Arie der Leonora zu Beginn von *La forza del destino* Zeilen, die sich eng an Verse Cordelias aus dem Librettoentwurf zu *Re Lear* anlehnen (*Forza 1862* I/4 und *Forza 1869* I/3):

Re Lear (Cordelia)	*La forza del destino* (Leonora)
Me pellegrina ed orfana Lungi da ciel natio.	Me pellegrine ed orfana Lungi dal patrio nido.
Eine Pilgerin und Waise bin ich	
fern vom heimatlichen Himmel.	Fern der heimatlichen Heide.
Non ho per te che lagrime Dolce Inghilterra, addio. Nur Tränen habe ich für dich, süßes England, lebe wohl!	Ti lasciò, ahimè, con lagrime. Dolce mia terra! Addio. Ich verlasse dich voller Tränen; Meine süße Heimat, lebe wohl!

Abgesehen von den eigentlichen Opernfassungen einiger Vorlagen des englischen Bühnenautors – *Macbeth* (1847), *Otello* (1887) und *Falstaff* (1893) – ist der Shakespearesche Einfluss auch in Werken wie *I due Foscari*, *Stiffelio*, *La traviata*, *Il trovatore*, *Les vêpres siciliennes*, *Un ballo in maschera* und *Simone Boccanegra* erfahrbar. Shakespeare, den Verdi seit seiner Jugend studiert hatte, bestimmte vor allem nach Manzonis Tod nicht nur die Überarbeitung von *Don Carlo* und *Simone Boccanegra*, sondern auch die Wahl der späten Opernstoffe, *Otello* und *Falstaff*.

Situations- und Progressionsdramatik

Zwar überlagern sich die Elemente der europäischen Dramatik in Verdis Œuvre, dennoch lassen sich einige generelle Tendenzen ausmachen, die zur besseren Orientierung hier vereinfacht dargestellt werden. Hin- und hergerissen zwischen den unterschiedlichen theatralischen Ausdrucksformen bildeten sich bei Verdi zwei Grundmuster heraus, die sich als Situations- bzw. Progressionsdramatik deuten lassen. Natürlich werden sich innerhalb einzelner Werke immer wieder Momente finden lassen, die nahe legen, dass es sich nicht um das eine oder andere in Reinform handelt, doch zur prägnanten Charakterisierung von Verdis Gesamtwerk bietet diese Unterscheidung eine praktikable Übersicht. Zwischen den beiden Grundformen gibt es natürlich auch Stücke,

die eher Momente des situativen oder des progressiven Modus aufweisen (siehe Tabelle 1, S. 179).
Die von der *Situationsdramatik* geprägten Werke Verdis sind vornehmlich inspiriert durch Manzoni, Byron und Voltaire. Sie findet sich in erster Linie in

- Nummernopern mit eher statischen Figuren,
- der Begleitfunktion des Orchesters,
- Szenen, die „kühn bis zum Äußersten" (Verdi) sind; Menschen sind „Spielball" gesellschaftlicher Umbrüche bzw. sozial-dynamischen Verhaltens von Gruppen (in markanten Chorszenen),
- dem Streben nach maximalem „effetto" in Einzelmomenten,
- tableaux-artigen Szenen.

Die *Progressionsdramatik* empfing ihre wesentlichen Impulse durch die Werke von Hugo, Guetierrez und de Saaverda, vor allem aber durch Schiller und Shakespeare. In diesen Opern finden sich

- eine allmähliche Auflösungen der Nummernoper,
- eine Emanzipation und Individualisierung des Orchesters,
- Archetypen der Struktur und Dynamik menschlichen Sozialverhaltens,
- ausgefeilte Figuren-Charakterisierungen,
- großflächig strukturierte, die Handlung vorantreibende Szenen.

Verdi selbst war sich der Neuerungen, die er in das Musiktheater einbrachte, sehr wohl bewusst, denn er differenzierte zwischen den Bezeichnungen „die Oper beziehungsweise das szenische musikalische Drama".[52] Ohne seine intensive Auseinandersetzung mit den aktuellen Entwicklungen in Literatur und Schauspiel – wozu auch die damals neuen italienischen Schiller- und Shakespeare-Übersetzungen zählen – ist der allmähliche Entwicklungsprozess, den sein Gesamtwerk im Verlauf des 19. Jahrhunderts durchlief, nicht zu erklären. Nachdem Manzoni seine ethische Grundhaltung geprägt hatte, erschloss sich Verdi mit Hugo theatralisches Neuland. Durch die spanischen Dramatiker gelangte er zu einem dem Realismus verpflichteten Blick auf die Welt und einer Erweiterung der Ausdrucksmittel. Schiller inspirierte ihn durch seine Ideendramen und deren utopisches Potenzial, während Shakespeare sein Bewusstsein für archetypische Verhaltensmuster schärfte. Jeder dieser wichtigen Autoren trug auf seine Weise zu Verdis langem künstlerischem Reifungsprozess bei. Sein späterer Ruhm hat vielfach dazu verleitet, seine ersten beiden Opern im Licht des zukünftigen Genius zu analysieren. Bei nüchterner Betrachtung muss man indes feststellen, dass bei einem vorzeitigen Ableben um das Jahr 1846 Verdi lediglich eine Fußnote in der Operngeschichte geblieben wäre. Erst *Macbeth* erschien ihm gelungen genug, um das Werk seinem Förderer Antonio Barezzi zu widmen. Die neuen stilistischen Entwicklungen, die er mit diesem Stück verfolgte, dürften das konsequente Ergebnis seines Shakespeare-Verständnisses gewesen sein. „Mag sein, dass ich *Macbeth* nicht gerecht geworden bin", äußerte er sich gegenüber Kritik, „aber dass ich Shakespeare nicht kennen, ihn nicht verstehen oder kein Gespür für ihn haben soll – nein, bei Gott, nein. Er ist mein Lieblingsdichter, den ich seit meiner frühesten Jugend in Händen gehabt und immer wieder gelesen habe."[53]

Weitaus aufschlussreicher als das gelegentliche Erahnen des Spätwerks in den frühen Opern mutet Verdis Experimentierfreude an. Sein Herantasten an ungewöhnliche Lösungen war gewagt, denn der Kampf um „scritture", um Kompositionsaufträge, war gnadenlos und die Konkurrenz groß. Allerdings sollten Rückzüge anderer aus dem aktiven Komponistendasein und einige Todesfälle Verdis Aufstieg begünstigen.

1.3 Verdi und die Musik seiner Zeit

Italienische Operngeschichte ist immer auch Regionalgeschichte. Wenngleich zu Beginn von Verdis Laufbahn der stärker industrialisierte Norden in künstlerischer Hinsicht an Bedeutung gewann, so wirkte noch immer die Dominanz des Südens aus den zurückliegenden Jahrzehnten nach. In dem Jahrhundert vor Rossini (1792-1868) hatte sich das Musiktheater in Italien nachhaltig verändert. Der Schwerpunkt des Opernlebens verlagerte sich damals von Oberitalien in die südlichen Gefilde: Der polyphone, kontrapunktische Stil der venezianischen Oper war allmählich dem harmonischen, melodischen Ausdruck der neapolitanischen Schule gewichen. Dementsprechend hatte zunehmend die Virtuosität der menschlichen Stimme und weniger das Orchester Beachtung gefunden. Noch während des ersten Drittels des 19. Jahrhunderts mussten Komponisten dem Rechnung tragen.

Belcanto-Sublimität und dramatische Kontraste

Werke eines Rossini, Bellini und Donizetti entstanden in einer Epoche, in der man den Belcanto zu schätzen wusste – den „schönen Gesang". Belcanto ist eine Gesangstechnik, bei der auf die kantable Linie des Vortrags und den nuancierten vokalen Klang Wert gelegt wird. Ausdrucksintensität erreichte man nicht durch wuchtige Stimmen und einen vehementen Einsatz derselben – wie er für Verdis Operntypus erforderlich wurde –, sondern durch technische Versiertheit hinsichtlich des Legatogesangs, der Messa di voce (den dynamisch an- und abschwellenden Gesangsverzierungen auf einem Ton), der Portamenti, der Appoggiaturen sowie der virtuosen Ausschmückung durch Koloraturen und Fiorituren. Stimmvirtuosität dominierte das Geschehen in einer Belcanto-Oper: Der Primo uomo und die Primadonna lenkten auf der Bühne die Aufmerksamkeit auf sich, ließen die Handlung zur Nebensache werden und schmückten die Kompositionen nach eigenem Gusto mit teilweise willkürlichen Verzierungen aus. Gioachino Rossini beschwerte sich, dass die Sänger „das Publikum mehr in Erstaunen [versetzen], als dass sie es bewegen, und während in der guten alten Zeit die Spieler sich bemühten, ihre Instrumente singen zu lassen, versuchen unsere Sänger jetzt, ihre Stimmen zu behandeln, als ob sie Instrumente wären".[54] Er verlangte von den Interpreten Disziplin und notierte Koloraturen in den Partituren so, wie er sie gesungen haben wollte. Verdi behielt bis etwa Mitte der 1850er Jahre bei den Frauenrollen den verzierten Gesangsstil bei, verlieh ihm aber zunehmend expressivere Kontur – man vergleiche nur „Lo sguardo avea degli angeli" (*Masnadieri* I/11) mit „Stride la vampa" (*Trovatore* I/11). Die zumeist rauere, dramatisch intensivere Art der Stimmbehandlung bei Verdi stieß anfangs vor allem im Süden auf wenig Verständnis. Der mitunter fast brutale Orchestersatz, der bis dahin unvertraute ruppige Stakkato-Tonfall und die auf harte Gegensätze aufbauende Extravertiertheit von Szene und Musik fanden in Norditalien mehr Anhänger. Abwechslungsreichtum und Kontrastwirkungen, die ohnehin ein Kennzeichen der italienischen Musik gegenüber der mehr auf Einheitlichkeit bedachten deutschen Schule und der auf dramatische Kohärenz Wert legenden französischen Oper bildeten, wurden von Verdi ins Extreme getrieben. Nicht nur die einzelnen Szenen der verschiedenen Charaktere hoben sich deutlich voneinander ab, auch innerhalb einzelner Musiknummern konnten mitunter fast übergangslos die unterschiedlichsten Stimmungen aufeinanderprallen. Damit hatte die norditalienische Oper wieder die Oberhand. Während der in Neapel verwurzelte Mercadante die Gelehrten entzückte, begeisterte Verdi das Publikum. Und von dem wünschte er sich ohnehin, dass es „von einer hohen Warte urteilt, nicht aus der elenden Sicht der Journalisten, der Komponisten und Klavierspieler, sondern nach seinen Eindrücken!“[55] Als der italienische Erziehungsminister Emilio Broglio 1868 öffentlich Kritik an der italienischen Musik nach Rossini übte, lehnte Verdi den von Vittorio Emanuele II. neu eingesetzten Kreuzorden des Königreichs Italien ab.

Oper in Italien

Verdi führte in seinen Arbeiten nur das konsequent weiter, was er in Ansätzen bereits ausgebildet vorfand. Seine kompositorischen Fähigkeiten und seinen dramatischen Instinkt schulte er zeitlebens durch Aufführungsbesuche und das Studium der Opern seiner Zeitgenossen und Vorgänger. Er bewunderte vor allem die Opern Bellinis und Meyerbeers sowie ein Spätwerk Rossinis, *Guillaume Tell*, vergaß aber keineswegs, „wie viele andere herrliche, sublime Dinge es in so vielen anderen seiner Opern gibt“.[56] Insbesondere Vincenzo Bellinis (1801-1835) melodische Linien sollten starken Einfluss auf Verdi ausüben. Zwar sei Bellini „arm in der Instrumentation und der Harmonie“, befand Verdi, aber auch „in seinen weniger bekannten Opern, in der *Straniera*, im *Pirata*, gibt es große, ganz, ganz große Melodien, wie sie vor ihm niemand gemacht hat“. Neben diesen „melodie lunghe, lunghe“ faszinierten ihn zudem die „Wahrheit und Macht der Deklamation, wie zum Beispiel im Duett zwischen Pollione und Norma“.[57] Auch bei Verdi blieb die Melodie stets Hauptträger des musikalischen Ausdrucks, wobei die Ausleuchtung des Textes zunehmend an Bedeutung gewann. War das Wort beim Belcanto nur dazu da, um es mit vokaler Ornamentik auszugestalten, so gewannen ab den 1830er Jahren Rhythmus und Duktus der gesprochenen Sprache zunehmend an Bedeutung. Vielfältige Anregungen konnte hier Gaetano Donizetti (1797-1848) bieten, denn in wesentlich stärkerem Maß als bei Bellini war für ihn „die Musik nichts anderes, als eine durch Töne verdeutlichte Deklamation".[58] Obgleich der Simon Mayr-Schüler Donizetti noch eine Mendelssohnsche Leichtigkeit und Transparenz in die italienische Oper eingebracht hatte, beeinflussten Verdi vor allem Opern wie *Marino Faliero* (1835), *Lucia di Lammermoor* (1835) oder *Maria de Rudenz* (1838) durch ihre kraftvollen Arien und Ensembles, die sehnige Orchesterrhythmik sowie die markigen Klangausbrüche. An Donizetti anknüpfend wagt Verdi in späteren Werken auch, was sich in *Nabucco* und *Macbeth* lediglich angedeutet: tragende Rollen mit dem mittleren männlichen Stimmfach, dem Bariton zu besetzen, ja, diesen wie in *Rigoletto*, *Simone Boccanegra* oder *Falstaff* sogar zum Sympathieträger des Stücks zu machen und die Tenorvirtuosen in den Hintergrund zu drängen.

Nicht zuletzt hatte auch Saverio Mercadante (1795-1870) bereits Reformen eingeleitet, an die Verdi unmittelbar anknüpfen konnte. Mercadante entwickelte die frischen Impulse weiter, die Rossini mit seinen zwischen 1815 und 1822 für Neapel entstandenen Werken wie *La donna del lago* oder *Mosè in Egitto* der italienischen Oper gegeben hatte, wobei er aber auch noch das „melodramma romantico" Bellinis im Blick behielt. Dementsprechend bieten viele seiner Opern neben ausdrucksvollen Gesangslinien auch knapp gehaltene Orchestervorspiele für die einzelnen Akte und etliche zusammenhängende, durchkomponierte Szenenkomplexe. In seinen so genannten „Reformopern", wie etwa *Il Giuramento* (Der Schwur, 1837), brachte er Werke mit einer größeren Geschlossenheit auf die Bühne. Den Stil des zumeist üblichen „canto fiorito", des ornamentierten Gesangs, löste Mercadante allmählich durch einen von ihm als „canto dramatico" bezeichneten Vortragsstil ab. Zudem maß er der dramaturgischen Einheitlichkeit sowie einer glaubwürdigen Ausgestaltung der Protagonisten wesentlich mehr Bedeutung bei, als dies bis dahin üblich war. „Ich habe die Formen modifiziert, abgeschmackte Cabaletten vermieden, oberflächliche Crescendi verbannt und auf Knappheit Wert gelegt", schrieb er an den Kritiker und Musikhistoriker Francesco Florimo, einen Freund Bellinis. „Ermüdende Wiederholungen von Phrasen sind eliminiert und ich habe darauf geachtet, die Kadenzen originell zu gestalten – dies steigert die dramatische Spannung zusammen mit einem üppig besetzten Orchester, das die Stimmen aber nicht überdeckt. Lange Soli in den Ensemblesätzen wurden vermieden, da sie ja, zum Schaden der Handlung, die anderen zu sehr kaltstellen. Auf die große Trommel und die Banda habe ich weitgehend verzichtet."[59] In seiner 1861 veröffentlichten „Gesangsschule" betonte Mercadante, er lege Wert auf eine Unterordnung des Gesangs unter die Dramaturgie der Geschehnisse. Dennoch zwängte er seine neuen Ideen noch weitgehend in das Korsett der traditionellen Formen. Es fällt auf, dass Verdi wenig später aus der Erstfassung von *La forza del destino* von den Cabaletten von Tenor und Bariton aus dramaturgischen Gründen nur Letztere in die zweite Version übernommen hat (siehe Verdis Überarbeitungen 3.2). „Ich verabscheue die Cabaletten nicht", notierte Verdi, „aber ich will, dass es dafür einen Inhalt und einen Anlass gibt."[60] Anders als bei dem Akademiker Mercadante bleibt die Banda bei dem beliebteren Verdi weiterhin eine Komponente, die Kampfesmut und Volksnähe zum Ausdruck bringen sollte, zudem stellt sie einen wirkungsvollen Kontrast zu den avancierter gestalteten Szenen dar. Aus dem künstlerischen Umfeld, in dem Verdi bis Ende der 1840er Jahre agierte, suchte er sich gezielt die Bausteine, die er für seine wagemutigen Experimente benötigte. Er war nicht der führende Reformator der italienischen Oper des 19. Jahrhunderts, sondern derjenige, der die von seinen Komponistenkollegen auf vielfältige Weise bereits geebnete Bahn am wagemutigsten beschritt. Verdi wurde zum Solitär durch seine internationale Anerkennung, seinen melodischen Einfallsreichtum und seine in Einzelfällen immer wieder verblüffenden dramaturgischen Lösungen (dazu mehr im zweiten Teil des Buchs).

Handwerk und Individualität

Ab den 1850er Jahren stand Verdi in Italien konkurrenzlos auf weiter Flur. Gründe hierfür waren, dass Rossini sich vom Komponieren nach Paris zurückgezogen hatte, Mercadante als Leiter des Konservatoriums in Neapel wenig Zeit für Opern blieb, geschweige denn für mehrere Monate nach Paris zu gehen, um ein neues Projekt zu realisieren, und Giovanni Pacini (1796-1867) seinen Zenit bereits überschritten hatte. Bellini und Donizetti waren schon verstorben, ebenso wie die einst erfolgreichen Komponisten vom Schlag eines Simon Mayr (1763-1845), Nicola Vaccaj (1790-1848) und Gaspare Spontini (1774-1851). Musiker dieser

Generation hatten sich noch als „Handwerker" verstanden – Rossini lieferte über 40 Opern in knapp 20 Jahren, Donizetti mehr als 70 Opern in nahezu 30, Mercadante annähernd 60 in fast 50 Jahren. Verdi kam lediglich auf 26 Opern in einem halben Jahrhundert, und dass allein die Hälfte in den ersten zehn Jahren seiner Karriere entstand, verweist darauf, dass er sich eher als individuell schaffenden Künstler betrachtete, bei dem die Ausgestaltung einzelner Werke erheblich mehr Zeit beanspruchte. Solche Sorgfalt konnte man sich nicht leisten bei der beinahe fließbandartigen Produktion neuer Werke für die Unterhaltungsindustrie, zu der sich die Oper in Frankreich und Italien im frühen 19. Jahrhundert entwickelt hatte. Oper war Entertainment und Geschäft zugleich, der Bedarf an neuen Stücken blieb groß und die Zahl der Uraufführungen überstieg jene der Wiederaufnahmen. Zwar generierte man auch aus der traditionellen „Opera seria" und der „Opera buffa" des 18. Jahrhunderts neue Formen, doch in seinen frühen Werken war Rossini keineswegs zimperlich und machte, wenn Eile geboten war, keinen Unterschied zwischen den Gattungen. Eines der auffälligsten Beispiele, wie er Stilelemente miteinander vermischte, ist die Übernahme der Ouvertüre vom „dramma serio" *Aureliano in Palmira* (1813) für das „dramma" *Elisabetta, regina d'Inghilterra* (1815) und schließlich für die „commedia" *Il barbiere di Siviglia* (1816). Immerhin reihte sich bei seinen Protagonisten nicht wie noch in der Barockoper eine Arie an die nächste, um den unterschiedlichen Affekten Genüge zu tun. Bei Rossini entdeckte man sogar in den komischen Opern bereits Ansätze einer Figurencharakterisierung und ausgedehntere Ensembleszenen in den dramatischen Werken. Doch um bei den zahlreichen neuen Bühnenwerken sowohl dem Publikum als auch den Sängerinnen und Sängern, den Librettisten sowie den Komponisten feste Orientierungspunkte zu bieten, bildeten sich beim italienischen Musiktheater gewisse Standards heraus, die bis in die 1850er Jahre hinein vielfach gewissenhaft beibehalten wurden und auch in den späten Opern Verdis noch latent durchschimmern. In einer Nebenbemerkung bezeichnete der Musikkritiker Abramo Basevi (1818-1885) diese 1859 in seiner Verdi-Monographie als „la solita forma", die „gewohnte Form", wobei es sich weniger um ein Gestaltungselement im Sinne der „Sonatenhauptsatzform" der Sinfonie handelt – die, anders als in Deutschland, in Italien so gut wie keine Rolle spielte –, sondern vielmehr um

eine Konvention, die den Aufbau von Arien, Duetten und Aktfinali vorgab.
Die Grundstruktur lässt sich in vielen Szenen von Verdis Opern nachvollziehen.[61] Hier einige Beispiele:

Arie	*Il trovatore*, Arie der Leonora, 1. Akt	
0. scena	[kinetisch]	Orchestereinleitung, Dialog
1. adagio	[statisch]	„Tacea la notte placida“
2. tempo di mezzo	[kinetisch]	„Quanto narrasti“
3. cabaletta	[statisch]	„Di tale amor“

Duett	*Un ballo in maschera*, Riccardo-Amelia, 2. Akt	
0. scena		Orchestereinleitung
1. tempo d’attacco	[kinetisch]	„Teco io sto“
2. adagio	[statisch]	„Non sai tu che se l’anima mia“
3. tempo di mezzo	[kinetisch]	„E tu va“
4. cabaletta	[statisch]	„Oh, qual soave brivido“

Finale des mittleren Akts	*Giovanna d‘arco*, Finale des 2. Akts	
Chor, Ballett, *scena*, Arie, Duett usw.		Chor „Te, Dio, lodiam“
tempo d’attacco	[kinetisch]	Szene „Compiuto è il rito!“
pezzo concertato	[statisch]	„No! Forme d’angelo”
tempo di mezzo	[kinetisch]	„Ti discolpa!“
stretta	[statisch]	„Fuggi, o donna maledetta“

Für das Publikum war es völlig normal, dass die Handlung einer Oper beim „tempo d’attacco“ und „tempo di mezzo“ vorangetrieben wurde, aber bei Arien, einem Adagio oder einem „pezzo (bzw. largo) concertato“ – einem bewegungsarmen, konzertanten Abschnitt, der die Reaktion auf ein außerordentliches Ereignis zeigt – zur Ruhe kam, sodass eine Art „Gemälde“ mit lebenden Figuren entstand. In Mailand erschien 1841 ein Buch des Aristokraten Carlo Ritorni, das grundlegende Gestaltungsprinzipien der italienischen Oper in den 1820er und 1830er Jahren umriss. Er wies darauf hin, dass die unterschiedlichen Nummern eines Librettos von Situationen ausgehen müssen, „von denen jede einzelne harmonischem Ausdruck zugänglich ist“. Denn nur so können durch die „Mischung der Farben, die die jeweiligen Leidenschaften erfordern, ebenso viele kleine Bilder hervorgehen, die die Abfolge der verschiedenen Stile markieren“, und nur auf diese Weise vermag „die Mannigfaltigkeit und umfassende Gesamtheit“ letztlich „die Einheit der Gemäldegalerie zu stiften, die eine Oper ist“.[62] Der Vergleich der Oper jener Jahre mit der Darstellungsweise von Gemälden ist durchaus angebracht, und manche der frühen Opern Verdis entsprechen dieser Zugangsweise. Verdis besondere Leistung zeigt sich darin, wie er die Zuschauer allmählich aus der „Gemäldegalerie“ herausführt und ihnen lebendige, bewegte Bilder vorführt. Natürlich ist auch in den späten Werken noch erkennbar, dass weiterhin „Einzelbilder“ die Bestandteile des „Films“ sind, doch deren Aufeinanderfolge verschmilzt zu natürlich wirkenden Abläufen, bei denen die selteneren statischen Szenen, die die Handlung nicht vorantreiben, nun wie Einstellungen in Zeitlupe bestimmte Momente hervorheben. Verdi war sich bewusst, dass für seine erhöhten Ansprüche besser ausgebildete Zuhörer und Künstler vonnöten waren. Dementsprechend ließ er seinen Verleger wissen, er tue gut daran, mit seiner *Gazetta musicale* den Leuten „literarische Bildung ein[zu]bleuen“. Um nicht „zu den Kavatinen, zu den Duetten in Terzen, zu den Rondos mit Variationen zurück[zu]kehren“, müsse man, so Verdi, „die Sänger das Notenlesen lehren“ und solle es zur „Pflicht der Musikhochschulen und der Konservatorien“ erheben, „niemand zum Gesang zuzulassen, ohne ernsthafte Studien in Literatur betrieben zu haben“.[63] Verdi konnte sich den grundsätzlichen Erwartungen des Theaters und des Publikums nicht entziehen, dennoch bildeten sich bei ihm schon bald einige Charakteristika heraus, die die Traditionalisten abschreckten. Seine Musik galt vielen als grobschlächtig und verstieß, verglichen mit seinen Vorgängern, buchstäblich gegen den guten Ton. Zudem hatte Verdi es mehrfach gewagt, unmittelbar die etablierten Vertreter der italienischen Oper und deren Anhänger herauszufordern, indem er ähnliche Themen bzw. Stoffe wählte, derer sich bereits Komponisten vor ihm angenommen hatten.[64] So übertrumpfte er unter anderem mit *Ernani* die unmittelbare Konkurrenz der 1834 uraufgeführten Opernfassung von Vincenzo Gabussi und rivalisierte mit seiner Vertonung von Schillers Räubern, *I masnadieri* (1847), mit Mercadantes erfolgreichen *I briganti* (1836). *Alzira* war seit Ende des 18. Jahrhunderts bereits mehrfach für die musikalische Bühne adaptiert worden und bei *Giovanna d'Arco* galt es, Vaccaj und Pacini auszustechen. Bei *Un ballo in maschera* nahm er es nicht nur mit *Gustave III, ou Le bal masqué* (1833) des angesehenen Auber auf, sondern auch mit Mercadantes *Il reggente* (1843). Erst gut 70 Jahre nach Rossini schrieb Verdi seinen *Otello*, doch bildete *Nabucco* ein Pendant zu bedeutenden Opern mit einem biblischen Thema: Rossinis *Mosè in Egitto* (1818) und der französi-

schen Neufassung *Moïse et Pharaon* (1827). Bellinis *Norma* (1831) stellte Verdi die Oper *Attila* (1846) zur Seite, die – wenngleich 500 Jahre später – ebenfalls zur Zeit des römischen Imperiums spielt und in Odabella eine vergleichbare Heroine bietet. Aus Scribes Textentwurf *Le Duc d'Alba*, dessen Vertonung Donizetti unvollendet hinterließ, wurde – ebenfalls in Auftrag der Pariser Opéra – Verdis *Les vêpres siciliennes*. Und Meyerbeers exotischer *L'Africaine* (1865) ließ er wenige Jahre nach der posthumen Uraufführung *Aida* (1871) folgen. Auch wenn manche Kühnheiten nicht unvermittelt kamen und sich bereits bei Donizetti und Mercadante vorgebildet fanden, wagte Verdi es immer wieder, neue Grenzen zu überschreiten. Zudem verschmolz er die einst in Florenz, Venedig und Rom sowie in Neapel und Mailand vorgebildeten regionalen Präferenzen zu einem Individualstil, der schließlich im ganzen Land Anerkennung fand. Doch als Italien ab 1861 ein eigenes Staatsgebilde entwickelte, gehörte Verdi längst der ganzen Welt.
Die Komponisten seiner Epoche stellten für Verdi in mehrfacher Hinsicht einen wichtigen Vergleichsmaßstab dar. Sie boten künstlerische Anregungen, waren aber auch ein Gradmesser für den Erfolg. Als Verdi der Auftrag erteilt wurde, die Oper *Ernani* zu komponieren, riet ihm Giuseppina Strepponi, ein Honorar von 8.000 Franken zu verlangen, da dies die Summe gewesen war, die Bellini dreizehn Jahre zuvor für *Norma* (1831) erhalten hatte. Verdi selbst trug die Ziffer „9.000" in den Vertrag ein. Dieser Betrag entsprach fast dem Jahresgehalt, das Donizetti – immerhin ein führender italienischer Komponist – als Kaiserlicher Kapellmeister in Wien bekam, und mehr als dem Doppelten dessen, was ein Librettist erhielt. Wenige Jahre später verdiente Verdi an *Macbeth* 18.000 Franken, 1851 an *Rigoletto* 28.150 Franken, 1862 an *La forza del destino* 60.000 Franken, 1867 an *Don Carlos* 40.000 Franken und weitere vier Jahre darauf an *Aida* 150.000 Franken, zu denen noch Einkünfte durch Aufführungen an anderen Bühnen hinzukamen.[65]
Dass man seinen hohen Forderungen nachkam, betrachtete Verdi als eine gewisse Anerkennung seiner Leistungen. Immerhin sah er sich dadurch, dass er in der Provinz aufgewachsen war, im Nachteil gegenüber den führenden Komponisten seiner Zeit, die in größeren Städten – wie Pesaro (Rossini), Altamura (Mercadante), Bergamo (Donizetti), Catania (Bellini und Pacini) – zur Welt

gekommen waren und die Möglichkeit erhalten hatten, wie etwa Rossini oder Mercadante, eine geregelte musikalische Ausbildung in Bologna bzw. Neapel zu erhalten, während Verdi sich vieles im Alleingang aneignen musste. Durch diese Ausgangsvoraussetzungen entwickelte er sich zu einem „Spätzünder“, der mit 23, also einem Alter, in dem Rossini mit *Tancredi* (1813) schon seinen Durchbruch in Vendig erlebt und Donizetti drei Opern herausgebracht hatte, erst einmal „Maestro di musica“ in Busseto wurde.

Oper in Frankreich und Deutschland

Dennoch war es Verdi, der im Verlauf des 19. Jahrhunderts das Berufsbild des Opernkomponisten veränderte. Dazu gehören sein Einsatz für verbesserte Produktionsbedingungen an Theatern, die Zusammenarbeit mit Verlagen, die Aufführungsrechte und die angemessene Entlohnung für Komponisten. Darin ist er höchstens Giacomo Meyerbeer vergleichbar, während Richard Wagner mit den eigenen Festspielen in Bayreuth einen privat geförderten Sonderweg beschritt, mit dem er sich aus dem normalen Theaterbetrieb weitgehend ausgliederte. Überhaupt haben Verdi und Wagner, abgesehen davon, dass sie im gleichen Jahr geboren wurden, kaum etwas gemein. Da Verdi seine erste Wagner-Oper erst 1871 mit *Lohengrin* auf der Bühne erlebte, kann er nicht von ihm beeinflusst worden sein. Vielmehr verarbeitet Wagner in seinen frühen Werken bis *Lohengrin* noch Einflüsse der italienischen und französischen Oper. Vergleiche mit diesem „Namen, der in der Geschichte der Kunst einen großen Eindruck hinterlässt“,[66] fand Verdi lächerlich. „Wagnersches nicht einmal im Traum!“, schrieb er einem Freund. „Im Gegenteil, wenn man nur zuhören und richtig verstehen wollte, würde man das Entgegengesetzte finden.“[67] Die bei Wagner verwendete Leitmotivtechnik gibt es nicht bei Verdi, der eher mit Erinnerungs- bzw. Wiedererkennungsmotiven arbeitet, wie man sie schon in der Oper des 18. Jahrhunderts findet. Verdi schulte seinen dramatischen Instinkt und seine Technik, abgesehen von den italienischen Kollegen, vor allem an den Musikdramen Giacomo Meyerbeers (1791-1864). Diese inspirierten unter anderem die konzeptionelle Anlage etlicher Opern und instrumentale Details. Hinzu kam, dass statt nur einer Primadonnenrolle zwei Sopranpartien innerhalb eines Werks durch unterschiedliche Stimmtypen und eine differenzierte vokale Ausgestaltung kreiert wurden. Angeregt von Meyerbeer ließ Verdi mit zunehmender Erfahrung das Orchester immer stärkeren Anteil am Geschehen nehmen, sodass es über ein viel reichhaltigeres Spektrum verfügt als noch bei Rossini, Bellini oder Donizetti und ausdrucksintensiver klingt als bei Vaccaj, Pacini bzw. Mercadante (siehe 4.2 Verdi und das Orchester). Überhaupt fällt auf, dass in der zweiten Hälfte des 19. Jahrhunderts das Orchestervolumen auch bei anderen italienischen Komponisten dichter und massiver wird, wohingegen Verdi auch bei großen Besetzungen weitgehend eine Verschlankung, Transparenz und Individualisierung des Klangs anstrebt. Während in der Malerei seinerzeit in Deutschland die Nazarener, in England die Präraffaeliten und in Italien die Vertreter des Purismo sich von den Künstlern des italienischen Trecento und Quattrocento beeinflussen ließen, um zu einem klareren, weniger überladenen Stil zu finden – was man in dem 1842/43 entstandenen Manifest *Del purismo nelle arti* (Über den Purismus in der Kunst) auch schriftlich festlegte –, wurde für Verdi Palestrina ein Vorbild für die angestrebte Reduktion der Mittel. „Wir Nachfahren von Palestrina begehen, wenn wir Wagner imitieren, ein musikalisches Verbrechen und leisten eine unnütze, ja sogar schändliche Arbeit", schrieb Verdi.[68] „Kehrt zurück zum Alten, es wird ein Fortschritt sein."[69] In Deutschland fand er vor allem bei Carl Maria von Weber (1786-1826) Anregungen, dessen *Freischütz* erstmals 1843 in Italien aufgeführt wurde und dessen wichtigste Partituren Verdi besaß. Auf Webers Dramaturgie eines einheitlichen Grundtons geht seine Vorstellung von einer „tinta musicale" zurück, der musikalischen Farbe, durch die eine für jede Oper spezifische Klangmischung vorgegeben wird. Diese findet sich ansatzweise bereits in einigen frühen Opern wie *I due Foscari* und *Macbeth* und wesentlich ausgeprägter ab *Rigoletto*. Zunehmend grenzte Verdi sich von anderen Komponisten ab, indem er seine eigenen Gestaltungsprinzipien entwickelte. Inspiriert von der französischen Oper, verfeinerte er den „canto declamato", den dem Textinhalt und den Emotionen angemessenen Gesangsausdruck, sowie das „parola scenica", das in einem bestimmten Augenblick szenisch treffende Wort, der charakteristische Ausdruck. Dies führte zu einer konzentrierteren Ausgestaltung des Dramas und einem strafferen musikalischen Duktus, sodass manche Verdi-Opern verhältnismäßig kurz sind. Letzten Endes dienten alle die-

se Elemente nur einem Ziel: „Melodie, Harmonik, Deklamation, Koloratur, Orchesterwirkungen, Lokalkolorit", fasste Verdi zusammen, „sind lediglich Mittel. Macht mit diesen Mitteln gute Musik und ich lasse alles und alle Arten gelten. Zum Beispiel der Satz: ‚Signor, giudizio, per carità' im *Barbiere*, das ist weder Melodie noch Harmonie: Er ist das deklamierte, richtig echte Wort und ist Musik… Amen."[70]
Mitte des 19. Jahrhunderts war Giuseppe Verdi der herausragende italienische Komponist. Als Rossini im November 1868 in Paris verstarb, lud Verdi verschiedene italienische Musiker ein, sich an einem Requiem für den hoch angesehenen Kollegen zu beteiligen und sich jeweils verschiedener Teile der Gedenkmesse anzunehmen. Zu diesem Zeitpunkt konnte ihm keiner der heute kaum noch bekannten Zeitgenossen seinen Rang streitig machen. Dabei handelte es sich bei allen um ausgewiesene Könner.[71] Verdi selbst übernahm in der *Messa per Rossini* (1869) das „Libera me", welches später in abgewandelter Form in seine *Messa da Requiem* (1874) eingehen sollte (*RpR* II/11 und *Requiem* II/3). Das erst 1970 wiederentdeckte Patchwork-Requiem ist deswegen besonders interessant, weil es Vergleichsmöglichkeiten mit Verdis erstem Zugriff auf die traditionellen Worte der lateinischen Totenmesse bietet und Einblicke gewährt, inwiefern Verdi seine Kollegen zu diesem Zeitpunkt sowohl hinsichtlich der Instrumentation als auch der melodisch-dramatischen Erfindungskraft überragt. Die Entwicklung dahin vollzog sich anhand eines Prozesses von Versuch und Irrtum, der sich auf thematischer, gesellschaftspolitischer und literarischer Ebene nachvollziehen lässt.

2. Vom Opernkomponisten zum Musikdramatiker

Verdis Opernschaffen zeichnet sich durch eine denkbar große Variabilität aus. Diese Vielseitigkeit muss nicht weiter verwundern bei einem Komponisten, der sich seine Kenntnisse von Literatur, Musik und Theater vorwiegend autodidaktisch und durch praktische Erfahrungen angeeignet hat. An die Lehrer, die ihm musikalisches Grundlagenwissen und Kompositionstechnik vermittelten, geriet Verdi eher durch Zufall, sodass es in seiner Ausbildung keine Kontinuität gab. Der Kompositionsunterricht, den er genoss, vermittelte ihm handwerkliches Geschick, zwang ihn aber, sich das, was er für seinen Bedarf zusätzlich benötigte, anderswo zu suchen. Was von Lavigna in Mailand über dreißig Jahre später haften geblieben ist, umriss Verdi damit, er sei „im Kontrapunkt sehr beschlagen und ein wenig pedantisch" gewesen. „In den drei Jahren, die ich bei ihm war, schrieb ich nichts anderes als Kanons und Fugen und Fugen und Kanons aller Art", fuhr er fort. „Niemand brachte mir Orchestrierung bei oder wie man dramatische Musik behandelt".[72] Die beste Lehrstube dürften die Theater gewesen sein. Die ersten beiden Bühnenwerke – eine dramatische und eine komische Oper – bündeln die Erfahrungen, die Verdi bis dahin in sich aufgenommen hatte. Alle weiteren Ereignisse seiner Laufbahn sind geprägt durch mehrere große Entwicklungssprünge und kleine Zwischenschritte. Markante Einschnitte hinsichtlich des künstlerischen Wegs bilden 1842 *Nabucco*, fünf Jahre später *Macbeth* und 1851 *Rigoletto*. Mitte der 1850er Jahre wird *Les vêpres siciliennes* als erste original französische Komposition Verdis ein wichtiger Schritt, während drei Dekaden später mit zwei Shakespeare-Vertonungen noch Stücke folgen, in denen sich die Genrewahl der ersten beiden Opern widerspiegelt, wobei lediglich die Ausgestaltung diejenige eines reifen Künstlers ist.

Im Laufe seiner Karriere erfindet Verdi sich mit jedem Werk immer wieder neu. *Ernani* lässt genau so wenig wie *Otello* erahnen, was das Publikum bei der nächsten Oper – *I due Foscari* bzw. *Falstaff* – erwarten wird. Verdis allgemeine stilistische Entwicklung, sein Weg vom Komponisten melodramatischer Opern zum Musikdramatiker und seine Gestaltungsprinzipien kristallisieren sich auf einem langen Weg mit vielen Seitenpfaden heraus.

Oberto (1839)

Legt man an Verdis erste Oper den Maßstab seiner späteren Werke an, wirkt *Oberto* belanglos. Lediglich wenige Stellen, wie etwa das Quartett „La vergogna ed il dispetto“ (Die Schande und die Kränkung; *Oberto* II/4 ab 2:37), scheinen den Keim dessen in sich zu bergen, was noch folgen sollte. Allerdings ist diese Oper von ihrer Entstehungsphase her betrachtet für einen Anfänger eine bemerkenswerte Leistung. Immerhin war sie so überzeugend, dass einige der bedeutendsten Sänger der damaligen Zeit darin auftraten, andere Bühnen das Stück übernahmen und Verdi von Merelli einen Vertrag über drei weitere Opern erhielt. Die Meriten von *Oberto* liegen zum einen darin, dass Verdi sich auf äußerst gekonnte Weise das Idiom seiner Zeitgenossen zu eigen macht und in einzelnen Momenten dennoch Individualität erkennen lässt. Er erfindet ausdrucksvolle Melodien, dennoch verzichtet er darauf, sie, wie Bellini, in langen, weit ausschwingenden Bögen zu variieren, was den geläufigen Gurgeln der Gesangssolisten entgegengekommen wäre. Vielmehr trachtet er zumeist danach, den Gesangsstars der Mailänder Scala zwar gefällige Partien zu schreiben, ihnen aber kaum selbstverliebtes Schwelgen in melodischen Floskeln zu gestatten. Verglichen mit den Vertretern der alten Schule ist Verdis Melodik weniger verspielt, leidenschaftlicher und wird gestützt durch eine zupackendere rhythmische Grundierung. Mit seinen kürzeren melodischen Motiven greift Verdi Anregungen Donizettis auf, die weniger die Klangästhetik des Belcanto ausreizen, sondern vielmehr auf dramatische Wirkung abzielen. Dies wird vor allem in den Szenen der Titelfigur deutlich, die – eher ungewöhnlich – für einen Bassisten notiert ist. Auch wenn es durchaus der Konvention entspricht, eine Vaterrolle mit der tiefsten Männerstimme zu besetzen, überrascht doch die aktive Haltung Obertos. Leonoras Vater ist kein in Würde ergrauter Greis, sondern ein zur Tat entschlossener, mutiger Mann, der dafür, dass seine Tochter hintergangen wurde, Satisfaktion verlangt. Nachdem die Oper mit zwei aufeinanderfolgenden Arien eröffnet wurde, schreibt Verdi für Oberto einen Monolog mit ausdrucksvollen Holzbläserpassagen, „O patria terra, alfine io ti rivedo“ (O Heimatland, endlich sehe ich dich wieder; *Oberto* I/5), in dessen Gesangslinie sich Melancholie und Entschlossenheit vereinen. Das anschließende Duett mit Leonora folgt diesem rezitativischen Duktus, bevor es mit dem melodischen Andante „Del tuo favor soccorrimi“ (Schenke mir deine Gunst; *Oberto* I/5 ab 6:53) in eher konventionelle Bahnen gerät. Immer wieder blitzen in Verdis erster Oper originelle melodische, rhythmische und instrumentale Ideen auf, die sein Streben nach Eigenständigkeit zeigen, doch formal wagt er sich noch nicht über die Grenzen des zu jener Zeit Üblichen hinaus. Bei Obertos Gegenspieler Riccardo, dem Grafen von Salinguerra, dem er letztlich im Duell unterliegt, handelt es sich keineswegs um einen strahlenden Tenorhelden, sondern um einen eher unsympathischen, gebrochenen Menschen. Doch Verdi ist es noch nicht gegeben, das Wesen seiner Figuren musikalisch überzeugend auszuformen – die Gestaltung des Augenblicks dominiert die Charakterentwicklung.

Die Schwächen von *Oberto* sind leicht zu benennen. Manches wirkt noch wie nach Lehrbuch gesetzt, wie etwa das Terzett „Su quella fronte impressa la verrità tu vedi“ (Hier erkennst du die Wahrheit; *Oberto* I/8 ab 6:53), und die Instrumentation entspricht den gängigen Floskeln von markanten Orchesterschlägen und schnellen Läufen an dramatischen Stellen sowie schlichten Begleitfiguren der Streicher und Holzbläser in den Andante-Passagen der Arien. Das größte Manko stellt die dramaturgische Anlage des Handlungsaufbaus dar. Die Bezüge zwischen den einzelnen Personen werden nicht aus dem Geschehen heraus entwickelt, sondern in einer statischen Chorszene sowie in den aneinandergereihten Rezitativen und Auftrittsarien von Riccardo, Leonora und Oberto durch Reflektion und Rückblick annäherungsweise verdeutlicht. Diese mechanische Abfolge der einzelnen Musikstücke, der „pezzi cantabili“, bringt das Geschehen nur schleppend voran, da es immer wieder in „bildhaften“ Momenten zu Posen erstarrt. *Oberto* ist bemerkenswert unter dem Blickwinkel, dass es 1839 das ist, was man für ein beachtliches Debut gehalten haben muss. Allein in der ersten Saison kam es an der Mailander Scala zu vierzehn Folgeaufführungen. Ein halbes Jahrhundert nach der Uraufführung sprach sich Verdi indes vehement gegen eine Wiederaufführung seiner ersten Oper aus. Er war der Meinung, dass ein „Publikum mit so verschiedenen Neigungen als jenen vor fünfzig Jahren“ nicht „die Geduld haben könnte, die zwei langen Akte des *Oberto* anzuhören“.[73] Zu dem Zeitpunkt hatte er zu einer Veränderung der Erwartungshaltung des Publikums längst selbst aktiv beigetragen. Höchstwahrscheinlich war

Verdi bereits zwei Jahre nach *Oberto* bewusst, dass er mit *Nabucco* andere Wege einschlagen muss, um sich als Bühnenkomponist zu profilieren.

Nabucco (1842)

Bei der dramaturgischen Gestaltung seiner dritten Oper nimmt Verdi den cineastischen Grundsatz vorweg, mit einem „Erdbeben“ anzufangen und dann das Ganze allmählich zu steigern. Die Verzweiflung der Juden über das Nahen des siegreichen babylonischen Heeres bildet mit einem siebenstimmigen Chor einen der spektakulärsten Auftakte der Musikgeschichte. Bereits ein Vergleich der Exposition macht deutlich, auf welche Weise *Nabucco* in seiner musikdramatischen Konzeption *Oberto* übertrifft. Reiht sich in der ersten Oper Verdis noch eine Arie an die andere, finden sich in *Nabucco* mehr Ensembleszenen und Interaktionen.

Beginn *Oberto* (statisch)	Beginn *Nabucco* (kinetisch)
Erste Szene	Introduktion
Chor „Di vermiglia, amabil luce“	Chor „Gli arredi festivi giù cadano infranti“
Rezitativ und Arie des Riccardo „Son fra voi!“	Rezitativ und Kavatine des Zaccaria „Sperate, o figli ... D’Egitto là sui lidi“
	Cabaletta des Zaccaria „Qual rumore? ... Come notte a sol fulgente“
Zweite Szene	Rezitativ und Terzett Fenena-
Rezitativ und Arie der Leonora „Ah, sgombro è il loco alfin! ... Sotto il paterno tetto“	Ismale-Abigaille „Fenena! O mia diletta! ... Prode guerier!“
	Chor „Lo vedeste?“
Dritte Szene	Ensemble „Viva Nabucco“
Szene des Oberto „Oh patria terra“	Auftritt des Nabucco „Di Dio che parli?“ und Ensemble
Duett Leonora-Oberto	

Verdis *Oberto* ist zusammengesetzt aus zumeist handlungsarmen Nummern, während in *Nabucco* eine Konfliktsituation in die nächste übergeht. Krisen werden nicht behauptet, sondern durchlebt. Erstmals in Verdis Opern kommt es zu einer Verbindung von politischen und individuellen Schicksalen, wodurch auch dem Chor eine Rolle zufällt, die über die bloße Staffage hinausgeht. Die explosive Dramatik der Einleitungsszene wird durch brutale Klanggesten des Orchesters entfacht, die die stürmischen Entwicklungen auf gesellschaftlicher und privater Ebene symbolisieren. Während die Babylonier durch einen martialischen Duktus charakterisiert werden, ist den Chören der Israeliten ein sich melancholisch wiegender Rhythmus eigen, der seinen einprägsamsten Ausdruck in dem Gefangenenchor „Va, pensiero“ findet (*Nabucco* II/13). Dieser mag zwar die eingängigste Musiknummer sein, ist aber keineswegs das Kernstück der Oper. Vielmehr geht es um einen Konflikt der Ideologien. Der Hohepriester Zaccaria, durch den das Volk Israel zum Widerstand aufgestachelt wird, äußert für das Klagen der ins unfreiwillige Exil Verschlagenen keinerlei Verständnis: „Di femmine imbelli chi solleva lamenti all'Eterno?“ (Wer sendet feige weibische Klagen zum Ewigen hinauf?; *Nabucco* II/14), spottet er und ruft mit alttestamentarischer Kampfeswut zum Widerstand auf. Er ist der Gegenspieler des babylonischen Königs Nebukadnezar bzw. Nabucco, der die hebräische Theokratie bedroht. Nabucco wird keine Zeit mehr für eine Auftrittsarie eingeräumt. Sein herrisches Wesen lässt sich besser durch knappe Kommentare und Befehle darstellen. „Di Dio che parli“ (Was redest du von Gott?; *Nabucco* I/11 ab 2:09), lauten seine ersten Worte, woraufhin der Priester droht, die Tochter des Königs zu töten. Momente wie dieser gehören zu den Schlüsselszenen von *Nabucco*, einer Oper über Fanatismus und Machtstreben.

Ein verbindendes Element zwischen den verfeindeten Völkern bilden Ismaele und Fenena. Als sich der israelische Königsneffe als Botschafter in Babylon aufhielt, hat er sich in Nabuccos Tochter Fenena verliebt. Doch beide drohen zwischen den Konfliktparteien zerrieben zu werden. Mit ihrem ersten Satz bringt Fenena das Dilemma auf den Punkt:

Nel dì della vendetta chi mai d'amor parlò?	Wer spricht am Tag der Rache noch von der Liebe?

Verdis Musik hält sich genau an diese Dramaturgie. Ismaele und Fenena sind nicht sonderlich üppig mit Musik ausgestattet. Verdi lehnte sogar die Anregung seines Textdichters Termistocle Solera ab, beiden nach dem Gefangenenchor ein Liebesduett zu gönnen. Stattdessen lässt er einen Aufruf des Oberpriesters Zaccarias zu Mord und Totschlag folgen, womit er ihn auf eine Stufe mit dem gewalttätigen Nabucco stellt. Dennoch bilden beide – der Jude Ismaele und die zu seinem Glauben konvertierte Fenena – ein bedeutsames Gegengewicht, denn sie verstehen Jehova als einen Gott der Liebe und des Mitleids. Bei den Kavatinen, Monologen, Duetten, Terzetten und Ensembles in *Nabucco* zeigt sich von An-

fang an, dass Verdi-Opern keineswegs nur eine Aneinanderreihung musikalischer Einzelbilder sind, sondern bei dem musikdramatischen „Film“ der instrumentale und vokale Ausdruck in enger Verbindung mit dem Text steht. An dieser Stelle seien nur einige wenige Beispiele genannt:
Wenn Ismaele sich im 1. Bild an Fenena wendet (*Nabucco* I/7), erfährt man Entscheidendes über ihre Beziehung. In einer Kriegssituation befinden sich beide in Todesgefahr, sodass er seine Liebste tröstet, indem er sie an die erste Begegnung erinnert. Dies geschieht mit zärtlichen Phrasen, die von sanften, melodischen Bögen der Streicher begleitet werden.

Misera! oh come più bella or fulgi agli
Du Ärmste! Wie viel schöner leuchtest du
occhi miei d'allora che in Babilonia
nun vor meinen Augen als damals, als ich nach
ambasciador di Giuda io venni!
Babylon als Gesandter Judas kam.

Dann zerreißen harte Streicherakkorde die Reminiszenz und Ismaele gemahnt Fenena, wie tapfer sie sein kann, und bringt die Rivalität mit ihrer Halbschwester zur Sprache:

Me traevi dalla prigion con tuo grave
Mutig befreitest du mich aus dem Gefängnis,
periglio, né ti commosse l'invido e
dich machte weder der Neid noch die
crudele vigilar di tua suora, che me
grausame Überwachung deiner Schwester
d'amor furente perseguitò!
schwanken, die mich mit glühender Liebe verfolgte!

Fenenas Äußerungen in dieser Szene bleiben unbegleitet vom Orchester – sie ist eine Fremde und wird in dieser Krisensituation als Kriegsgefangene behandelt, insofern ist sie als Exilantin jeglicher musikalischer Identität beraubt.

Deh! che rimembri!	Ach, woran erinnerst du mich!
Schiava or qui son io!	Hier bin ich eine Sklavin!

Als ihr im 4. Bild die Hinrichtung droht, findet sie im Gebet „O dischiuso è il firmamento“ (Der Himmel ist geöffnet; *Nabucco* II/20) zu sich selbst und wird sensibel von Violin- und Cellopizzikati, Bratschenarpeggi sowie Horn und Fagott begleitet. „Man braucht das Ganze, selbst ein bescheidenes Ganzes“, betonte Ver-

di hinsichtlich der engen Verflechtung von Wort und Musik in seinen Werken, „die Kunst und die Oper gewinnen nur dabei.“[74]
Fenenas Gegenspielerin Abigaille überragt Fenena an vokalem Aplomb und Registerumfang. Ihre Oktavsprünge und halsbrecherischen Koloraturketten bei ihrem ersten Auftritt verweisen auf ihren Herrschaftsanspruch (*Nabucco* I/8). Ihr Ausdruck schwankt zwischen rezitativischen und ariosen Passagen, wodurch ihr Wesen höchst differenziert in den unterschiedlichsten Stimmungen gezeigt wird. Ihr gelüstet nach Rache, weil Ismaele ihr Fenena vorzieht, aber ihre leidenschaftliche Liebe hält sie davon ab, beide auf der Stelle umzubringen und sich durch diese Vergeltung Befriedigung zu verschaffen (*Nabucco* I/9). In *Nabucco* kommt durch die politische Ebene noch eine entscheidende Komponente hinzu. Hier entsteht der Wunsch nach Rache nicht zuletzt dadurch, dass eine bestehende Ordnung in Frage gestellt wird. Als erstgeborene Tochter steht Abigaille eigentlich zu, die Nachfolge des babylonischen Königs anzutreten. Aber ein Schriftstück, das Nabucco lange Jahre vor ihr verborgen gehalten hat, belegt, dass sie, die eigentlich das Talent zum Herrschen besitzt, Abkömmling einer Verbindung des Königs mit einer Sklavin ist. In ihrem Monolog zu Beginn des 2. Akts durchmisst sie innerhalb weniger Takte zwei Oktaven (*Nabucco* I/14) – die Erkenntnis, in der Thronfolge ausgeschlossen zu werden, verletzt sie zutiefst und droht ihr Selbstwertgefühl zu zerstören. Die verborgenen, sensiblen Bereiche von Abigailles Psyche werden in einem Arioso enthüllt, in dem sie ihres früheren Ichs gedenkt (*Nabucco* I/15). Dieser Moment ist mit einer ausgefeilteren Anlage ausgestattet, als in der damaligen italienischen Oper üblich, indem Verdi den zweiten Vierzeiler mit pointierten, von Holzbläsern einfühlsam umspielten Wiederholungen ausgestaltet.

Anch'io dischiuso un giorno	Auch ich habe eines Tages
ebbi alla gioia il core;	der Freude das Herz geöffnet;
tutto parlarmi intorno	ich hörte, wie alles um mich herum
udia di santo amore.	zu mir von heiliger Liebe sprach.
Piangeva all'altrui pianto,	Ich beweinte die Tränen anderer,
soffria degli altri al duol;	ich litt am Leiden anderer!
ah! chi del perduto incanto	Ach, wer gibt mir den verlorenen Zauber
mi torna un giorno sol?	eines Tages wieder zurück?

Die Musik *und* der Text tragen dazu bei, Abigaille als komplexen Charakter zu zeichnen. Nicht nur ihre vielschichtigen Motive –

ihr Minderwertigkeitsgefühl, ihre Missgunst, ihre Machtphantasien –, sondern auch die ungewöhnlichen vokalen Anforderungen machen sie zu einer der herausragenden Persönlichkeiten in Verdis Œuvre. Ein Vorbild mag für ihn die Figur der Donna Anna in Mozarts *Don Giovanni* gewesen sein, denn er hatte die Darstellerin der Uraufführung, die langlebige, berühmte Primadonna Teresa Saporiti (1763-1869), noch persönlich kennengelernt. Nachdem sie sich in Mailand niedergelassen hatte, gehörte Verdi zu den Musikerkreisen, die an ihren Salonkonzerten teilnahmen. Als er ihr *Nabucco* vorspielte, wurde die Musik von ihr äußerst wohlwollend aufgenommen. Es liegt auch die Vermutung nahe, dass sie – ebenso wie Verdis erste Frau Margherita Barezzi, die wie Giuseppina Strepponi eine Sängerin war – dem Komponisten mit Ratschlägen zur Seite stand.
Beachtlich ist der Mut, mit dem der junge Verdi Extremsituationen unausgesetzt aufeinander folgen lässt und die „solita forma“ den Bedürfnissen der Dramaturgie anpasst. Wenn Nabucco als Reaktion auf Fenenas Bekenntnis, sie sei zum Glauben der Hebräer konvertiert, sich selbst zum Gott ausruft, erfolgt die Reaktion aller Anwesenden im Pianissimo und der Akt endet nicht mit einer traditionellen Cabaletta, sondern einem Adagio-Monolog des Königs. War der Titelfigur schon zu Beginn keine Auftrittsarie vergönnt, bleibt dem größenwahnsinnig gewordenen Herrscher am Anfang des 4. Bildes nur noch rezitativisches Gestammel mit instrumentalen Erinnerungsfetzen aus dem Orchester. Je mehr er wieder zu sich selber findet, desto melodischer entwickelt sich seine Musik. Verdi folgt zumeist dem Grundsatz zeitgenössischer italienischer Opern, auf Kontrastwirkungen zu setzen, doch in Ansätzen zeigen sich bereits seine Gestaltungsprinzipien, wortreiche Textbücher in knappen Aussagen mit einem für die Situation treffenden Begriff zu bündeln. Dadurch verschaffte er den Aussagen durch das „parola scenica“ oder durch einen deklamierenden Gesangsstil, dem „canto declamato“, in Monologen und Dialogen mehr Geltung. Deutlich zeigt sich dies beispielsweise in der Auseinandersetzung von Abigaille und Nabucco zu Beginn des 3. Akts. Die uneheliche Tochter ließ den mit geistiger Umnachtung geschlagenen Herrscher ins Gefängnis werfen und triumphiert: „Prigonieri d’una schiava / che disprezza il tuo poter!“ – der König ist nun Gefangener einer Sklavin, die über seine Macht nur noch spotten kann (*Nabucco* II/10, ab 0:16). Andeu-

tungsweise zeichnen sich auch individuelle musikalische Farben, die „tinta musicale“, ab, vornehmlich in den kontrastierenden Klangwelten der beiden Völker.
In späteren Jahren äußerte sich Verdi negativ über seine dritte Oper. „Ich finde, dass unsere [heutige] Oper an zu großer Eintönigkeit leidet, so sehr, dass ich es heute ablehnen würde, Sujets wie *Nabucco*, *Foscari* usw. usw. zu komponieren“, schrieb er im April 1853 an einen Freund.[75] Dies sagt weniger etwas über seine dritte Oper aus, als vielmehr darüber, in welche Richtung sich Verdi weiterentwickelt hat. Als störend mag er empfunden haben, dass die Figuren in *Nabucco* eher Prinzipien repräsentieren und kaum Entwicklungsfähigkeit zeigen. Eine vergleichbare Personenkonstellation findet man auch in dem fast dreißig Jahre später entstandenen Musikdrama *Aida*. Hier allerdings sind die Charaktere wesentlich differenzierter ausgearbeitet und es bedarf keiner obskuren Blitze vom Himmel, um die Handlung voranzutreiben: Aida (das Pendant zu Fenena) ist innerlich zerrissen zwischen der Liebe zu einem Feind und ihrem Volk, ihr Freund Radames (Ismaele) verrät zu seinem Entsetzen unbedacht militärische Geheimnisse, während die eifersüchtige Amneris (Abigaille) voller Reue sich nicht in den Selbstmord flüchtet, sondern mit ihrer Schuld weiterlebt.
In den 1840er Jahren gehörten Opern, die nationale Identifikationsmöglichkeiten anboten, noch zu Verdis Schwerpunkten. Wie *Nabucco* jedoch bereits gezeigt hat, handelt es sich bei diesen Stücken, in denen markante Chorszenen eine wesentliche Rolle spielen, um Werke, in denen *Ideologiekonflikte* im Zentrum stehen (siehe 2.1 Nation und kommerzielle Dimensionen). Eine weitere Entwicklungslinie stellen Stücke dar, die *Individualprobleme* in den Vordergrund stellen (siehe 2.2 Individuum und künstlerische Intentionen). Vor allem Letztere bilden wesentliche Bausteine für die in späteren Musikdramen exemplarisch dargestellten, archetypischen Verhaltensmuster des Menschen (siehe 2.3 Theater des Archetypischen).

2.1 Nation und kommerzielle Dimensionen

Manche Länder beziehen ihre Identität stiftenden Themen aus mythologischen Stoffen wie den Legenden um Artus, der Nibelungensage oder der Kalevala. In Italien hingegen kam der Bibel und der regionalen Historie hohe Bedeutung zu. Dazu gehörten das Zeitalter der Kreuzzüge, dem in Dichtungen wie Torquato Tassos *La Gerusalemme liberata* (1575) und Tommaso Grossis *I Lombardi alla prima crociata* (1826) gehuldigt wurde, das Zurückdrängen feindlicher Heere wie denen Attilas durch den römischen Feldherrn Aëtius (um 451/52) oder Barbarossas durch die „Lega Lombarda", den Lombardenbund (1176) sowie die Erhebung gegen Fremdherrschaft wie bei der so genannten „Sizilianischen Vesper", die an einem Ostermontag zur Vesperzeit begann und zur Vertreibung des französischen Hauses Anjou aus Sizilien führte (1282). Verdi erkannte, dass überstrapazierten Ehre-und-Vergeltung-Dramen wie *Oberto* oder abgedroschenen Verwechslungskomödien à la *Un giorno di regno* nicht mehr viel abzugewinnen war. Deswegen konzentrierte er sich darauf, verstärkt Stoffe auszuwählen, welche die religiöse Grundhaltung seiner Landsleute sowie die nationale Stimmung ansprachen. Glaube und Krieg, angereichert mit persönlichen Schicksalen von Eltern und ihren Kindern sowie von Liebespaaren, versprachen Bühnenwirksamkeit und durch die zu erwartenden Kassenerfolge auch verlässliche Einkünfte. Doch selbst bei Werken, die ihm „einen Haufen Geld eingebracht" haben,[76] bedauerte Verdi mitunter, sie geschrieben zu haben, da sie oft nicht nach seinen Vorstellungen aufgeführt wurden.

Auch wenn sie nicht von Anfang an als solche gedacht war, bilden die zwischen 1843 und 1849 entstandenen Opern *I Lombardi alla prima crociata, Attila* und *La battaglia di Legnano* eine Trilogie von Werken, die einen engen Bezug zu Italien haben. Auch *Giovanna d'Arco* sprach patriotische Empfindungen an, da die zur Titelheldin erhobene Jeanne d'Arc seit jeher als Ikone des Widerstands gilt, aber auch des Glaubenseifers, sodass die Zensur den Stoff unbeanstandet passieren ließ. Heikler war es, in einer italienischen Region eine Rebellions-Oper über die Sizilianische Vesper auf die Bühne zu bringen, und so fand das Werk, das 1855 in Paris als *Les vêpres siciliennes* uraufgeführt wurde, noch im gleichen Jahr in Italien zunächst unter dem Titel *Giovanna de Guzman* Verbreitung (siehe 3.1 Verdis französische Opern).

Bei *Oberto*, *Nabucco*, *I Lombardi*, *Giovanna d'Arco* und weitgehend auch bei *Attila* arbeitete Verdi intensiv mit Termistocle Solera zusammen, einem Spezialisten für historisch-monumentale Sujets, den er erst verprellte, als er für Überarbeitungen an *Attila* noch Piave zu Rate zog. In allen nationalen Opern Verdis bildet die Auseinandersetzung mit einander entgegengesetzten Prinzipien die Triebfeder des Geschehens. Die Umsetzung erfolgte indes jeweils ausgesprochen individuell.

I Lombardi alla prima crociata (1843)
Schon bei seinem vierten Bühnenwerk deutet sich an, dass Verdi sich mit jeder Oper neu erfindet. Hatte er es bei *Nabucco* mit Rossinis *Mosé* aufgenommen, knüpfte er mit *I Lombardi alla prima crociata* (Die Lombarden auf dem ersten Kreuzzug) an die letzte bedeutende italienische Oper Meyerbeers an, *Il crociato in Egitto* (1824). Von seiner Anlage her ist Verdis musikalisches Drama auch inspiriert von der durch Meyerbeer zur Perfektion geführten großen Oper französischen Stils wie *Robert le diable* (1831) oder *Les Huguenots* (1836). Erneut treffen zwei Weltvorstellungen aufeinander: die der christlichen Kreuzfahrer und Pilger sowie jene der Muslime. Beide Lager wurzeln in einer Kultur des Blutes und der Gewalt, sodass Verdi musikalisch auch kaum zwischen Orient und Okzident differenziert – der Chor zu Beginn des 2. Akts (*Lombardi* I/12) unterscheidet sich in seinem rhythmischen Gestus wenig von der Begeisterung, mit der die Christen im 1. Akt zum Kreuzzug rüsten (*Lombardi* I/4). Wie Verdi mit nur wenigen Takten die individuellen Folgen der im Namen des Glaubens begangenen Grausamkeiten zu umreißen vermag, zeigt sich bei der kurzen Szene einer Nebenfigur, Sofia, der Gattin des Herrschers von Antiochien: Angstvolle Hilfeschreie von Frauen sind am Ende des 2. Akts hinter der Bühne zu hören, denen die „Tötet sie!"-Rufe der Kreuzfahrer folgen, worauf Sofia herbeistürzt und entsetzt berichtet, wie beim Angriff ihr Kind und ihr Mann zu ihren Füßen starben (*Lombardi* I/19 ab 4:52). Die Christin Giselda, Gefangene der Muslime, stellt sich ihren Landsleuten entgegen und fordert die in der Theologie ausgeformte Lehre des „bellum iustum", des gerechten Krieges, heraus. Während ein Eremit den Kreuzzug noch mit „Dio lo vuole" (Gott will es, *Lombardi* I/16 ab 2:50) rechtfertigt, postuliert Giselda im Finale des 2. Akts tapfer:

> No! No, giusta causa non è d'Iddio
> Nein, es ist keine gerechte Sache Gottes
> La terra spargere di sangue umano …,
> die Erde mit menschlichem Blut zu tränken …
> Dio nol vuole …
> Gott will es nicht ...

Nur indem man ihr zugutehält, dass der Schmerz ihr den Verstand geraubt hat, kann man verhindern, dass ihr eigener Vater sie dafür umbringt (*Lombardi* II/20 ab 1:26).
Vor allem durch die Chorszenen entfaltet Verdi in *I Lombardi* ein breit gefächertes Panorama an Stimmungen und Klangeindrücken. Die Palette reicht von miteinander debattierenden Bürgern zu Beginn über die Gesänge von Nonnen, Hasschöre von Vertretern beider Religionen, Spottgesänge der Haremsfrauen bis hin zu Klage- und Lobgesängen von Kreuzfahrern und Pilgern. Am bekanntesten wurde der Chor der Lombarden in der Fremde, „O, Signore, dal tetto natio", dem Verdi einen dem Gefangenenchor vergleichbaren metrischen Duktus angedeihen ließ (*Nabucco* II/13 und *Lombardi* II/11). Bedingt durch die zur Verfügung stehenden Sänger findet sich in *I Lombardi* die ungewöhnliche Besetzung mit zwei tragenden Tenorrollen und einem Bass als zwielichtigem Bruder. Verdi gelingt es, die hohen Männerstimmen deutlich voneinander abzuheben. Dem Muslim Oronte, der sich für seine geliebte Giselda taufen lässt, fallen die lyrischen Szenen zu, während Arvino dramatischer Durchschlagskraft bedarf. Arvino und Pagano sind Söhne eines lombardischen Fürsten, die sich im Streit um eine Frau entzweit haben. Doch in der Dunkelheit ermordet Pagano versehentlich den Vater statt seinen Bruder. Im zweiten Bild des 2. Akts macht sein Basstimbre deutlich, dass er es ist, der sich als Eremit nach Antiochien zurückgezogen hat, um für seine Taten zu büßen. Verdi versucht, die Figur durch sinistere Klangfarben zu charakterisieren, indem er sie häufig von Posaunen und Cimbasso begleiten lässt, einer Bass-Ventilposaune mit dem Umfang einer Basstuba. Der Gesangslinie sowie der Streicher- und Holzbläserbegleitung seiner Arien im 1. und 2. Akt ist eine innere Unruhe zu eigen, die seine Person äußerst ambivalent erscheinen lässt. In Verbindung mit Pagano, Giselda und Oronte findet sich in der Partitur des öfteren die Anweisung „[con] slancio", mit lebhaftem Aufschwung, wodurch Verdi eine Steigerung des emotionalen Ausdrucks anstrebt. Mitreißende Szenen voll ungebremster Affekte stehen bewegenden Ruhepunkten gegenüber – man vergleiche nur das Kriegsgetöse und die blutrünstige Szene Arvinos, die auf das Liebesduett von Giselda und Oronte folgen (*Lombardi* II/3-4) –, wodurch *I Lombardi* mitunter patchworkartig und unausgewogen erscheint. Das Orchester ist mal lärmender Rhythmusgeber, mal sensibler Part-

ner der Protagonisten. Mit besonderer Akkuratesse ist das kammermusikalisch instrumentierte Terzett am Ende des 3. Akts ausgestattet, das die Handlungsstränge des Liebespaars Oronte und Giselda sowie des reuigen Vatermörders Pagano zusammenführt. Der zum Eremiten gewordene Sünder tauft den tödlich verwundeten Moslem: In einem Terzett umspielt bei Paganos „Son tal che vita annunciar ti può novella" (Ich bin jemand, der dir neues Leben bringen kann; *Lombardi* II/6 ab 2:05 und 7) eine bereits im Vorspiel der Szene eingeführte Solovioline das Klagen, Hoffen und Beten als Klangchiffre für die entweichende Seele des Sterbenden. Neben dem Schluss von *Aida* bietet dieser Moment eine der anmutigsten Verklärungsszenen in Verdis Œuvre.

Abgesehen davon, dass die Vertonung von *I Lombardi* insgesamt eher unausgeglichen ist, führen dramaturgische Schwächen zu Verständnisproblemen, die auch die Musik nicht auffangen kann. Der Wandel des rachsüchtigen, grausamen Pagano zum gottesfürchtigen Eremiten erfolgt von einem zum nächsten Akt so unvermittelt, dass er unglaubwürdig erscheint. In *La forza del destino* wird die Persönlichkeit des – in diesem Fall unschuldig schuldig gewordenen – Alvaro mit seiner Weltflucht zum Soldatendasein und letztlich ins Kloster überzeugender entwickelt, ebenso der umgekehrte Weg Renatos vom Freund zum Attentäter in *Un ballo in maschera*. Nicht zuletzt bleibt in *I Lombardi* rätselhaft, warum Pagano noch nicht einmal durch seinen eigenen Bruder wiedererkannt wird, ebenso weshalb sich Oronte, nach allem, was er mitansehen musste, noch taufen lässt. In manchen seiner frühen Opern stellte Verdi grandiose Einzelmomente über eine in sich geschlossene, kohärente Dramaturgie.

Die unterschiedlichen Typen von Sängerinnen und Sängern, die Verdi in den jeweiligen Spielzeiten zur Verfügung standen, erwiesen sich als bereichernd für seine Kreativität. Eine Rolle wie Abigaille (*Nabucco*) mit ihren expressiven Tonsprüngen, die große Stimmkraft und Agilität erfordern – woran die Darstellerin der Uraufführung, Giuseppina Strepponi, scheiterte –, war maßgeschneidert für Solistinnen wie Teresa De Giuli Borsi (1817-1877) oder Sophie Löwe (1815-1866), die sie mit großem Erfolg interpretierten, woraufhin Verdi Partien wie Lida (*La Battaglia di Legnano*) bzw. Elvira (*Ernani*) und Odabella (*Attila*) für sie schrieb. Die Partie der Giselda, Arvinos Tochter und Nichte Paganos, wurde wesentlich geprägt von der Solistin der Uraufführung, Erminia Frezzolini (1818-1884). Sie bietet ein Gegengewicht zu der rohen Wildheit vieler Szenen in *I Lombardi*, denn ihr Gesang ist verinnerlicht, zart, ohne das Übermaß verzierender Gesangsschnörkel früherer italienischer Opern, aber reich an ausdrucksvollen Legatobögen wie etwa im „Salve Maria" im 1. Akt (*Lombardi* I/8). Verdi nutzte gekonnt die Stärken der ihm zur Verfügung stehenden Interpreten zur Charakterisierung und verlangte auch, sobald es ihm möglich war, dass ihm für neue Opernpläne bestimmte Künstler zur Verfügung stehen. In der Rolle der Jeanne d'Arc konnte er sich niemand anderen vorstellen als die Frezzolini.

Giovanna d'Arco (1845)

Im Allgemeinen liegen Verdi-Opern realistische, glaubwürdige Handlungselemente zugrunde, auch wenn manche Figuren wie Abigaille oder Azucena (*Il trovatore*) mitunter überlebensgroß erscheinen mögen. Doch es gibt einige exponierte Szenen, wo Elemente des Phantastischen hinzukommen, bei denen überweltliche Mächte in das Leben der Menschen eingreifen. Dazu gehören beispielsweise der Blitzschlag und die damit verbundene vorübergehende geistige Verwirrung Nabuccos, die Traumerscheinung des verstorbenen Oronte oder die Stimme vom Himmel in *Don Carlos*. In *Giovanna d'Arco* findet sich zudem ein Element, das wenig später auch in *Macbeth* von Bedeutung sein wird: der Einbruch des Dämonischen in die Gegenwart. Verdi leistete damit seinen Beitrag zu den dunklen Facetten der romantischen Bewegung des 19. Jahrhunderts, die zunächst in der Literatur bei E.T.A. Hoffmann, dem „Gothic novel" und dem „roman noir" Spuren hinterließ. In der Musik boten Webers *Freischütz* (1821), Berlioz' *Symphonie fantastique* (1830) und Meyerbeers *Robert le diable* (1831) markante Beiträge. Auch in der Malerei finden sich zahlreiche Beispiele für die schwarze Seite der Romantik, wobei vor allem die Hexenszenen in *Macbeth* ein beliebtes Motiv darstellten – eigentlich kein Wunder, denn obwohl in Europa 1782 die letzte als Hexe verurteilte Frau hingerichtet worden war, galt Hexerei in fast allen Ländern bis auf England noch bis ins 19. Jahrhundert hinein als Straftat. Während in Verdis *Macbeth* die Hexenszenen – auch wenn sie wesentlich aggressiver klingen – einen leicht exotisch angehauchten Duktus haben wie der Spottchor der Haremsfrauen „La bella straniera" in *I Lombardi* (Die

schöne Fremde), muten die Chorstimmen, die nur Giovanna und keiner der anderen Akteure auf der Bühne wahrnimmt, mitunter wie muntere Volkslieder an. Die „spiriti malvagi", die bösen bzw. boshaften Geister, besitzen mit ihrem „Tu sei bella" (Du bist so liebreizend) nichts Bedrohliches. Musikalisch sprechen sie indes die Sprache, die ein einfaches Bauernmädchen wie Giovanna versteht, und locken sie, in der Blüte ihrer Jugend nicht auf die Liebe zu verzichten. Dem treten die „spiriti eletti", die engelhaften Geister der Auserwählten, entgegen. Dieses Einwirken des Übernatürlichen wird bei Schiller und anderen Jeanne d'Arc-Opern lediglich angedeutet. Bei Verdi steht dadurch der Konflikt zwischen Befriedigung im weltlichen Leben und Pflichterfüllung hinsichtlich einer Mission im Auftrag des Herrn im Zentrum. Da sich Giovanna nicht wie bei Schiller in einen Feind verliebt, sondern in den eigenen König, wird der Handlung ein wesentliches Konfliktelement geraubt und die Auseinandersetzung aus der Psyche der Figuren in eine nebulöse Geisterwelt verlagert. Um die seelischen Spannungen auf dieser Ebene überzeugend vermitteln zu können, bedarf es einer subtilen instrumentalen und harmonischen Gestaltung. Was Verdi in den Hexenszenen von *Macbeth* mit einer Erweiterung der bei *I Lombardi* vorgeformten Mittel gelingt (*Lombardi* I/18 und *Macbeth* I/2), bleibt bei dem Dämonen- und Engelssphären-Dualismus in *Giovanna d'Arco* auf der Ebene miteinander konkurrierender Jahrmarktsmusiker. Weder Harmonium und Triangel bei „Tu sei bella" (*Giovanna* I/11) noch Physharmonika und Harfe bei „Sorgi! I celesti accolsero la generosa brama" (Steh auf! Die Himmlischen werden dein Streben befriedigen; *Giovanna* I/11 ab 1:23) können dieses dramaturgische Grundkonzept überzeugend vermitteln.
Darüber hinaus bietet *Giovanna d'Arco* vielfach das Beste, was Verdi bis dahin komponiert hatte. Auch wenn die Geschichte der Jeanne d'Arc nicht auf italienischem Boden spielt, ist sie immerhin eine Identifikationsfigur und Sinnbild für die Auflehnung gegen Fremdherrschaft. Dementsprechend zeigt *Giovanna d'Arco* Verdis Bemühungen, sich populär zu geben. Die Romanze der Titelheldin, „O fatidica foresta" (O Wald der Prophezeiungen, *Giovanna* I/18) mit ihren sanften Flötenverzierungen sowie die zarten Streicher- und Holzbläserausschmückungen ihrer Kavatine „Sempre all'alba ed alla sera" (Stets zur Dämmerung und des Abends, *Giovanna* I/9) vermitteln einen Eindruck von Giovannas

Lauterkeit – schließlich symbolisiert die Jungfräulichkeit des Bauernmädchens auch die Reinheit der Idee des Widerstands. Dem entgegen stehen nicht zuletzt durch starke musikalische Kontraste der verliebte König mit seiner glutvollen Melodik und Giovannas misstrauischer Vater Giacomo, der als Unruhestifter in dem Geschehen seine Tochter der Blasphemie anklagt und sie an die Engländer verrät. Wenn man, wie Giacomo, nicht an die eigenen Ziele glaubt und sich selbst sowie sein Volk verrät, scheitert die gemeinsame Sache. Es erscheint befremdlich, dass der eher republikanisch gesinnte Verdi mit dieser Oper ein Plädoyer für eine Ergebenheit gegenüber dem Königtum liefert und ein verklärendes Bild der Jeanne d'Arc zeichnet. Aber selbst phantastische Elemente wie das Sprengen der Ketten, die unvermittelte Himmelsvision der schon tot geglaubten Giovanna sowie der mit der Patina verklärten Heldentums überzogene Schluss sind – wie manch andere Szene – bei Schiller vorgegeben. Die Chöre des Guten triumphieren über das Böse, sodass Verdi dem Publikum das gibt, was Theater und Kasse füllt: eine Hagiographie der vermeintlichen Kämpferin für Recht und Freiheit.

Attila (1846)

In *Attila* sind die Chorszenen zumeist nur Staffage. Die Opernfassung der „romantischen Tragödie" *Attila, König der Hunnen* (1808) von Zacharias Werner (1768-1823) konzentriert sich auf vier Einzelpersonen. Die Repräsentanten der verfeindeten Heere, Attila und Ezio, stehen sich als Kämpfer um die Macht gegenüber. Doch die eigentliche Gegenspielerin Attilas ist Odabella, die dem Hunnenkönig im 1. Akt die Stirn bietet und ihn am Schluss tötet. Während sich die Männerstimmen beim Duett von Bass und Bariton im 1. Akt (*Attila* I/9-11) kaum voneinander abheben – die Herren verfolgen ähnliche Ziele im Gegensatz zu Philipp und Posa in *Don Carlo* (*DC 1886* II/4-6) –, tritt Odabella Attila vehement entgegen. Auf seine spöttische Frage, was den gefangenen Weibern, die in der Schlacht kämpften, solchen Mut eingeflößt habe, schleudert sie ihm „con energia" ihr „Santo di patria indefinito amor!" (Die grenzenlose heilige Liebe zum Heimatland!; *Attila* I/5) entgegen. Mit majestätischem Impetus wiederholt sie die Phrase „santo di patria" zwei Mal, um dann bei „indefinito" mit absteigendem Gestus zwei Oktaven zu durchlaufen. Die vom Orchester begleitete heroische Deklamation ihrer

Vorwürfe verblüfft Attila derart, dass er zeitweilig nur noch im Stakkato stammeln kann. Die Auseinandersetzung ist nach dem Prinzip der „solita forma“ gestaltet und mündet dementsprechend in eine Cabaletta, die, wenn auch furios, von der römischen Heroine und vom Hunnenführer nur beiseite, jeder für sich, vorgetragen wird: Attila entflammt für die mutige Frau, während Odabella lediglich auf die passende Gelegenheit hofft, ihn ins Jenseits zu befördern (*Attila* I/7).

Die Liebesverbindung von Sopran und Tenor spielt so gut wie keine Rolle. In Odabellas Schatten stehen musikalisch nicht nur Ezio nebst Attila, sondern auch ihr Freund Foresto, der wie der Hunne auch historische Vorbilder hat. Im Duett des 1. Akts lässt sich Odabella von der belcantesken Anämie Forestos anstecken (*Attila* I/19), doch ihre großen Momente kommen, wenn sie im 2. Bild des 2. Akts bei einem Versöhnungsfest einen geplanten Giftanschlag auf Attila vereitelt, weil sie den Mörder ihres Vaters selbst umbringen will. Die abwechslungsreiche Szene (*Attila* II/10-16) wird geschickt gesteigert: Nach einem Jubelchor der Hunnenarmee (Tenöre) und Attilas Begrüßung der Gäste raunen die Druiden (Bässe) ihrem Herrn über einer düsteren Bläser- und Paukenuntermalung eine Warnung zu, die dieser ignoriert. Erst als der Gesang der Priesterinnen plötzlich im Fortissimo durch einen heftigen Windstoß unterbrochen wird, durch den fast alle Fackeln verlöschen, greift Furcht um sich. Das nun einsetzende Betroffenheitsensemble beginnt mit a cappella-Gesang, doch ganz allmählich fügt Verdi mehr und mehr Instrumente in den Satz ein und steigert ihn zu einem retardierenden Moment mit sorgfältigen dynamischen Abstufungen. Als Attila anschließend trinken will, ruft ihm Odabella ihr „Re, ti ferma, è veleno!“ (König, halte ein, es ist Gift!) zu. Foresto gibt sich als Attentäter zu erkennen und wird verhaftet, Odabella aber kann für die Lebensrettung das Recht für sich erwirken, den Schuldigen bestrafen zu dürfen. Der Akt endet mit einer virtuosen Cabaletta, die wie ein Duett von Attila und Odabella beginnt, zu dem dann jedoch nach und nach immer mehr Stimmen hinzukommen. Das Orchester gewinnt in *Attila* zunehmend an Bedeutung: Schon das sinistere Largo im Vorspiel, das sich von Pianissimo- und „sottovoce“-Stimmen zu martialischen, blechgepanzerten Ausbrüchen aufschwingt, die klagende Streicherkantilenen und eine einsame Fagottstimme überdröhnen, legt die Stimmung für die von Gewalt und Krieg bestimmte Handlung fest. Auch der brutale instrumentale Sturm zu Beginn der 2. Szene des Prologs und der anschließende Sonnenaufgang mit seinen sich zu gleißender Helle steigernden Streicher- und Holzbläserfarben stehen symbolisch für die Entwicklung des Geschehens (*Attila* I/12-13). Der von Solera beklagte Verzicht, das Werk nicht mit einem großen Chorfinale enden zu lassen, sondern mit einem Quartett, durch das das Geschehen vollends auf die private Ebene verlagert wird, ist keineswegs problematisch. Vielmehr mangelt es Attila – immerhin die Titelfigur – an Profil, da von ihm behauptet wird, er sei ein großer Heerführer, was aber nicht zu erleben ist. Attilas Alptraum zu Beginn des 2. Bilds des 1. Akts, der blasse Eindruck, den er neben Odabella hinterlässt, der Anschlag, dem er knapp entgeht, und seine Wehrlosigkeit gegenüber denen, die ihm am Ende nach dem Leben trachten, machen ihn letztlich auch musikalisch zu einem der unprofiliertesten Protagonisten Verdis.

La battaglia di Legnano (1849)

Auch in *La battaglia di Legnano* werden historische Persönlichkeiten wie Barbarossa auf die Bühne gebracht, doch sie treten zumeist in den Hintergrund. Im Zuge der Revolutionen von 1848 begeisterte sich Verdi so sehr für das „italienische und freiheitliche Sujet“[77] des Erfolgs der lombardischen Liga über die Heere des Rotbarts Friedrich I., dass sogar die auf die Individuen bezogene Handlungsebene um den Mailänder Herzog Rolando, seine Frau Lida und deren früheren Veroneser Geliebten Arrigo in den Hintergrund gerät. Um der nationalen Begeisterung Genüge zu tun, statteten Verdi und sein Librettist Salvatore Cammarano (1801-1852) ihre Vorlage – das französische Drama *La Bataille de Toulouse* von Joseph Méry (1797-1866), das zur Zeit der napoleonischen Kriege spielt – mit etlichen lokalen und patriotischen Bezügen aus. Der private Konflikt – Lida hat in dem Glauben, Arrigo sei im Krieg umgekommen, dessen Freund Rolando geheiratet, an dem nun die Eifersucht auf den Heimgekehrten nagt – ist zweitrangig gegenüber dem vaterländischen Impetus dieser Oper. Noch in dem innigsten Stück, dem Duett von Rolando und Lida im 3. Akt, bittet er seine Frau, im Fall seines Todes den Sohn zu lehren, gleich nach Gott das Heimatland zu ehren (*Battaglia* II/4). Bis in die Bühnenanweisungen hinein reichen die nationalen Bezüge: In der Schlussszene haucht der schwer verwundete Arrigo sein Leben aus, aber er „deutet auf das Banner“ und hat noch die Kraft „die Fahne zu küssen“, bevor er „tot niedersinkt und ihren Zipfel ans Herz drückt“.

Der eindrucksvollste Teil der Oper wird dominiert von Versammlungen, Proklamationen und Kampfgesängen. Die Marschmelodie, die gleich zu Beginn der Ouvertüre anklingt und dann im a cappella gesungenen Chor der Einleitungsszene aufgegriffen wird, taucht mehrfach als Klangchiffre für die Allianz der lombardischen Städte wieder auf (*Lombardi* I/1 und I/2 ab 1:49). Wie bereits bei der Vertonung von Mamelis „Suona la tromba“ bemühte sich Verdi, „volkstümlicher und verständlicher“ zu sein als sonst.[78] Dies gelingt ihm vornehmlich in den schmissigen Chorszenen der ersten beiden Akte, aber auch in patriotischen Appellen an die Heimatliebe wie dem lyrischen Zwiegesang von Arrigo und Rolando im 2. Akt, „Ben vo scorgo nel sembiante“ (An deinem Äußeren erkenne ich die Abstammung; *Battaglia* I/14).

Neben den großen nationalen Gesten bildet der 3. Akt fast ein Drama innerhalb des Dramas, weil hier die privaten Konflikte auf den Höhepunkt getrieben werden. Rolando dämmert durch einen abgefangenen Brief, dass Lida und Arrigo noch immer Zuneigung füreinander hegen. In einer fesselnden Auseinandersetzung stellt er beide zur Rede (*Battaglia* II/8 ab 3:36), doch muss man sich schon den inbrünstigen Patriotismus jener Epoche vergegenwärtigen, um nachzuvollziehen, dass Rolandos erbarmungslose Bestrafung darin besteht, Arrigo einzusperren, sodass er nicht an der Entscheidungsschlacht mitwirken kann. Davon lässt sich dieser allerdings nicht abschrecken: Mit dem Ausruf „Viva l'Italia!“ springt Arrigo aus dem Fenster, um sich in das Kampfgetümmel zu stürzen, womit er den privaten Handlungsfaden abreißen lässt und die Geschichte wieder auf die Ebene der Staatsaktion zurückkatapultiert. Verdi hatte stets eine hohe Meinung von *La Battaglia di Legnano* und hielt diese Oper neben *Stiffelio* für eine derjenigen unter seinen kaum erfolgreichen Stücken, die er am wenigsten vergessen wollte. Beide Werke zeigen eine hohe Souveränität hinsichtlich der Orchesterbehandlung und der Verknüpfung umfangreicher Szenenkomplexe. Thematisch bleiben von Verdis Opern mit nationalem Bezug *Attila* und *La Battaglia die Legnano* indes am stärksten ihrer Entstehungszeit verhaftet.

2.2 Individuum und künstlerische Intentionen

Was sich im 3. Akt von *La Battaglia di Legnano* und stellenweise in *I Lombardi* andeutet, sollte zunehmend in den Mittelpunkt von Verdis Interessen rücken: die Auseinandersetzung mit der menschlichen Psyche und den Eckpfeilern des Daseins. Die Attraktivität der frühen Verdi-Opern besteht insbesondere darin, dass in ihnen ungezügelt archaische Instinkte zum Ausdruck kommen. Text und Handlung mögen mitunter schablonenhaft und in hohem Maße dem Geschmack der Epoche verpflichtet sein, doch mit ihnen dringt – anders als in den zumeist von einer erlesenen Blässe angehauchten, traditionellen Belcanto-Opern – nunmehr die rohe Vitalität, das Ungeschminkte, das Hässliche, ja, eine Welt ungeschönter Gegensätze in die Sphäre der italienischen Oper ein. Verdi sprach später von den „Opern der Ideen (und mögen es, wie manche meinen, schlechte Ideen sein) und den Opern der Kavatinen, Duette usw.“[79] Ruhe- und Fluchtpunkte in seinem neuem Operntypus bieten nur die Gebetsszenen (preghiera), die Verklärungsmomente im Tode, Reminiszenzen und Imagination. In diesen Augenblicken finden sich in der Orchesterbegleitung häufig Klangketten kurzer rhythmischer Motive, auf denen die Gesangsstimme wie auf Wogen dahingleitet. Verdi knüpfte damit an eine bereits bei Donizetti gängige Praxis an, doch fand er mit der Zeit durch ein nuanciertes rhythmisches Variieren des Ausgangsschemas zu einer abwechslungsreicheren Gestaltung. Beim Andante des Oronte, „La mia letizia infondere vorrei nel suo bel core!“ (Könnte ich doch ihrem Herz nur meine Freude einflößen; *Lombardi* I/14), bildet ein Dreierrhythmus von einer Achtelnote in den Celli und Kontrabässen gefolgt von zwei Achteln der Violinen und Bratschen den Grundpuls. Dieser wird im Verlauf des Stücks durch hinzutretende Holzbläserstimmen vielfach variiert, aber auch indem deren melodische Wendungen zeitweilig von den ersten Violinen und den Celli übernommen werden. Diese vor allem bei Soloszenen in den unterschiedlichsten Varianten auftretenden Instrumentalfiguren sind kennzeichnend für Verdis Imaginations-Duktus, bei dem die Bühnenfigur Vorstellungen von dem entwickelt, was ist oder sein könnte. Oronte äußert in dieser Szene gegenüber seiner Mutter, dass er sich wünscht, durch seine Liebe dem Universum so viele Harmonien entlocken zu können, wie es Planeten hat, und dass er mit Giselda dorthin entschweben wolle, wohin noch kein Sterblicher je gelangt sei. Wenn Elvira, zumeist umspielt von Holzbläsern und Streichern, in ihrem lebhaft-sehnsüchtigen Andantino „Ernani involami“ (Ernani, entführe mich; *Ernani* I/6) von einem Entkommen mit dem Geliebten träumt, verleiht Verdi ihrem Hoffen mitunter durch Hörner, Trompeten und Posaunen mehr Nachdruck. Bei „Di provenza il mar“ (*Traviata* I/21) beschwört Alfredos Vater dem Familienabtrünnigen das Bild des Meeres und des Landes der heimatlichen Provence herauf, welches das Großstadtleben in seinem „Herzen ausgelöscht“ hat. Ein einschmeichelnder Hauch sanfter Streicherbrisen begleitet das Andante piùttosto mosso-Cantabile, in dem der Sohn gemahnt wird, dass er, wie einst, den Frieden nur daheim finden kann. Der belcanteske Ausdruck, mit dem Germont auf seinen Sprössling einredet, ist angelehnt an den Schöngesang, der zwanzig Jahre zuvor in seiner eigenen Jugend populär war, an die er sich gerne erinnert.

Zumeist hat also der vornehmlich im Dreier-Metrum auftretende, vermeintlich gemütliche Klanggestus eine musikdramatische Funktion. Verdi erweist dem Belcanto Reverenz, indem er ihn in ein weit gespanntes Beziehungsnetz von inhaltstragenden, vorantreibenden Passagen und Momenten des Innehaltens integriert. Dabei können das Tempo und der Ausdruck des Musikstücks je nach Situation variieren. Wenn Renato in seiner B-Dur-Arie „Alla vita che t'arride“ (*Ballo* I/4) seinem Freund klarzumachen versucht, dass das Leben, das ihm zulächelt, mit dem Los von Tausenden anderer Menschen verbunden ist, geschieht dies über einem stoischen Andante-Grundrhythmus, der seine – in diesem Augenblick noch unerschütterliche – Treue zum Ausdruck bringt. Erst wenn er zwei Akte später in der energischen Andante mosso-Arie „Eri tu“ zu der Einsicht gelangt, dass der Mensch, dem er vertraute, ihn hintergangen hat, wandelt sich dieser Tonfall bei den Erinnerungen an die einstige Zuneigung mit düsteren Bläserfarben und messerscharfen Streicherakzenten zum Schattenbild des früheren Solos.

Der Imaginations-Duktus findet sich auch in Duetten, wenn beispielsweise Luisa Miller mit „delicatissimo“ vorzutragenden, beruhigenden Worten im Gespräch mit ihrem Vater im letzten Akt, „La tomba è un letto” (Das Grab ist ein Bett, *Luisa* II/17), getragen von Streicherpizzikati, Flöte und Klarinette vom Frieden schwärmt, den man im Tode findet. Bei der ständig gestörten, zersplitterten Unterhaltung von Rigoletto und Gilda im 1. Akt versinkt Rigoletto bei „Deh, non parlare al misero“ in Erinnerungen und bittet seine Tochter, mit einem unglücklichen Menschen wie ihm nicht über verlorenes Glück zu sprechen, über jene Zeit vor dem Tod seiner Frau, die die einzige war, die ihm Verständnis und Zuneigung entgegengebracht hat (*Rigoletto* I/8 ab 1:58). Rigolettos Angst, das gemeinsame Kind zu verlieren, lässt ihn den Dialog ständig nervös unterbrechen und der vermeintlich gemächliche Tonfall bei „Ah, veglia, o donna, questo fiore“ (Wache, o Frau, über diese Blume; *Rigoletto* I/9) deutet bereits an, dass es sich um eine Wunschvorstellung handelt, die von der Wirklichkeit zunichte gemacht werden wird.

Verdi ließ Kritik an seinen mitunter einfachen Rhythmen oder manch abrupten Umschwüngen unberührt. Er betonte stets, dass er seine „Noten, so schön oder hässlich sie sein mögen, nicht einfach hinschreibe“, sondern immer bestrebt sei, „ihnen einen Charakter zu geben.“[80] Selbst unter Zeitdruck arbeitete Verdi zumeist mit Bedacht und überließ sich selten der Routine. Komponisten notierten ihre Werke seinerzeit zunächst als Particell, einem verkürzten Notensystemen mit Skizzen zur Verteilung der Stimmen von Sängern und Instrumenten, mit deren Hilfe die endgültige Orchestrierung vorgenommen werden konnte. Dass die Partituren der Opern oder zumindest die Ouvertüren oft erst kurz vor der Premiere fertiggestellt wurden, lag an den bei Bühnen üblichen Produktionsbedingungen, durch die bei den Proben noch letzte Retuschen vorgenommen wurden. Die vermeintliche Austauschbarkeit einzelner Bausteine im Frühwerk – sehnsuchtsvolle Chöre, Kampfaufrufe, Ehrenhändel oder Aufopferungsbereitschaft – weicht einer differenzierteren Ausgestaltung in dem Maß, in welchem Verdi hinsichtlich seines gesellschaftspolitischen Engagements anstatt das Allgemeinen das Besondere in den Mittelpunkt stellt. Neben Opern, die in erster Linie religiöse und nationale Empfindungen ansprechen (*Nabucco*, *I Lombardi*, *Giovanna d'Arco*, *Attila, La battaglia di Legnano*), entstehen mitunter in den gleichen Jahren Werke, die individuelle Probleme ins Zentrum der Aufmerksamkeit rücken (*Ernani*, *I due Foscari*, *Alzira*, *I masnadieri*, *Il corsaro*, *Luisa Miller*, *Stiffelio*). Bieten manche Stücke auch noch eine Mischung aus für Verdi bereits kennzeichnenden Elementen sowie Bestandteilen, die zum gängigen Vokabular der italienischen Oper seiner Zeit gehören, bilden sich bei der Auseinandersetzung mit literarisch bedeutsamen Theaterstücken zunehmend Opern mit einem einheitlicheren Klangcharakter heraus.

Ernani (1844)

Mit der fünften Oper Verdis betritt ein Einzelgänger die Bühne, ein Individualist und Rebell, der dem Helden Byronscher Prägung nachgebildet ist, dem „Byronic Hero". Gesellschaftliche Veränderungen und die Bedürfnisse des Volkes stehen hinter seinen persönlichen Belangen zurück, doch letztlich scheitert er an seinen Ansprüchen. Dieser Tenortypus – tapfer, rastlos und verletzlich – findet sich nicht nur in den Byron-Vertonungen *I due Foscari* und *Il corsaro*, sondern auch in *Alzira*, *I masnadieri* und eben der Hugo-Bearbeitung *Ernani*. Ihm wird zu Beginn stets eine Arie mit Cabaletta zugestanden, das Ende bringt ihm Schuld, Verzweiflung oder gar den Tod. Hatte Verdi in seinen ersten Opern noch den gängigen Typus des „tenore di grazia" mit Musik versorgt, forderte diese Charakterisierung nuanciert ausgestalteter Figuren eine kraftvoller auftrumpfende Stimme, die im Affekt auch energische Töne herausschleudern konnte („spingere"). Tritt Ernani in seinem einleitenden Rezitativ noch sorgenvoll und nachdenklich in Erscheinung, verlangen die Cabaletta „O tu, che l'alma adora" (O du, die meine Seele verehrt) sowie Passagen im Stile von „Fra quei fidi io pur qui sto" (Zwischen diesen Getreuen stehe auch ich hier) im 1. Akt oder „Oro, quant'oro ogni avido" (Gold, ich biete euch allen so viel Gold) im 2. Akt nach dem selbstbewussten Auftreten eines „tenore spinto" (*Ernani* I/4 ab 0:17; I/9 4:26-4:33 und I/14). Carlo Guasco (1813-1876), der in Uraufführungen auch die zumeist lyrisch ausgeformten Partien wie Oronte und Foresto sang, war als Ernani den Anforderungen nur bedingt gewachsen. Der von Verdi bevorzugte Solist wurde Edoardo Fraschini (1816-1887), für den der Komponist die Tenorpartien in *Il corsaro*, *La Battaglia di Legnano*, *Stiffelio* und *Un ballo in maschera* gestaltete. Fraschini hatte insbesondere Aufmerksamkeit erregt durch die leidenschaftlichen Flüche, die er im Finale des 2. Akts von Donizettis *Lucia di Lammermoor* der Titelheldin an den Kopf wirft, was ihm den Beinamen „il tenore di maledizioni" (Tenor der Verwünschungen) eingebracht hatte. Einen solchen Sänger mit Ausdruck und Kraft, einen „tenore di forza", der mit vehementem Einsatz Freund, Feind und Orchester entgegentreten kann, suchte Verdi. Im Laufe der 1840er

Jahre prägte er jene Stimmtypen, die er für seine Vorstellungen von ausdrucksstarken Musikdramen benötigte. Seitdem Gilbert Duprez (1806-1896) 1831 bei einer Vorstellung von Rossinis *Gugliemo Tell* in Lucca das hohe C mit der Bruststimme geschmettert hatte, ging die Tendenz hin zu einem kraftvolleren Gesangsstil. Der „basso cantante" entwickelte sich bei Verdi zu einem ausgeprägten Bariton mit dramatischem Impetus und Strahlkraft in den hohen Lagen, sodass in der 1886 erschienenen Publikation *Le voix et le chant* des Baritons Jean-Baptiste Faure sogar der Begriff „le baryton Verdi" geprägt wurde. Verdi trieb die Tessitura in die Höhe, verlangte aber kaum exponierte Spitzentöne von seinen Sängern – das hohe C in der Stretta des Manrico in *Il trovatore* lehnte er ab und versagte dem Solisten, der es ungerechtfertigterweise eingeführt hatte, die Titelrolle bei der Uraufführung von *Aroldo*. Bis in die 1850er Jahre hinein forderte Verdi von seinen expressiven Sopranen noch Flexibilität und Koloraturen („soprano drammatico d'agilità"), während die Rollen ab Amelia in *Un ballo in maschera* zunehmend dramatisch wuchtiger werden („soprano spinto").

Ernani bietet gutes Studienmaterial für die allmählich differenziertere Ausformung der Stimmtypen bei Verdi. Hier tritt noch der „basso profondo" hinzu, der zumeist für hochgestellte bzw. ältere Persönlichkeiten verwendet wird. Vieles in *Ernani* deutet indes kaum darauf hin, dass hier ein revolutionäres Bühnenstück in eine Oper von gleicher Sprengkraft umgewandelt wurde. Doch innerhalb des konventionellen Formenaufbaus entfaltet Verdi einen überdurchschnittlichen melodischen Ideenreichtum, der das Stück vorantreibt. Wo Hugos Drama durch ein gewagtes Wechselspiel von Ernsthaftigkeit und humorvollen Brechungen bannt, wird in einer Oper, in der nicht die gleiche Textmenge vermittelt werden kann, das Ganze unweigerlich auf das Handlungsgerüst und eine punktuelle Situationsdramatik reduziert. Die Verwicklungen ergeben sich daraus, dass der Banditenhauptmann Ernani und Carlo, der zukünftige Kaiser Karl V., beide Elvira, der Nichte und Verlobten des Granden Silva, nachsteigen. Man sollte vorsichtig sein, denn die Mächtigen gewähren Gastrecht nach strategischem Kalkül und fordern irgendwann eine Gegenleistung ein. Silva verzichtet darauf, sich in einem Duell mit Ernani Genugtuung zu verschaffen. Gemeinsam mit dem Alten schließt der Brigant eine Art Teufelspakt: Man will sich an Carlo rächen, aber

danach könne der Grande, sobald es ihm beliebt, mit seinem Horn ein Signal geben, das Ernani an seinen Schwur gemahnt, sich dann selbst zu töten. Dieses verhängnisvolle Versprechen holt Ernani ein, nachdem er wieder in seine früheren adeligen Rechte eingeführt und mit Elvira vermählt wurde.
Das Unheil verheißende Hornthema erklingt bereits im Orchestervorspiel und fungiert im weiteren Ablauf als Erinnerungsmotiv, bis es im Finale das tragische Ende evoziert. Rezitativische Passagen handhabt Verdi mit zunehmender Souveränität wie etwa den Dialog zwischen Carlo und Silva im 2. Akt („Cugino, a che munito il tuo castel ritrovo?“; Vetter, vor wem hat sich deine Burg gewappnet?; *Ernani* II/1), sodass die Übergänge zwischen den einzelnen Nummern nahtloser funktionieren. Nicht zuletzt vermittelt *Ernani* einen in sich geschlossenen Eindruck durch die Parallelen des 2. und 4. Teils. Eine Festszene korrespondiert mit einem Ball: Während erstere der folgenreichen Übereinkunft von Silva und Ernani vorangeht, bietet letzterer den Auftakt zur Einlösung des tödlichen Versprechens. Durch Raumklangeffekte macht Verdi für das Publikum das Geschehen unmittelbar gegenwärtig, wenn er die in der Vergangenheit angesiedelte Handlung durch seine modernen Klänge sowie die Vorder- und Hintergrundwirkungen von Orchester- und Bandamusik in die unmittelbar erfahrbare Gegenwart holt. Die Situation scheint geradezu dreidimensional, wenn die Tanzuntermalung in das Agieren der Solisten mündet (*Ernani* I/13). Bei den Hochzeitsfeierlichkeiten im letzten Akt tritt noch eine vierte Dimension hinzu, als der Titelheld durch den Hornruf von der Vergangenheit eingeholt wird (*Ernani* II/10). Ein vergleichbares Arrangement von Klangebenen wird sich in ausgefeilterer Form später in *Rigoletto*, *Un ballo in maschera* und *Don Carlos* finden, während die Zeitlichkeit in Schlüsselmomenten von *I due Foscari*, *Aida* oder *Simone Boccanegra* sinnlich erfahrbar gemacht wird. Ungeachtet etlicher attraktiver Details gerät bei *Ernani* insgesamt ein einst spektakuläres Drama zu einer konventionellen Nummernoper. Dem gegenüber fiel die Vertonung von Byrons *The Two Foscari* risikofreudiger und glaubwürdiger aus.

I due Foscari (1844)

Nicht nur musikalisch, sondern auch thematisch stellte *I due Foscari* einen gewagten Schritt dar, denn mit einem Familien- und

Politdrama erweiterte Verdi neben seinem eigenen Spektrum auch das der italienischen Oper. Das nach seiner Auffassung „sensible und ungemein bewegende“ Stück[81] rückt den venezianischen Dogen Francesco Foscari in das Spannungsfeld von Staatsraison und Vaterliebe. Er vermag seinen zu Unrecht des Mordes beschuldigten Sohn Jacopo nicht vor der lebenslangen Verbannung zu bewahren. Über weite Strecken handelt es sich um ein Kammerspiel mit drei Personen: die beiden Foscari und Jacopos Ehefrau Lucrezia Contarini. Dabei gelingt es Verdi erstmals, glaubwürdige Individuen auf die Bühne zu bringen, keine Repräsentanten von Prinzipien oder Persönlichkeiten, die zu gewaltig erscheinen, um real zu sein. Dazu trägt wesentlich die ausgefeilte Instrumentation bei. Verdi bietet zahllose Schattierungen von gedämpften Klangfarben. Vornehmlich charakterisieren Viola, Cello und Klarinette Francesco und Jacopo, Harfe sowie hohe Streicher und Holzbläser Lucrezia. Wogende Streicherfiguren unterstützt von sanften Brisen der Oboen, Klarinetten, Fagotte und Flöte, illustrieren Reminiszenzen an die Atmosphäre Venedigs, während Blechbläser die erbarmungslose Justiz der Lagunenstadt heraufbeschwören, sodass der Dualismus von Anmut und Grausamkeit, von Palast und Kerker, Rialto- und Seufzerbrücke klanglich sinnfällig wird. Am deutlichsten erscheint dies im Vorspiel zum 3. Akt, das von machtvollen Fanfaren eingeleitet wird, worauf unmittelbar die heitere Musik eines Maskenfests folgt, begleitet von Gesprächen der Stadtoberen über die Gleichgültigkeit der Massen gegenüber den politischen Geschehnissen auf höchster Ebene. Die düstere Seite Venedigs wird in Jacopo Loredano personifiziert, dem Gegenspieler der Foscaris. Seine Person ist weniger prägnant gezeichnet als bei Byron. Er tritt zumeist im Verbund mit den Senatoren und dem Zehnerrat in Erscheinung. Wie das mahnende Symbol des Verhängnisses paradiert dieser durch viele Szenen, nachdem er gleich zu Beginn von Klarinetten, Fagotten und Streichern in den tiefen Lagen mit der Anweisung „cupo“ (düster) bzw. „sottovoce“ (gedämpft) eingeführt wurde. Die reichhaltig vorhandene Chromatik trägt ihr Übriges zu der von ihm ausgehenden sinisteren Stimmung bei.

Einer der bewegendsten Momente der italienischen Opernliteratur ist das Largo-Vorspiel zur Kerkerszene am Beginn des 2. Akts (*Foscari* II/1). Die schmerzvollen Arabesken von Solobratsche und -cello gipfeln im 13. Takt in vier unisono ausgeführten aufsteigenden Trillerfiguren, die wie ein ironischer Kommentar zu dem tiefen Fall von der Karriereleiter wirken. Als ein fernes Echo hallen die Triller in den folgenden Takten noch einmal nach. In Verdis Opern fungieren Vorschlags- oder Trillerfiguren mehr als einmal als Klangchiffre für Sarkasmus oder Ironie wie etwa bei den Kommentaren des Dogen über „Volkes Stimme“ in *Simone Boccanegra* (*SB 1881* I/13 ab 5:52).

Im Sinne des Dramas um Machtkämpfe und den inneren Zwiespalt Einzelner verweigert sich Verdi einigen musikalischen Konventionen: Jede Cabaletta setzt ohne Orchestereinleitung an, ist also nicht mehr die unvermeidliche virtuose vokale Zirkusnummer im Sinne der „solita forma“, sondern unmittelbarer Ausdruck gesteigerter Emotion. Zudem enden die Finalszenen jeweils ohne Stretta als Zwiegesang im Allegro moderato, als Ensemble mit Chor im Andante mosso oder im Andante. Doch nicht nur diese differenzierte Ausgestaltung ist ungewöhnlich, auch die Spannungskurve von *I due Foscari* erscheint untypisch für eine frühe Verdi-Oper. Anstatt auf ständig wechselnde äußere Handlung zu setzen, wird das Stück getragen von einer Binnenspannung, bei der in stetigen Repetitionen die drohende Gefahr immer unaufhaltsamer erscheint. Mehrfach wiederholt sich im Verlauf des Stücks das drohende Urteil, und immer wieder versucht Lucrezia, sich dem entgegenzustemmen. Nach und nach wird die Schlinge enger gezogen: Wie Nemesis verfolgt die Bedrohung die drei Protagonisten und lastet schwer auf ihnen.

Umfangreicher als in anderen Opern setzt Verdi Erinnerungsmotive ein. Dazu gehören die nervösen, unruhigen Streicherfiguren, die Lucrezias Auftritte begleiten (*Foscari* I/6, I/12 ab 0:20, II/4 usw.), das schwermütige Dogen-Motiv von Bratschen, Celli und Kontrabässen (*Foscari* I/10, II/18 usw.) sowie die düsteren Auftritte der Patrizier (*Foscari* I/2 ab 1:40, I/9 und II/11 usw.). Die männlichen Hauptfiguren verhalten sich ungewohnt passiv: Jacopo sind in seiner Lage im wahrsten Sinne des Wortes die Hände gebunden, während sein Vater Francesco sich der Maxime „Sparve il padre, ora il Doge sul v’è“ (Der Vater ist nicht mehr, es gibt nur noch den Dogen) unterwirft, wie er im Quartett des 2. Akts sagt. Die aktivste Figur ist Lucrezia, die wie eine Löwin um die Freilassung ihres Mannes kämpft. Da das Werk nicht gerade reich an äußerer Handlung ist, hatte Verdi seinen Librettisten Piave dazu ermutigt, er möge „ein wenig Getöse“ einfügen,[82] und

dementsprechend ergänzte man Byrons Vorlage um eine Szene, in der Lucrezia mit ihren beiden kleinen Söhnen vor den Rat tritt, um ein milderes Urteil zu erwirken.
Musikalisch setzt Verdi auf eine von Akt zu Akt sorgfältig abgestufte Kulminationsstrategie. Der 1. Akt endet nach verschiedenen Soloszenen mit einem Duett des Dogen und seiner Schwiegertochter. Der 2. Akt beginnt mit dem Monolog des im Verlies schmachtenden Jacopo, dem ein Duett mit seiner Ehefrau folgt, und nach einem Choreinschub tritt der Doge zu einem Terzett hinzu, das der Antipode Lorenzo zu einem Quartett ergänzt. Nach einem großen Finale mit Solisten und Chor beginnt der 3. Akt mit einem Maskenfest, woraufhin die Protagonisten – der Handlungsentwicklung entsprechend – zunehmend in Soloszenen vereinzeln, bis der Doge selbst, obgleich umgeben von Menschen, einsam und verbittert stirbt.
Die konsequent durchgehaltene „tinta", die dem Stück eine ungewöhnliche Geschlossenheit verleiht, sah Verdi später als Manko an. Ihm zufolge besitzt das Werk ungeachtet manch fesselnder Stellen lediglich „eine Linie, eine gehobene zwar, wenn man so will, aber doch immer dieselbe",[83] ja, letztendlich habe es „eine Farbe, die vom Anfang bis zum Ende zu eintönig"[84] sei. Verdis Urteil bedeutet keinesfalls, dass eine Oper nach einem abwechslungsreichen Sujet eines anderen großen Literaten besser wird. *I due Foscari* ist ein Musikdrama der feinen Nuancen. Letztendlich liegt bei zu viel Aktionismus die Gefahr nahe, dass das Ganze nicht mehr ist als eine Ansammlung von Einzelteilen.

Il Corsaro (1848)

Eine Bühnenfassung von Byrons Bestseller *The Corsaire – A Tale* (1814) befand sich schon seit 1843 auf Verdis Liste möglicher Projekte. Als sich erst fünf Jahre später die Gelegenheit ergab, die Verserzählung in eine Oper zu verwandeln, hatte der Komponist schon fast das Interesse an dem Stoff verloren. Zu diesem Zeitpunkt hatte auch der universale Anspruch von Shakespeares Dramatik den romantischen Abenteuereskapaden längst den Rang abgelaufen, zumal bereits in *Ernani* und *I masnadieri* Gesetzlose im Mittelpunkt gestanden waren. Immerhin gewann Verdi in *Il corsaro* der Thematik noch eine neue Variante ab: Corrado, der als misanthropischer Freibeuter die Ägäis unsicher macht, steht zwischen zwei Frauen, die kontrastierende Wesenszüge seiner ambivalenten Persönlichkeit verkörpern. Als er auszieht, um dem Pascha mit einem Überraschungsangriff zuvorzukommen, wartet seine Geliebte Medora voll ausdauernder Hingabe auf ihn. Gulnara, die Lieblingssklavin des Pascha Said, tötet ihren verhassten Herrn, um sich und dem in Gefangenschaft geratenen Corrado zur Flucht zu verhelfen (*Corsaro* II/7-8). Wie zwischen Medora und Gulnara steht Corrados gespaltenes Selbst zwischen geduldigem Ausharren und blutiger Tat. Verdi und sein Librettist Piave gehen sogar noch über Byrons Vorlage hinaus, indem sie die beiden Frauen im Finale aufeinandertreffen lassen (*Corsaro* II/10 ab 2:53). Um diese komplizierte psychologische Konstellation glaubhaft zu vermitteln, bedarf es einer Musik, die den unterschiedlichen Facetten der Protagonisten überzeugend Ausdruck verleiht. Doch dies ist weder bei Corrado, noch bei den Frauen der Fall. Es gelingt Verdi nicht, in der Musik die Ambivalenz der Figuren und deren tiefere Beweggründe zu verdeutlichen. Auch werden wesentliche Aspekte der Vorlage nicht scharf genug herausgearbeitet. Wo bei Byron moralische Gegenpositionen aufeinanderprallen, belässt es Verdi beim Oberflächenreiz effektvoller Szenen. Corrado bleibt zu sehr robuster Tenorheld, um als gebrochener, schuldig gewordener Charakter Profil zu entwickeln. *Il Corsaro* ist eine Oper ohne erkennbare Tinta. Die Unausgeglichenheit der musikalischen Anlage mag damit zusammenhängen, dass Verdi bereits in der Anfangsphase des Projekts begonnen hatte, einige Nummern zu entwerfen, die sich dann Jahre später mit der in wenigen Monaten vollendeten Musik nicht zu einem einheitlichen Ganzen zusammenschweißen ließen. Später wollte Verdi von *Il corsaro*, an dem er „so viel herumgemurkst"[85] habe, nichts mehr wissen. Die Diskrepanz zwischen Anspruch und den unzureichenden Mitteln der Umsetzung war in diesem Fall zu groß.

Alzira (1845)

Wie bei manch anderen Opern der 1840er und frühen 1850er Jahre fällt auch bei *Alzira* die Prägnanz und Kürze auf. In gut neunzig Minuten wird eine Geschichte von Liebe und Hass erzählt, die ein überraschend versöhnliches Ende findet. Verdi vertonte Cammaranos Libretto zumeist schnörkellos ohne allzu viel Schwelgen und Textwiederholungen, woraus sich ein zügiger Handlungsablauf ergibt – die Protagonisten werden auch musikalisch Getriebene ihrer Leidenschaften. Dass Verdi aus früheren Versäumnissen – wie etwa in *Oberto* – gelernt hat, zeigt der Prolog, in dem die Vorgeschichte erzählt wird: Der Inkaführer Zamoro schont das Leben des gefangenen Gouverneurs von Peru, Alvaro. Wie sich in den beiden folgenden Akten herausstellt, ist dessen Sohn Gusmano indes Zamoros Rivale um Alzira. Als Zamoro einen Anschlag auf Gusmano verübt, verzeiht dieser dem Mann, der ihn tödlich verwundet hat, und gewährt ihm und Alzira ein Leben in Freiheit.

Die Musik lässt den Handlungsort zur Nebensache werden und fokussiert sich auf das Beziehungsdreieck Liebhaber, Geliebte und Rivale. Diese Grundkonstellation ist auch in *Il trovatore* gegeben, doch während die Musik in dieser Oper unablässig vorwärtsdrängt, entsteht in *Alzira* selbst in den dynamischen Szenen wie den Finali des 1. und 2. Akts eher der Eindruck des Verweilens. Dieser ergibt sich dadurch, dass Verdi auch innerhalb größerer Szenenkomplexe die Bestandteile einzelner Musiknummern, die zudem von sehr unterschiedlicher Qualität sind, eher unorganisch aneinanderreiht als zusammenfügt. Neben Augenblicken, die nur so sprühen von melodischer und rhythmischer Raffinesse – wie etwa die Allegro assai vivo-Einleitung des Duetts Zamoro-Alzira im 1. Akt sowie die Arie und Stretta des Zamoro im 2. Akt (*Alzira* I/11 und II/7) –, stehen Momente, in denen die Erfindungskraft Verdis sich nicht voll entfaltet, wodurch Text und Musik nicht kongruent sind. Dies fällt besonders auf, wenn man das Duett von Gusmano und Alzira im 2. Akt mit dem des Grafen Luna und Leonora im 4. Akt von *Il trovatore* vergleicht (*Alzira* II/2-5 und *Trovatore* II/12-14). Die Ausgangssituationen sind jeweils ähnlich: Eine Frau gibt sich einem ihr verhassten Mann hin, um ihren Geliebten zu retten. Obwohl Alzira am Schluss ihr Schicksal beklagt, schwingt sie ohne Grund auf den Allegro con brio-Gestus Gusmanos ein, während dagegen Leonora allen Grund zum Jubeln hat, denn sie bringt den Grafen dazu, in den Handel einzuwilligen, und täuscht ihn zugleich, indem sie heimlich Gift einnimmt. Die Struktur der Duette ist gemäß der vorgegebenen Grundform ähnlich, doch wird die Auseinandersetzung in *Alzira* mit unmotivierten vokalen Koloratur- und Stakkato-Manierismen angereichert, während sie in *Il trovatore* durch eine durchgehende Orchesterbegleitung, pausenlose Übergänge und gelegentliche „più mosso“ oder „molto vivace“-Hinweise atemlos vorangetrieben wird.

Alzira, Duett Alzira-Gusmano, 2. Akt	*Il trovatore*, Duett Luna-Leonora, 4. Akt
0. Rezitativ Gusmano, Ovando, Chor	Rezitativ Graf Luna
1. Allegro (tempo d'attacco) „Ah! no… clemenza“	Allegro vivo (tempo d'attacco) „A te dinante! … Qual voce“
2. Andante agitato e mosso „Scegli! …Il pianto,l'angoscia“	Andante mosso „Mira, diacerbe lagrime“
3. Allegro (tempo di mezzo) „Ei mora!“	Allegro assai vivo (tempo di mezzo) „Conte! … Nè cessi?“
4. Allegro con brio (cabaletta) „Colma di gioa ho l'anima“	Allegro brillante (cabaletta) „Vivra!“

Das Aufeinandertreffen der Kulturen, der Sphäre der spanischen Eroberer und der Inkas, ist für Verdi belanglos. Auch wenn der Chor „Tergi del pianto America“ im 2. Akt einen Bolero-Rhythmus anschlägt (*Alzira* II/8), interessiert er sich – wie auch in den meisten anderen seiner Opern – nicht sonderlich dafür, andere Welten mit Lokalkolorit auszustatten. „Lokalkolorit“, so Verdi, sei „ein Wort, das man so viel gebraucht und das in den meisten Fällen nur dazu dient, den Mangel an Gedanken zu verdecken“.[86] Das f-Moll-Largo, mit dem das 2. Bild des 2. Akts eingeleitet wird, bietet indes ein sinnfälliges Klangbild für die niedergeschlagene Stimmung eines Volkes, hier der Inkas, nach einer verlorenen Schlacht, ist jedoch, wie auch die anderen Szenen, frei von Exotismen (*Alzira* II/6). Die bei Voltaire implizite Kritik an Rousseaus Konzept des „edlen Wilden“ schimmert nur im Finale auf, wenn Alzira und Zamoro die Glaubensgrundlage preisen, die Gusmano dazu bringt, dem Attentäter zu vergeben – „Adoro il nume che l'inspirò“ (Ich verehre den Gott, der ihm dies eingegeben hat; *Alzira* II/11). Die philosophischen Grundlagen des Dramas, wie etwa die Vorstellung von der Überlegenheit der aufgeklärten abendländischen Kultur, lassen sich in einen Opernlibretto nur schwer vermitteln. Reduziert auf einen Liebes- und Eifersuchtsplot, bietet das Grundgerüst von Voltaires Tragödie *Alzire, ou Les Américains* (1736) lediglich eine unausgeglichene Mischung von Heroismus und Edelmut. Voltaires Pathos und Ironie waren Verdis Sache nicht. Wie Pagano in *I Lombardi* wird auch Gusmano in keiner Situation gezeigt, in der er ehrliches Mitgefühl oder Schuldgefühle entwickeln kann, sodass – nachdem er durch die Freilassung Zamoros am Ende des 1. Akts seine Bringschuld für die vorangegangene Begnadigung seines Vaters bereits beglichen hatte – sich der Wandel vom gnadenlosen Inkajäger zum großzügigen Potentaten ohne Übergang vollzieht. Nicht zuletzt ist auch die Vorlage *Alzire* zu sehr bemüht, ein Lehrstück zu sein, um glaubhaft als Drama mit individuellen Schicksalen überzeugen zu können. Dementsprechend geriet die Oper zu einer Aneinanderreihung effektvoller Szenen ohne Resonanz.

I Masnadieri (1847)

Bei *I masnadieri* stand Verdi mit Andrea Maffei einer der führenden italienischen Schiller-Experten zur Seite. Als unmittelbare Konkurrenz hatte der Komponist sich mit der durchaus erfolgreichen *Räuber*-Vertonung eines höchst renommierten zeitgenössischen Kollegen auseinanderzusetzen, Saverio Mercadante. Beide Opern waren zunächst außerhalb Italiens herausgekommen: Mercadantes *I briganti* wurde 1836 am Pariser Théâtre Italien uraufgeführt; elf Jahre später schrieb Verdi seine *Räuber*-Oper für das Her Majesty's Theatre in London. Verdi wollte im Gegensatz zu Mercadante und dessen Librettisten Jacopo Crescini keineswegs auf die Vorgeschichte mit den Verleumdungen und Intrigen von Franz Moor sowie dem angeblichen Dahinscheiden des Vaters auf offener Bühne verzichten. Möglicherweise wählte Mercadante deswegen den Titel *I briganti*, der eher Diebe und Straßenräuber bezeichnet, während Verdi, der sich enger an Schiller hält, sein Werk treffender *I masnadieri* nannte. Dies ist auch der in Italien übliche Titel für Schillers Drama, was Räuber bzw. Gesetzlose bedeutet. Während in Mercadantes Oper auch die Namen der männlichen Protagonisten geändert sind – Karl heißt nun Ermano und Corrado entspricht Schillers Franz Moor – übernehmen Maffei und Verdi die Namen in der italienischen Schreibweise. Sie stellen lediglich die ersten beiden Szenen um, damit das Publikum von *I masnadieri* gleich zu Anfang bei einem wirkungsvollen Auftritt mit Chor und Tenor die Bekanntschaft der Titelfiguren macht, während der Unhold Francesco erst danach die Bühne dominiert. Mercadante lässt die Handlung kurz nach den Trauerfeierlichkeiten für den Grafen Moor beginnen. Der Konflikt konzentriert sich auf die Pflegetochter des Grafen und dessen verfeindete Söhne, während Verdi darum ringt, einen adäquaten Ausdruck für den Antagonismus von Gut und Böse zu finden, der durch Carlo und Francesco verkörpert wird. Mercadante war wahrscheinlich der einzige italienische Komponist, der Mitte des 19. Jahrhunderts noch kunstvoll ornamentierte Musik für Baritone komponierte. Verdi hingegen verlangte einem flexiblen Bariton wie Filippo Colini (1811-1863) – der auch in den Uraufführungen von *Giovanna d'Arco*, *La battaglia di Legnano* und *Stiffelio* mitwirkte – einen markanteren Ausdruck ab, bei dem sich die Fioritüren höchstens auf die Kadenzen beschränken. Schwere Blechbläser und gehetzte Streicherfiguren sind die Klangchiffren für das Böse und Getriebene, wenn das Orchester Francescos Rezitativ einleitet und unterstützt (*Masnadieri* I/4). Francesco vertritt die Überzeugung, dass die Natur ihn zu dem gemacht hat, der er ist und er der Natur gegebenenfalls auch etwas nachhelfen kann, damit sich die Dinge zu seinem Vorteil entwickeln. In dem melodischen Andante sostenuto-Arioso „La sua lampada vitale" sinniert er darüber, das Lebenslicht seines Vaters, das schon allzu lange auf kleiner Flamme flackert, bald zum Erlöschen zu bringen. Auf einer Pizzikatogrundlage der Celli wandeln sich die bedrohlichen Bläserfanfaren zu melodischen Ergüssen von Horn und Trompeten, die ironsch die zynischen Worte Francescos begleiten (*Masnadieri* I/5). In den abfallenden instrumentalen und vokalen Phrasen der anschließenden Cabaletta zeigt sich die ganze Häme und Verachtung, die er seiner Familie entgegenbringt. Mercadantes Corrado hingegen unterscheidet sich in seinem belcantesken Gesangsstil kaum von seinem Bruder. Das Orchester verleiht den Szenen nur selten Kontur. Ungeachtet mancher Ansätze, gegenüber dem verzierten einen zunehmend dramatischeren Gesangsstil zu pflegen, bleibt Mercadantes Umsetzung geschmeidiger, weicher, weniger von Brüchen und Härten gezeichnet als die Verdis. Er leitet jeden Akt und etliche Szenen ganz nach alter Sitte noch mit einer Chornummer ein, während Verdi die Akteure des Dramas in den Vordergrund stellt und beispielsweise das Stück im Gegensatz zu den meisten seiner frühen Opern mit einem Rezitativ des Tenors beginnen lässt, was ihn mit dem Räuber Ernani verbindet. Entsprechend der Erwartungshaltung des Pariser Publikums hatte Mercadante zwar darauf geachtet, neben ausdrucksvollen Gesangslinien auch knapp gehaltene Orchestervorspiele für die einzelnen Akte und einige zusammenhängende, durchkomponierte Szenenkomplexe zu bilden, jedoch erscheint er in seiner melodischen Erfindungsgabe und dramatischen Ausprägung nicht so fulminant wie Verdi.

Dass Carlo, obwohl er den Umständen entsprechend Hauptmann einer Räuberbande geworden ist, den nobleren, feinfühligeren Charakter besitzt, zeigt sich in *I masnadieri* beispielsweise in seinem Rezitativ und im Solo des 2. Akts (*Masnadieri* I/16-17). Bereits in seiner Auftrittsarie zu Beginn der Oper verbindet ihn die intensive Begleitung von Flöten, Klarinetten und Oboen mit Amelia. Doch die Szenen mit seiner Geliebten (*Masnadieri* II/1 ab 2:25) geraten ebenso konventionell wie jene mit dem Chor der Räuber (*Masnadieri* I/3 ab 3:44) und vermögen nicht, den Zwiespalt zwischen seinem Freiheitsdrang und seiner Sehnsucht nach privatem Glück deutlich zu machen. Verdi war in seinem Ausdrucksspektrum eingeschränkt, da sein Auftraggeber den in London beliebten schwedischen Gesangsstar Jenny Lind (1820-1887) engagiert hatte, eine Koloratursopranistin von unvergleichlicher stimmlicher Agilität, deren Verzierungskunst für eine Rolle, die ein hohes Maß an Ausdrucksintensität erfordert hätte, jedoch ungeeignet war. Schon ihr erstes Solo (*Masnadieri* I/7) ist gespickt mit Verzierungen, eleganten vokalen Linien und bietet subtilste Gesangskunst, doch schränkt die begrenzte Möglichkeit zur Charakterisierung durch Stimmfarben nicht nur sie, sondern auch Carlo ein. Im Verlauf des Stücks gewinnen beide kaum an Kontur. Und so stehen bei Verdis *I Masnadieri* Belcanto-Edelmut und expressive Malice einander holzschnittartig gegenüber.

Luisa Miller (1849)

Verdis dritte Schiller-Oper ist ein kammermusikalisches Opus. Chorszenen sind fast eliminiert und finden sich nur noch als Staffage in Ensembleszenen. Schillers in Schriften wie *Die Schaubühne als moralische Anstalt* dargelegte Absicht, „den Menschen mit dem Menschen bekannt zu machen und das geheime Räderwerk aufzudecken, nach welchem er handelt“, dürfte ganz nach Verdis Sinn gewesen sein. Als Textbuchautor stand ihm – im Gegensatz zu Andrea Maffei bei *I masnadieri* – mit Salvatore Cammarano ein professioneller Librettist zur Seite, mit dem er erstmals bei *Alzira* zusammengearbeitet hatte. Beides war mit Vor- und Nachteilen verbunden: Cammarano strebte wie Verdi ein neues Verhältnis von Text und Musik in der italienischen Oper an. „Wenn ich nicht die Beschuldigung fürchtete, für einen Utopisten gehalten zu werden, wäre ich versucht zu sagen: um bei einer Oper die größtmögliche Vollkommenheit zu erreichen, müsste ein einziger Geist Autor der Verse und der Musik sein“, schrieb der Neapolitaner im Juni 1849 an den Komponisten. „Von dieser Überzeugung leitet sich meine Meinung ab, dass, wenn es zwei Autoren gibt, es notwendig ist, dass sie sich verbrüdern, und wenn die Dichtung auch nicht Dienerin der Musik sein muss, so darf sie sie auch nicht tyrannisieren.“[87] Vielfach gelingt es Cammarano in *Luisa Miller* umfangreiche Szenenkomplexe zu entwerfen, die Verdi – in stärkerem Maß als bei den meisten vorangegangenen Opern – vom Orchester mit individuell treffender Konversationsmusik untermalen lässt. Andererseits wusste Cammarano auch bestens, was das Publikum gewohnt war und ging nicht so bereitwillig wie etwa Piave auf Verdis Wünsche ein. Dementsprechend sollte ihm die Umsetzung seines Ideals, wenn überhaupt, nur ansatzweise gelingen. Verdi gab sich bei *Luisa Miller*, wie schon bei *Alzira*, mit einer konventionell gebauten Textvorlage zufrieden. Ihn störte es weniger, dass die Handlung von einem deutschen Fürstenhof in ein Tiroler Bergdorf verlegt worden war, Luisas Vater von einem Musiker zu einem altgedienten Soldaten mutierte und die politische Dimension der Konflikte zurückgedrängt werden musste. Vielmehr beschäftigte ihn, dass durch Cammaranos Anpassungen an den Geschmack seiner neapolitanischen Landsleute sich nun nicht mehr wie bei Schiller zwei profilierte Frauenfiguren gegenüberstanden. „Ich bekenne, dass ich sehr gerne zwei *prime donne* gehabt hätte und mir die Favoritin des Fürsten in der ganzen Dimension ihres Charakters gefallen hätte, genau so wie Schiller sie gestaltet hat“, schrieb Verdi,[88] musste sich aber von Cammarano belehren lassen, dass zwei Primadonnen den Gesetzmäßigkeiten der neapolitanischen Oper widersprochen hätten. Und so wurden aus Kabale (auf politischer Ebene) und Liebe in *Luisa Miller* vielmehr Renitenz (gegenüber Vätern und Vorgesetzten) und Leidenschaft.

Ungeachtet der nivellierenden Anlage des Geschehens im Textbuch, inspirierte der Stoff Verdi zu einigen seiner bis dahin subtilsten Einfälle. Während die heimelige Dorfatmosphäre noch im Gewand volksliedhafter Chöre und Gesänge ihren Ausdruck findet, gestaltet er die Konflikte um die nicht standesgemäße Liebe von Rodolfo und Luisa mit höchst nuancierter Musik. Einen zügigen Handlungsablauf garantieren zahlreiche dialogorientierte, umfangreiche Szenenkomplexe sowie die zumeist verkürzte Form der Arien und Duette. Die Entwicklung, welche die Titelfigur durchmacht, zeigt sich an den allmählichen Veränderungen ihres stimmlichen Ausdrucks. Ihr erstes Solo, „Lo vidi, e il primo palpito" (*Luisa* I/5), ist gespickt mit vokaler Ornamentik, die passender als bei Amelia in *I Masnadieri* die Haltung einer frisch Verliebten charakterisiert, die durch die schlichte Streicher- und Holzbläserbegleitung als ein einfaches Mädchen vom Lande vorgestellt wird. Bei ihrer Auseinandersetzung mit Wurm zu Beginn des 2. Akts tritt sie vornehmlich als Opfer einer Intrige in Erscheinung (*Luisa* II/2-4). Im Quartett mit der Herzogin Federica, dem Grafen Walter und Wurm (*Luisa* II/9) wird Luisa von den fürstlichen Herrschaften mit höfischem, schmeichelndem Gestus empfangen, auf den sich Wurm einstellt und Luisa versteckte Drohungen zuzischelt. Luisa, die in dem Zwiespalt steht, ihren Vater vor dem Gefängnis zu bewahren, indem sie ihre Liebe zu Rodolfo verleugnet, vermag auf das Drängen der Herzogin nur mit abgehackten, stockenden Phrasen zu antworten. Nachdem sie zur Rettung ihres Vaters lügt und mit erregter Stimme behauptet, Wurm, und nicht Rodolfo sei ihr Liebhaber, mündet die Konfrontation in ein a cappella-Ensemble, das mit Dur-Moll-Kontrasten spielend, Luisas schmerzvolles Klagen gegen die Stakkato-Phrasen der anderen stellt. Bis hin zu ihrer Todesszene zeichnet Verdi Luisa als eines der differenziertesten Frauenportraits der 1840er Jahre.

Auch Luisas Vater erhält markante Konturen durch seine zärtlichen Phrasen im Zwiegespräch mit seiner Tochter (*Luisa* I/4 und II/16) und sein rebellisches, aufmüpfiges Wesen. Wie viel Energie noch in dem ausgedienten Soldaten steckt, zeigt eine der virtuosesten Bariton-Cabaletten, die Verdi geschrieben hat, „Ah, fu giusto il mio sospetto" (Mein Verdacht war berechtigt; *Luisa* I/10), und die Vehemenz, mit der er Rodolfo und dem Grafen im Finale des 1. Akts entgegentritt (*Luisa* I/17-19). Dem hingebungsvollen Rodolfo ist mit seinem Rezitativ und der Arie „Quando le sere al placido" (*Luisa* II/10-11) ein Miniaturdrama gegeben. Mit einer Mischung aus Verzweiflung und Zärtlichkeit reagiert er auf die vermeintlichen Beweise der Untreue Luisas. Die Abfolge der „solita forma" scheint umgekehrt, denn die Szene beginnt mit einem cabalettaartigen Rezitativ bevor mit der Ausdrucksanweisung „appassionatissimo" die Andante-Arie einsetzt. Tonmalerisch umranken Holzbläser die Gesangslinie, wenn das Funkeln der Sterne in den Liebesnächten illustriert wird, begleitet von der lauen Brise einer Klarinettenmelodie. Nach rezitativischen Disputen mit Wurm und seinem Vater, dem Grafen, ist die eigentliche Cabaletta Rodolfos, in der er seinen Todeswunsch zum Ausdruck bringt, so weit von der Arie entfernt, dass sie nicht mehr als Erfüllung der „gewohnten Form“ wahrgenommen wird, sondern als der Handlung gemäße dramatische Steigerung der Szene (*Luisa* II/13). Noch konsequenter sollte Verdi acht Jahre später bereits in der Erstfassung von *Simone Bocanegra* bei der Tenorarie das Verhältnis von langsamen und schnellen Arienbausteinen umkehren, ein Kunstgriff, den er unverändert in die revidierte Fassung übernommen hat (*SB 1857* II/2-3 und *SB 1881* II/3).

Nach Verdis Vorstellungen musste „die ganze teufliche Intrige zwischen Walter und Wurm [...] das ganze Drama wie ein Verhängnis“ beherrschen.[89] Dementsprechend legt sich die Aura des hinterhältigen Burgverwalters Wurm wie ein bedrohlicher Schatten auf die Geschehnisse. Ihm ist keine Arie als Offenbarung des hinterhältigen Schleimers anvertraut. Lediglich begleitet von düstersten Orchesterfarben schmiedet Wurm Ränke zu seinem eigenen Vorteil. Durch diesen dramaturgischen Kunstgriff zeichnet Verdi – im Gegensatz zu der vorangegangenen Schiller-Oper – das Böse nicht mit den gleichen formalen Mitteln wie die lauteren Charaktere oder jene, denen wie dem Grafen Walter trotz seiner Untaten noch ein Rest an Gewissen geblieben ist: In *Luisa Miller* wird die gebundene Form von Arie und Duett zum Ausdruck der Humanität, während der Sprechgesang Malice und Ambiguität symbolisiert.

Auch wenn die Ouvertüre nur monothematisch ist, variiert sie spannungsgeladen ein Motiv, das im weiteren Verlauf des Stücks wie ein Damoklesschwert über dem Geschehen schwebt. Wenn im 3. Akt Miller in Rodolfos Brief die Zeile liest: „Es gibt einen Ort, an dem weder Betrug noch Eide gelten!“ (*Luisa* II/16 ab 1:06), wird deutlich, dass es für den Tod steht. Auch an anderen Stellen vernimmt man einen Nachhall der Ouvertüre, am markantesten im Vorspiel zum 3. Akt, wo er mit trostlosen Echos der Eröffnungsszene Luisas zum Beginn der Oper kontrastiert (*Luisa* II/14). Verdi begeisterte sich für den Typus des bürgerlichen Trauerspiels, weil es ihm die Möglichkeit bot, sich auf individueller Ebene mit den Befindlichkeiten und Nöten einfacher Menschen auseinanderzusetzen. So wie *I due Foscari* auf gesellschaftlicher Ebene *Don Carlos* nahe steht, bildet *Luisa Miller* einen entscheidenden Schritt auf dem Weg zu den bürgerlichen Operndramen wie *Stiffelio* und *La Traviata.*

2.3 Theater des Archetypischen

„Der Künstler muss in der Zukunft forschen, im Chaos neue Welten sehen", schrieb Verdi im Dezember 1867, „und wenn er ganz, ganz weit am Ende des neuen Weges das kleine Licht sieht, soll er sich nicht vom Dunkel erschrecken lassen, das ihn umgibt: er soll weitergehen, und wenn er manchmal stolpert und fällt, soll er aufstehen und immer weiter seines Weges gehen."[90] Damit umriss Verdi – zwei Jahre nach der Revision von *Macbeth* und neun Monate nach der Erstfassung von *Don Carlos* sein Ethos als Komponist: Um ein schwieriges, hoch gestecktes Ziel zu erreichen, kalkuliert er auch die Gefahr des Scheiterns mit ein, gestcht sich zu, nicht sogleich gültige Kompositionen abliefern zu müssen, sondern auch Überarbeitungen zuzulassen. Er bleibt zeitlebens ein an der Praxis orientierter Theaterkomponist und zugleich jemand, dem zunehmend jede Konvention widerstrebt.

Verdi hatte es gewagt, sich in *Nabucco* seiner eigenen Stimme zu bedienen. Werke wie *Macbeth* (1847), *Stiffelio* (1850) und *Rigoletto* (1851) sowie die beiden 1853 herausgekommenen Musikdramen *Il trovatore* und *La traviata* ragen aus seinem Œuvre durch ihre resonanzreiche Tiefendimension, Vielschichtigkeit und ihren Gegenwartsbezug heraus. Alle folgenden Stücke – *Les vêpres siciliennes, Simone Boccanegra*, *Un ballo in maschera*, *Don Carlos*, *La forza del destino*, *Aida*, *Otello* und *Falstaff* – sollten seinen Anspruch an Glaubwürdigkeit und Abwechslungsreichtum erfüllen, indem sie Facetten der Wirklichkeit auf exemplarische Weise thematisieren. Manche dieser Werke – *Macbeth*, *Simone Boccanegra*, *Don Carlos*, *La forza del destino* – erhielten Werkstattcharakter, indem Verdi sie zwischen 1863 und 1886 teilweise umfangreicher Revisionen unterzog. Alles diente ihm dazu, seinen Anforderungen an Wahrhaftigkeit auf der Bühne gerecht zu werden. Sich des „Wahren als Gegenstand" anzunehmen, hatte bereits Manzoni 1823 in seiner programmatischen Schrift *Sul romanticismo* (Über die Romantik) propagiert. Die Projektionsfläche für Verdis literarische und musikalische Weltentwürfe bildete nicht der Mythos oder die Legende, sondern das Exemplarische.

Macbeth (1847)
Die erste Auseinandersetzung mit Shakespeare sollte Verdi über Jahre beschäftigen. Um *Macbeth* endgültig für seine Art des Musiktheaters zu adaptieren, nutzte er eine spätere Gelegenheit, um das Werk gemäß seinen gehobenen Ansprüchen zu revidieren (siehe 3.3 Verdis Überarbeitungen). „Diese Tragödie ist eine der großartigsten Schöpfungen des menschlichen Geistes", ließ er Piave wissen. „Wenn wir schon nichts Großes daraus machen können, versuchen wir wenigstens, etwas Außergewöhnliches hinzubekommen."[91] Die disparate Dramaturgie der Shakespeareschen Werke hatte italienische Musiker bislang eher abgeschreckt. Mit Verdi strebte erstmals ein Komponist danach, einen Stoff des englischen Dramatikers nicht nur für die Opernbühne zu adaptieren, sondern zugleich auch den Geist der Vorlage zu erfassen. Dies gelang ihm, indem er Shakespeare mit den Mitteln seines sich entwickelnden Musiktheaterstils durch heterogene und teilweise neuartige Gestaltungselemente transformierte. Ausgangspunkt war, dass das Teatro alla Pergola in Florenz, im Anschluss an die erfolgreichen italienischen Erstaufführungen von Meyerbeers *Robert le diable* (1840) und Webers *Freischütz* (1843) ein weiteres „phantastisches" Werk herausbringen wollte; durch die Hexenszenen war *Macbeth* hierfür geradezu prädestiniert. „In dieser Oper gibt es drei Hauptrollen", war sich Verdi sicher: „Lady Macbeth, Macbeth – der Hexenchor."[92] Die experimentelle Struktur der Oper zeigt sich bereits in der Wahl der düsteren politischen Geschichte, die völlig ohne den üblichen Liebesplot auskommen muss. Ungewöhnlich viele Moll-Tonarten durchziehen die Musik, wobei die später für Paris überarbeitete Fassung zudem eine reichere Chromatik und mehr Dissonanzen aufweist (Weiteres zur Fassung von 1865 siehe im Kapitel 3.2 Verdis Überarbeitungen).
Das ungewöhnlich knappe Orchestervorspiel bringt die Hauptelemente des Dramas auf den Punkt: Zu Beginn illustrieren Oboe, Klarinette und Fagott die irrlichterhaft flirrende, unheimliche Welt der Hexen, woraufhin Blechbläserfanfaren den Machtanspruch Macbeths und seiner Frau klanglich zum Ausdruck bringen. Pianissimophrasen der Violinen verweisen auf die Nachtwandlerszene, den tiefen Fall am Ende des Dramas. Verdi begriff Shakespeares Tragödie als Drama über Macht ohne Gewissen und Schuld ohne Sühne, bei dem die Hexen ebenso äußere Im-

pulsgeber sind wie innere Stimme der Protagonisten. Der unmittelbare Übergang von der Introduktion zum a-Moll der Hexenszene auf der Heide zeigt, mit welcher Stringenz Verdi das Geschehen vorantreibt. Die üblichen Auftrittsarien werden durch ein kurzes Duett ersetzt, als Macbeth und Banquo den Hexen gegenübertreten. Diese sind keine anonyme Chormasse, sondern – analog zu den drei Hexen Shakespeares – in drei Chorgruppen geteilt. Wie in einem Schauspiel liest Lady Macbeth, noch bevor sie ihre ersten Worte singt, mit Sprechstimme einen Brief ihres Gatten. Bereits in der Erstfassung von 1847 sind die wesentlichen Elemente der Besonderheiten von *Macbeth* enthalten, die im Weiteren lediglich verfeinert wurden. Die Monologe des Dramas werden in der Oper zu Soloszenen, in denen Text und Situation durch den subtilen Einsatz von Instrumenten und durch minutiöse Angaben zur Ausgestaltung mit deklamiertem Gesang ausgeleuchtet werden. Dabei sind die Worte zumeist unmittelbar von Shakespeare übernommen, wie etwa in dem Solo „Mi si affaccia un pugnal?“ (Erblicke ich dort einen Dolch?; *Macbeth 1847* I/9) aus der 2. Szene des 1. Akts, das Macbeths Monolog zu Beginn des 2. Akts entspricht, kurz bevor er den König ermordet, um selbst an die Herrschaft zu gelangen.
In etlichen Briefen und intensiven Proben wies Verdi die Sänger an, die Rollen nicht lediglich zu singen, sondern mit ihrem Agieren *und* der Stimme zu gestalten. Zuvor hatte er bereits vereinzelt genaueste Anweisungen für die Solisten festgelegt, etwa mit dem „cupo e terribile“ (düster und fürchterlich) Attilas im abschließenden Quartett der gleichnamigen Oper oder den differenzierten dynamischen Anweisungen in *I due Foscari* oder *Luisa Miller*. Doch die zahllosen Piano- und Pianissimoangaben, das „cupo“- oder „sotto voce“-Singen in *Macbeth* übertrafen alles, was ein Komponist bis dahin an vokalem Ausdruck gefordert hatte. Eine Schlüsselszene für Verdis Vorstellungen ist das Duett von Macbeth und seiner Frau nach dem Dolch-Monolog (*Macbeth 1847* I/9 ab 3:58). „Pass auf, es ist Nacht; alles schläft; dies ganze Duett muss sotto voce gesprochen werden, aber mit dunkler Stimme, die Entsetzen einflößt“, teilte Verdi dem Bariton Felice Varesi mit. „Um Dir meine Ideen gut verständlich zu machen, sage ich Dir auch, dass die Instrumentation in diesem ganzen Rezitativ und Duett aus Streichern mit Dämpfern, zwei Fagotten, zwei Hörnern und einer Pauke besteht. Du siehst, dass das Orchester

außerordentlich leise spielen wird, und Ihr müsst ebenfalls gedämpft singen."[93] Auch von der Darstellerin der Lady erwartete Verdi „eine rauhe, erstickte, dumpfe Stimme", ja, die Interpretin möge im Aussehen „hässlich und böse" sein, und vor allem „etwas Teuflisches"[94] haben – worin sich die Anregungen des von Manzoni geschätzten August Wilhelm Schlegel bis in die Gestaltung des Vokalparts hinein auswirkt, denn er hatte seinerzeit postuliert, dass das Böse im Grunde genommen auch hässlich sein müsse. Mit diesen Ansprüchen an Orchester und Solisten löst sich Verdi von der traditionellen Oper und führt das Werk in den Bereich des Musiktheaters, in dem nicht der Schöngesang im Mittelpunkt steht, sondern eine szenische und darstellerische Wahrhaftigkeit angestrebt werden.

In vielen markanten Szenen von *Macbeth* spielt eine neuartige selektive Orchestrierung eine besondere Rolle. Dass die Herrschaft des kinderlosen Macbeths nur vorübergehend währt und Banquos Erben einst den Thron besteigen werden, deutet sich in der Prophezeiung im 3. Akt an. Die Äußerungen der Hexen werden vornehmlich von Oboe, Klarinette, Horn, Fagott und Bassposaune untermalt, während die Vision Macbeths über künftige Könige von zwei Oboen, sechs Klarinetten, zwei Fagotten und zwei Kontrafagotten „sotto il palco" (unter der Bühne) accompagniert werden (*Macbeth* II/2).

Die Nachtwandlerszene von Lady Macbeth im 4. Akt (*Macbeth* II/7) hat mit den traditionellen Wahnsinnsszenen italienischer Primadonnen nur den Umstand gemeinsam, dass auch hier ein Mensch, seelisch und geistig zerrüttet, zugrunde geht. Musikalisch beschreitet Verdi völlig eigene Pfade: Bewegte sich das Duett mit ihrem Mann nach dem Mord um eine C-Des-Spannung, so knüpft diese Szene daran in Des-Dur an und kehrt nach einem Wechsel zu E-Dur wieder zu Des zurück. Der wiederum eng an Shakespeare angelehnte Text wird in stockenden, abreißenden Gesangsphrasen vermittelt, begleitet von Klagelauten des Englischhorns und manisch repetierten Klangfiguren in den Geigen sowie Bratschen und Celli. Hier – wie auch bei der Sterbeszene des Macbeth in der Florentiner Fassung von 1847 – wurde Verdis Shakespeare-Rezeption durch Manzoni beeinflusst, der auch in verwerflichen Charakteren noch eine gute Seele zu erkennen vermochte. Wenn den sterbenden Tätern am Ende schon keine Verklärung zugestanden wird, so doch Mitgefühl.

Mit *Macbeth* hatte Verdi erstmals das Stück eines Autors gewählt, der bereits seit mehr als hundert Jahren tot war. Sowohl Shakespeare als auch Verdi machen das Werk zu einem Drama ihrer Zeit: Der Engländer, indem er die historische Figur des Macbeth aus dem 11. Jahrhundert völlig für seine dramatischen Zwecke verändert und aktuelle Anspielungen in sein Drama einbaut,[95] und Verdi, indem er auf schottisches Lokalkolorit verzichtet und das Geschehen musikalisch der eigenen Epoche anverwandelt. Dadurch blieb die Wahl zeitgenössischer Dramatik der bald folgende logische Entwicklungsschritt. Mit *Stiffelio* und *La Traviata* erlangte die italienische Oper erstmals Relevanz *für* die Gegenwart *durch* die Gegenwart.

Stiffelio (1850)

Die Entscheidung, das Schauspiel *Le pasteur, ou L'évangile et le foyer* von Émile Souvestre (1806-1854) und Eugène Bourgeois (1818-1847) ein Jahr nach der Uraufführung 1849 zur Grundlage einer Oper zu nehmen, war in zweifacher Hinsicht riskant. Einerseits ist die Hauptfigur ein Priester, der Nächstenliebe predigt, dann aber mit dem Treuebruch und dem Galan seiner Frau konfrontiert wird, und andererseits endet die Ehe, die der Gemeinde ein Vorbild sein sollte, mit der Scheidung. Das, was seinerzeit Irritationen auslöste, inspirierte Verdi zu einem seiner eindringlichsten Werke. Dennoch traute er seinem Bühnenwerk nicht vollends, denn als es nach der Uraufführung in Vergessenheit zu geraten drohte, nahm der Komponist, um wenigstens die Musik zu retten, sieben Jahre später gravierende inhaltliche Veränderungen vor, um es sodann unter dem Titel *Aroldo* neu herauszubringen (siehe das Kapitel 3.2 Verdis Überarbeitungen).

Mit *Stiffelio* gelang Verdi seine erste Konversationsoper. Selbstverständlich gibt es darin noch Soloszenen, doch deren Kürze sowie die rezitativische Anlage vieler Momente, die Rede- und Gegenrede im Gesang, weisen den Weg zu einem Ideal, das Verdi vorschwebte. „Wenn es in den Opern weder Cavatine noch Duette und Terzette, weder Chöre noch Finali usw. usw. gäbe“, schrieb er im April 1851, „und die ganze Oper (sozusagen) nur eine einzige Nummer wäre, dann würde ich das für vernünftiger und richtiger halten.“[96]

Der Titelfigur, Stiffelio, ist keine Arie gegeben, die er allein und unbeobachtet singt. Sein kurzes Solo in der Einleitungsszene ist eingebettet in ein Ensemble, bei dem er aufgefordert wird, über eine seltsame Beobachtung zu berichten (*Stiffelio* I/3). Von seinen Lebenserfahrungen erzählt er Lina in einem Gespräch (*Stiffelio* I/7), sodass dieses Solo vielmehr Bestandteil eines Duetts ist. *Stiffelio* ist eine Ensembleoper, in der auch die wenigen Einzelszenen ungewöhnliche Wendungen nehmen. Wenn Lina zu Beginn des 2. Akts am Grab ihrer Mutter um Vergebung betet, wird ihre sich großzügig entfaltende, nicht repetitive Melodik begleitet von zwei Soloviolinen und einer Solobratsche. Nach zweimaliger Modulation zur Dominante kehrt Lina, wie um sich selbst zu beruhigen, zum ursprünglichen Fis-Dur zurück (*Stiffelio* II/2). Verdi gelingt es, auch konventionelle Elemente wie den Strettaabschnitt einer Arie mit ungeahnten Wendungen zu füllen: Bei Stankars „Oh, gioia inesprimibile“ (O unaussprechliche Freude; *Stiffelio* II/10) handelt es sich bis auf die letzten acht Takte um eine Pianissimo-Stretta, bei der Linas Vater „con voce soffocata e convulsa“ (mit erstickter und verkrampfter Stimme) singen soll. Er ist fast irrsinnig vor wilder Erregung, bald den Liebhaber seiner Tochter töten zu können, doch erst am Schluss öffnen sich alle Schleusen und er lässt seiner Wut freien Lauf.

Die Tinta von *Stiffelio* wird bestimmt von einem Chiaroscuro-Stil, der zwischen der lichten Sphäre des Glaubens und der Schattenwelt von Betrug und Vergeltung oszilliert. Stehen sich beide zu Anfang noch deutlich erkennbar gegenüber, wie etwa in der Szene mit Stiffelios Anhängern (*Stiffelio* I/5) und der chromatischen, fesselnden Orchestereinleitung zum 2. Akt (*Stiffelio* II/1), so folgen im weiteren Verlauf immer mehr Überlappungen. Das Ensemble am Schluss des 3. Akts, bei dem Stiffelio zunächst das Duell von Stankar und Raffaele verhindert und dann erfährt, dass er damit dem Mann, von dem er hintergangen wurde, das Leben gerettet hat, bringt die unterschiedlichsten Emotionen auf den Punkt (*Stiffelio* II/6). Seine eigenen Rachegelüste werden kontrastiert von dem Gesang der Gemeinde aus der Ferne (*Stiffelio* II/7).

Im Gegensatz zu den meisten Opern jener Epoche, liegen am Ende keine Leichen auf der Bühne. Im Rahmen eines Gottesdienstes trägt Stiffelio das Gleichnis von der Ehebrecherin vor, mit dem er seiner Frau öffentlich verzeiht. Verdi verbindet in der Schlussszene drei zuvor bereits verwendete Elemente: den Klang der Orgel, den Gesang der Gemeinde und rezitativische Dialoge auf Grundlage einer äußerst sparsamen, aber intensiven Orchesteruntermalung.

La Traviata (1853)

In gewisser Hinsicht war es gewagter, ein Zeitstück wie *Stiffelio* herauszubringen als *La Traviata*, denn *La dame aux camélias* von Alexandre Dumas dem Jüngeren (1824-1895) war ohnehin ein Stoff, der den Geschmack des Bürgertums kitzelte. Dumas hatte nach dem Vorbild von Prevosts *Manon Lescaut* (1731) seinen Roman über die Kameliendame 1848 veröffentlicht, dem er 1852 die nicht minder erfolgreiche Bühnenfassung folgen ließ. Mit der Literarisierung setzte er Alphonsine Plessis (1824-1847) ein Denkmal, die wenige Jahre zuvor seine Geliebte gewesen war und sich auf dem Weg zum gesellschaftlichen Aufstieg mit dem „Künstlernamen" Marie Duplessis in Anlehnung an die Jungfrau Maria und Maria Magdalena den Anstrich von Adel und Ehrbarkeit gab. Im Gegensatz zu Flauberts oder Zolas emanzipatorischer Literatur bot Dumas pikante Unterhaltungsliteratur, ja, er hatte sich sogar zeitweilig auf Prostituiertenromane spezialisiert. Die Lektüre garantierte, dass man sich seinen Phantasien hingeben konnte, ohne die bürgerlichen Normen zu verletzen. Dies belegt bereits die Einleitungsszene des Romans, in der der Nachlass der an Lungentuberkulose Verstorbenen versteigert wird – das „bedrohliche" Individuum ist bereits zur Strecke gebracht und kann im Folgenden gefahrlos betrachtet werden. Auch Verdis Orchestervorspiel im Adagio zeichnet das Bild der Toten mit jeweils acht geteilten ersten und zweiten Violinen im dreifachen Pianissimo – ein Klangbild der Fragilität und Morbidität, das im 3. Akt im Violettas Sterbezimmer wieder aufgegriffen wird (*Traviata* I/1 und II/9). Dass Verdis Oper keineswegs gesellschaftskritischer als Dumas' Vorlage ist, zeigt nicht zuletzt eine Karikatur von John Leech, die 1856 im Magazin *Punch* erschien: Am Londoner Haymarket stehen zwei Prostituierte und im Hintergrund hängt ein Werbeplakat mit der Ankündigung: „Großer Erfolg: *La Traviata*". „Oh, Mann, Bella", seufzt die eine der beiden, „und wie lange gehst du jetzt schon auf 'n Strich…"

Die Tragödie, die Verdi in *La Traviata* entfaltet, ist keine öffentliche, keine, die der überweltlichen Mächte oder Flüche bedarf, sondern eine rein private. Erstmals vollzieht sich eine Verdi-Oper nur in geschlossenen Räumen. Alles ist auf die Hauptfigur Violet-

ta Valery konzentriert, die vom rechten Pfade Abgekommene („tra-via"). Als solche bezeichnet sie sich auch selbst im 3. Akt in ihrer Szene „Addio, del passato bei sogni ridenti" (Lebt wohl, schöne glückliche Träume der Vergangenheit), wenn sie bittet: „Ah, della traviata sorridi al desio; a lei, deh, perdona" (Ach, lächle dem Sehnen der vom Wege Abgeirrten zu, vergib ihr; *Traviata* II/11 ab 2:53). Violetta ist keine erotische Kurtisanenfigur – dies suggeriert nicht zuletzt die „engelsgleiche" Sopranlage im Gegensatz zu Maddalenas verführerischer Mezzostimme in *Rigoletto* –, sondern eher die Leidende. Das ganze Werk ist von einer ätherischen, morbiden Klangatmosphäre mit abfallenden Motiven für die Titelfigur durchzogen. Verdis besonderes Interesse daran, die Protagonistin ins rechte Licht zu setzen, hängt – zumindest unbewusst – sicher auch damit zusammen, dass er zu diesem Zeitpunkt unverheiratet mit Giuseppina Strepponi unter einem Dach lebte. Sie hatte zudem aus früheren Beziehungen drei Kinder, welche sie jedoch nicht in ihre Verbindung mit Verdi einbrachte.
Wie in *Stiffelio* sind auch in *La Traviata* Konversations- und Dialogszenen die Grundlage des Geschehens. Allerdings hat Verdi seine Oper über die Kameliendame eher mit konventionellen Stilmitteln aufbereitet, wie etwa einem größeren Anteil an Soloszenen mit Stretta. Selbst bei eher statischen Momenten, wenn beispielsweise die Einleitungszene in ein musikalisch höchst raffiniertes Septett (*Stiffelio* I/4) bzw. in ein Trinklied (*Traviata* I/3) mündet, steht der Vermittlung unterschiedlicher Einstellungen und Gemütsverfassungen in dem früheren Werk bei der Dumas-Vertonung lediglich ein stimmungsvoller Rundgesang ohne textliche Substanz gegenüber. Verdi zeichnet die förmliche Atmosphäre im Schloss von Stiffelios Schwiegervater genauso treffend wie die ausschweifenden Empfänge der Pariser Salons. Die Dynamik der Einleitungsszene von *La Traviata* ergibt sich durch den raschen Wechsel von Gesprächsfloskeln und die ständige Veränderung der Orchesterbesetzung, die zeitweilig nur zweier erster und zweiter Geigen und Bratschen sowie jeweils eines Cellos und Kontrabasses bedarf, dann auch wieder über das volle Orchester hin zu einer Bandamusik wechselt, die man aus dem Nebenraum hört (*Traviata* I/2). Durch diese plastischen, mehrdimensionalen Raumklangwirkungen erzeugt Verdi den Eindruck ständiger Bewegung. Während in *Stiffelio* die Gesänge der Ge-

meinde einen zumeist spartanischen Kontrapunkt zum Geschehen setzen, geschieht dies in *La Traviata* durch die Festgesellschaft im 1. und 2. Akt sowie die von draußen hereindringenden Karnevalschöre im 3. Akt der Situation entsprechend wesentlich sinnenfroher. Das Prinzip des Mitschwingens und des Nachhalls findet sich auch in Soloszenen, wenn Violetta während ihrer Stretta am Ende des 1. Akts von Ferne das Liebesbekenntnis Alfredos vernimmt: „Amor è palpito dell'universo interno" (Liebe ist der Pulsschlag des ganzen Universums). Nur im Abschied rafft sie sich zu einem vergleichbaren Geständnis auf, wenn sie Alfredo Germont ihr „Amami Alfredo" (Liebe mich, Alfredo; *Traviata* I/19 ab 1:18) entgegenruft.

In viel stärkerem Maße als in allen anderen Opern setzt Verdi in *La Traviata* auf innere anstatt auf äußere Handlung. Einen Schlüsselmoment bildet die gut zwanzigminütige Begegnung von Violetta mit dem Vater Alfredos (*Traviata* I/12-17). Was anfangs lediglich eine Maßregelung werden soll, entwickelt sich zu einem ernsthaften Gedankenaustausch über Zuneigung und Verantwortung, bei dem sich die junge Frau Respekt verschafft. Dem arroganten Auftreten des alten Germont setzt sie selbstbewusst ihr „Donna son io, signore, ed in casa mia" (Ich bin eine Dame mein Herr und in meinem Hause; *Traviata* I/12 ab 0:59) entgegen und bewegt ihn mit ihrem Bekenntnis, todkrank zu sein. Doch letzten Endes lässt sie sich überreden, sich von Alfredo zu trennen, um die Hochzeit seiner Schwester und den Familienfrieden nicht zu gefährden. Die Szene ist nur noch vage an die Formschemata eines Duetts angelehnt. Vielmehr gestaltet Verdi mit Tempowechseln, unterschiedlichen Instrumentalfarben und differenzierten Anweisungen für die vokale Umsetzung einen rhyhtmisch-melodischen Diskurs, der die Nuancen der Auseinandersetzung minutiös ausleuchtet. Nach einiger Überwindung opfert Violetta ihr eigenes Liebesglück für Alfredos unbeeinträchtigte Zukunft. Den Realismus der ersten beide Akte vernachlässigt Verdi im 3. Akt zugunsten einer verklärenden Apotheose: Wenn er im Finale zu Violettas Worten „Prendi: quest'è l'immagine de' miei passati giorni" (Nimm: Dies ist ein Bild von mir aus vergangenen Tagen; *Traviata* II/16) einen Trauermarsch anstimmt, erhebt er alltägliches bürgerliches Leiden auf die Ebene des Heroentums.

Rigoletto (1851)

Etwas gänzlich Unheroisches ist *Rigoletto* eigen, ein Musikdrama, in dem Verdi radikaler als zuvor die individuell scharf umrissenen Klangsphären voneinander trennt. Dass er wegen der Zensurbehörden die Handlung von Hugos *Le roi s'amuse* vom französischen Königshof in den Einflussbereich eines politisch bedeutungslosen Herzogs von Mantua verlegen muss, ist für ihn nachrangig. Schon die ersten Entwürfe zeigten, dass der Originaltitel und das Ambiente für Verdi und seinen Librettisten Piave sekundär sind. Wesentlich ist die Verwünschung, die in dem Stück auf den Protagonisten lastet, und so lautete der Arbeitstitel auch *La maledizione* (Der Fluch), bevor man sich zwei Monate vor der Uraufführung endgültig auf *Rigoletto* festlegte. Bis zum verhängnisvollen Ende beklagt der Hofnarr Rigoletto nie sein eigenes Versagen. Wie um sich selbst eines unausweichlichen Fatums zu vergewissern, erinnert er sich bei jedem Unheil an den Fluch, der wegen seiner Spötteleien gegen ihn ausgesprochen worden war. Dieser ist in seinem Weltbild genauso bestimmend wie die „fatalité" für Charles Bovary in dem wenige Jahre später erschienenen Roman *Madame Bovary* von Gustave Flaubert, dessen *Salammbô* Verdi nicht uninteressant fand. Bereits in dem kurzen Orchestervorspiel erklingt das Fluch-Motiv in den Trompeten und Posaunen und wird, das Ende der Handlung antizipierend, in einem gewaltigen Crescendo zu einer brutalen Steigerung geführt. Im Verlauf des Stücks taucht es wiederholt auf, auch am Ende, wo damit die Brücke zum Beginn geschlagen wird. Allerdings handelt es sich dabei um kein direktes Zitat des „Sia maledetto!" (Sei verflucht) des Grafen Monterone vom Beginn des 1. Akts, lediglich um die Resonanz, die diese Verwünschung in der Titelfigur evoziert.

Rigoletto ist der bis dahin facettenreichste Charakter, den Verdi geschaffen hat. Er ist ein hingebungsvoll liebender Vater, der seine Tochter aber zugleich wie in einem Gefängnis vor der Außenwelt abschirmt. Aber als Hofnarr im Dienste des Herzogs wird er zum herzlosen Lästermaul und einem Menschen, der für seine Körperbehinderung und sein Außenseiterdasein die Natur und die Gesellschaft voller Hass anklagt. Gerade diese vielfältigen Aspekte faszinierten Verdi. Er konzipierte die Rolle für den Bariton Felice Varesi (1813-1889), der auch der erste Macbeth-Interpret war. Sie ist zumeist rezitativisch gehalten, erfordert eher

Ausdruck als Schöngesang und kennt in den melodischen Passagen zumeist nur die Extreme von inniger Zuneigung zu seiner Tochter (*Rigoletto* I/8) und explosivem Hass (*Rigoletto* I/19 und II/7 ab 0:50).

Im Gegensatz zu ihm trällert der Herzog in einem zu diesem Zeitpunkt bereits veralteten Belcanto-Stil, sodass ihn schlichte Lieder wie „Questa o'quella" (Diese oder jene) bzw. „La donna è mobile" (Frauen sind flatterhaft) sowie eine Arie mit Cabaletta als den Vertreter einer überkommenen Herrschaftsordnung charakterisieren (*Rigoletto* I/3, II/9 und II/1-3). Rigolettos naive Tochter Gilda erliegt dennoch seinem Charme. Ihr koloraturenreicher, melodischer Ausdruck steht dem Verführer näher als dem Beschützer. Die Musik macht deutlich, dass es ihrem Vater Rigoletto nie gelingt, die jugendliche Schwärmerei seiner Tochter nachzuempfinden. Für sie konnte Verdi auch einen Entwurf zu *Stiffelio* wiederverwenden: Eine Cabaletta, die zu Linas Charakter nicht gepasst hätte, aber sich in leicht abgewandelter Form für Gildas Arie „Caro nome" eignete (*Rigoletto* I/12). In der Vielfalt der Formen findet das Drama seinen angemessenen Ausdruck: Von den schlaglichtartigen Eindrücken eines ausschweifenden Festes zu Beginn (*Rigoletto* I/2-4) über die parlandoreichen Nachtszenen Rigolettos mit dem gedungenen Mörder Sparafucile (*Rigoletto* I/6 und II/12) bis hin zu den ausgelassenen Chören der Höflinge (*Rigoletto* I/14 und II/2).

Facettenreiche Klangmalerei und eine wesentlich genauer ausgearbeitete Tonartendramaturgie als in allen vorangegangenen Werken sind wesentliche Gestaltungselemente. Das Vorspiel, Monterones Auftritt und der Fluch stehen mit c-Moll in der gleichen Tonart wie Beethovens 5. Sinfonie, Dieser Duktus des Tragischen diffundiert das ganze Stück, mäandert mollgetränkt durch Szenen der Bedrohung und Verzweiflung. Rigolettos Des-Dur-Kosmos hat dagegen keinen Bestand. Die in der einleitenden Festszene hinter der Bühne erklingenden Galopp-Exstasen und die Menuett-Seligkeit lassen die Welt des schönen Scheins wie hinter einem Schleier fatamorganaartig aufschimmern – sie ist genauso trügerisch wie Gildas vermeintliche Sicherheit im eigenen Haus. Im Kontrast zu diesen künstlich geschaffenen Paradiesen zeigt Verdi den Menschen im 3. Akt als Teil einer unberechenbaren, grausamen Natur: Zum Donnergrollen der großen Trommel im bedrohlich auffahrenden Orchester verlangt der Komponist nicht nur Blitze, Sturm- und Regengeräusche, sondern auch einen Männerchor, der chromatisch auf- und absteigende Terzketten summt (*Rigoletto* II/12-13). Kulminationspunkt ist das Quartett im 3. Akt (*Rigoletto* II/11). Dieses fügt sich, der Situation entsprechend, aus zwei Duetten zusammen: Auf der Suche nach weiteren Aventiuren tändelt der Herzog mit einer Prostituierten – die Worte, mit denen er sie anspricht, „Bella figlia dell'amore" (Schöne Tochter der Liebe), bezeichnen eine solche –, während Rigoletto seine Tochter die Szene beobachten lässt, um ihr zu demonstrieren, mit wem sie sich eingelassen hat. Wohlklingende Kantilenen des Tenors umgarnen eine verführerisch gurrende Schöne, die sich mit ihrer dunkel getönten, erotischen Mezzo-Stimme deutlich von Gildas unschuldig lichtem Sopran abhebt. Rigolettos Tochter singt gebundene Sechzehntelnoten gegen den Rhythmus des koketten Sechzehntel-Stakkatos ihrer Rivalin. Allmählich werden ihre Notenwerte länger und erhalten einen klagenden Lamento-Charakter, bevor sie ihren alten Rhythmus wieder aufnimmt, während sie sich ihrem Schicksal ergibt. Rigoletto hingegen singt auf gleichbleibender Tonhöhe im trockenen Parlando-Stil – er ist entschlossen, den Herzog durch einen Auftragsmörder umbringen zu lassen. Doch der Plan zur bösen Tat wendet sich gegen ihn: Statt des vorgesehenen Opfers, dem Herzog, wird seine Tochter erstochen. Die Schlussszene changiert zwischen Realität und Phantasmagorischem. Nun führt Rigoletto die geschäftliche Transaktion mit Sparafucile zu Ende. Für Geld erhält er einen Sack mit dem Opfer eines Mordanschlags, doch wie ein Trugbild erscheint ihm auf einmal die Stimme des Herzogs aus der Ferne. Der Hofnarr verlässt nie den rezitativischen Tonfall, während die sterbende Gilda bei ihren letzten Worten von einer Flötenstimme in transzendente Sphären geleitet wird. Rigoletto scheitert bei seinem letztlich von allen unbemerkt gebliebenen Aufbegehren gegen die Gesellschaft. Verdis übernächste Oper sollte indes ein Beispiel für eine gelungene Rache bieten.

Il trovatore (1853)

Unter allen Opern Verdis ist *Il trovatore* (Der Toubadour) die rasanteste. In den wenigen vermeintlich ruhigen Momenten vibriert eine latent aggressive und erotische Spannung, die in nachfolgenden Cabaletten geradezu explodiert. Das Werk erzählt von privaten und gesellschaftlichen Ausnahmesituationen: Eine junge Frau musste mitansehen, wie ihre Mutter auf dem Scheiterhaufen ermordet wurde, und plant eine subtile Rache, während das Land in den Wirren eines Bürgerkrieges unterzugehen droht. In *Il trovatore* ist die Welt aus dem Gleichgewicht geraten, ungeachtet dessen ist das Stück eine der am strengsten gebauten Verdi-Opern: Es besteht aus vier Teilen mit jeweils zwei Szenen, wobei die ersten und die letzten beiden Teile jeweils symmetrisch angelegt sind.

	Szene 1	Szene 2
Teil I	Erzählung über Azucena	Luna und Manrico kämpfen um Leonora
Teil II	Erzählung Azucenas	Luna und Manrico kämpfen um Leonora
Teil III	Graf Luna bringt Azucena in seine Gewalt	Manrico opfert sein Leben, um Azucena zu retten
Teil IV	Graf Luna bringt Leonora in seine Gewalt	Leonora opfert ihr Leben, um Manrico zu retten

In der italienischen Oper war es Mode geworden, den Begriff „parte“ statt „atto“ zu verwenden, und den jeweiligen Abschnitten Titel zu geben; man findet diese Vorgehensweise ebenso in *Nabucco* und *I Lombardi*, aber auch bereits in Donizettis *Lucia di Lammermoor*. Bei *Il trovatore* fußt sie zudem auf der originalen Benennung „jornadas“ an Stelle von „actos“. Diese Zwischentitel (Das Duell, Die Zigeunerin, Der Sohn der Zigeunerin, Die Hinrichtung) sind effektvoll, doch ohne tiefere dramaturgische Bedeutung, da sie jeweils nur auf Teilaspekte der Geschehnisse in den einzelnen Abschnitten Bezug nehmen. Verdi faszinierte das „Neuartige und Bizarre“ des Dramas von Gutiérrez,[97] Er war sich darüber im Klaren, dass er das Wilde und Ungeordnete nicht mit einer formlos unstrukturierten Musik hätte in den Griff bekommen können. Mag das Leben in *Il trovatore* auch durch das Chaos eines Bürgerkriegs aus den Fugen geraten sein, durch formale Strenge wird ihm eine einheitliche Gestalt verliehen. Verdis Forderungen aus jenen Jahren nach dem Lösen von althergebrachten Formen und dem Streben nach neuen gestalterischen Freiheiten scheinen hier alle unter den Tisch zu fallen. Er musste ein neues Ordnungsprinzip finden, um die ausufernde, vor Leidenschaft und überraschenden Wendungen gärende Geschichte in den Griff zu bekommen. Dies gelang ihm durch die traditionelle Opernnummer und die „solita forma“. Verdi variierte die Konvention nach Bedarf. Ohne ausgiebige Orchestervorspiele für die einzelnen Szenen bietet das Stück von Anfang bis Ende Handlung. Diese wird teilweise szenisch erlebbar gemacht, kann aber auch als für das Handlungsverständnis wichtige Hintergrundinformationen in den Schilderungen der Arien und Monologe enthalten sein. Chöre der Zigeuner bzw. der Soldaten haben keinen erkennbaren Schlussakkord, sondern verhallen pianissimo in der Ferne (*Trovatore* I/10 und II/1-2). Die zu erwartende Stretta im Finale des 2. Teils wird ersetzt durch Leonoras erstaunte Frage „Sei tu dal ciel disceso, o in ciel son io con te?" (Bist du vom Himmel herabgestiegen oder bin ich im Himmel mit dir?; *Trovatore* I/24) gefolgt von einem rasanten Fortissimo-Ausklang und an Stelle einer konventionellen Cabaletta zu Leonoras Arie im 4. Teil folgt ein Wechselgesang mit den „Miserere"-Rufen und Manricos Klageliedern im Verlies (*Trovatore* II/10). Die szenisch-gestische Musik von *Il trovatore* zeigt unablässig Menschen in höchster Erregung. Allein im Terzett von Azucena, Ferrando und dem Grafen im 3. Teil finden sich Anweisungen wie „con espressione", „con disperazione", „con forza" oder „declamato". Vielfach singen die Menschen in Duetten und Ensembleszenen ihre jeweils eigene, den anderen entgegengesetzte Melodie, ja sogar die Sprache scheint durch emotionale Ausnahmezustände verloren zu gehen, indem ungewöhnlich oft Betonungsverschiebungen auftreten, die der gängigen Aussprache zuwiderlaufen, wie etwa bei „ora fatale" (Schicksalstunde), bei der die Betonung von „ora" auf der zweiten Silbe liegt (*Trovatore* I/21). Zudem wird die Sprachmelodik zerstückelt durch die „melodia spezzata", also Melodien, die von Pausen durchsetzt sind. Auffallend ist dieses sehr variable rhythmische Grundmuster in der Erzählung des Ferrando (*Trovatore* I/2 ab 0:41) und der Entführungsszene im Kloster (*Trovatore* I/24). Obsession treibt in Verdis Theater der Grausamkeiten die Protagonisten und die Musik voran. Das Orchester, erweitert um reale Klänge wie die Schläge von Glocken und Ambossen, ist Impulsgeber für die rhythmische und melodische Energie der Szenen. Bei genauer Betrachtung der Komposition zeigt sich, dass die Protagonisten in *Il trovatore* weitaus mehr sind als unflexible Repräsentanten von Prinzipien und Leidenschaften. Der Titelheld Manrico ist Künstler und Krieger zugleich. Wie man in Leonoras erster Arie erfährt, hatte er als Sieger bei einem Ritterturnier einst ihre Bewunderung gewonnen, als Troubadour später ihr Herz. In seinem Ständchen hinter der Szene im 1. und bei seinem Abschied vor der Schlacht im 3. Teil offenbart er mit weit ausschwingenden lyrischen Bögen die empfindsamen Seiten seines Wesens, im Terzett des 1. Teils und in seiner Stretta „Di quella pira“ stellt er klar, dass er zu kämpfen versteht (*Trovatore* I/7-9 und II/5-7). Der Graf von Luna ist ähnlich differenziert angelegt: Sein „Largo“ im 2. Teil, „Il balen des suo sorriso“ (Der Glanz ihres Lächelns; *Trovatore* I/19), zeigt die sensible, liebevolle Seite seiner Persönlichkeit, erst in den letzten beiden Teilen der Oper entpuppt er sich vollends als ein durch den Bürgerkrieg völlig verrohter Militärführer (*Trovatore* II/3 und II/12-14). Auch Leonora wandelt sich im Verlauf des Stücks von einer begehrten jungen Frau, die vor dem irdischen Treiben ins Kloster fliehen will, zu einer hingebungsvoll Liebenden, die sich selbst als Preis für das Leben ihres Manrico gibt. Die vielschichtigste Figur ist Azucena, bei der Verdi die „Fremdartigkeit und Neuartigkeit ihres Charakters“ begeisterte.[98] Um die beiden Frauen deutlich voneinander abzuheben, setzte der Komponist auf eine differenzierte Verwendung unterschiedlicher Tonarten. Leonora ist geprägt von einer f-Moll-Klangaura, die sich gelegentlich, wie in der Klosterszene, zu As-Dur wendet, während Azucena in e-Moll von der Exekution ihrer Mutter auf dem Scheiterhaufen berichtet und G-Dur für die Liebe zu ihrem vermeintlichen Kind steht, das sie aus einer Wiege geraubt hat. Verfolgt von grausamen Erinnerungen zieht Azucena es als Pflegesohn auf, der in ihrem Sinne dem Grafen Luna entgegentritt. Erst am Schluss, als dieser dann Manrico zur Hinrichtung führen lässt, enthüllt sie, dass er damit seinen eigenen Bruder tötet und sie somit Vergeltung für die Ermordung ihrer Mutter übt. Diese Rache ist so perfide eingefädelt, dass sie von Azucena einiges an Raffinesse erfordert. Verdi machte stets deutlich, dass die Zigeunerin keineswegs irrsinnig erscheinen darf. *Il trovatore* ist eine unbarmherzige innere Logik eigen.

Eine Tendenz, die sich bei *Macbeth* und *Stiffelio* bereits angedeutet hat, wird nun zunehmend deutlich: Die Ehre wird zusehends zur ausgehöhlten Phrase und die Rache vermag nur noch bedingt Befriedigung zu verschaffen.

3. Experimente und musikdramatische Weltentwürfe

Mit Aufträgen aus dem Ausland sollte sich das Spektrum von Verdis Opernthemen ausweiten. Ab den späten 1840er Jahren hatten sich einige zentrale Themen in Verdis Schaffen herauskristallisiert: die Macht (*Macbeth*), die Bedrohung und Gefährdung der Liebe (*Rigoletto*, *La traviata*) sowie der Antagonismus von Vergeltung (*Il trovatore*) und Vergebung (*Stiffelio*). Seine Musik und seine Stoffwahl hatten Verdi zu einem international gefeierten Künstler werden lassen, der zunehmend auch Aufträge aus dem Ausland erhielt. Unter Berücksichtigung der jeweiligen Aufführungsbedingungen setzte er sich mit alten und neuen Sujets auseinander.

3.1 Verdis französische Opern

Italienische Komponisten konnten sich in Paris wohlfühlen. Die Opernhäuser dort standen nicht so sehr unter dem Diktat der Gesangssolisten, zudem wurde die Opéra finanziell hervorragend ausgestattet und vermochte mit dem besten Ballett, Chor und Orchester Europas aufzuwarten sowie einer exzellenten Bühnentechnik. Die Produktionsbedingungen waren anstrengender als an den meisten Bühnen südlich der Alpen, führten aber zumeist zu künstlerisch befriedigenden Ergebnissen. Spätestens seit der Rossini-Begeisterung der 1820er Jahre hatten auch Standardformen der italienischen Oper französische Werke beeinflusst und Adaptionen von Bühnenwerken der Nachbarn wurden zunehmend beliebter. Viele Musiker, wie Luigi Cherubini (1760-1842), fanden in Frankreich eine neue Heimat. Auch nach seiner Abkehr vom Opernkomponieren hielt Giachino Rossini weiterhin – zeitweilig als Direktor des Théâtre Italien in Paris – die Fäden der Musikwelt in der Hand. Hier bot sich ihm die Möglichkeit, die Franzosen auf namhafte Kollegen aufmerksam zu machen und diesen sogar Aufträge zu verschaffen: Beim Théâtre Italien sorgte er unter anderem dafür, dass 1835 Bellinis *I Puritani* und Donizettis *Marino Faliero* sowie im Folgejahr Mercadantes *I briganti* herausgebracht wurden, die lediglich durch den Triumph von Halévys *La juive* und den anhaltenden Erfolg von Meyerbeers *Les Huguenots* an der Opéra ausgestochen wurden. Auch Verdi, dessen Stücke an verschiedenen Pariser Theatern in Szene gesetzt wurden, sollte von Rossinis Empfehlungen profitieren. Die Oper in Paris war zu einem Konglomerat der unterschiedlichsten stilistischen Entwicklungen geworden. Dort gab es nicht nur dramatische musikalische Werke mit gesprochenen Dialogen, die so genannte „opéra comique“ in der Salle Favart, sowie Unterhaltungsstücke am Théâtre des Bouffes-Parisiens, sondern auch heitere und tragische Werke italienischer Komponisten im Théâtre Italien sowie umfangreich angelegte Musikdramen im Théâtre Impérial de l'Opéra in der Rue Le Peletier, der so genannten Opéra. Der Salle Le Peletier wurde Ende Oktober 1873 durch ein Feuer zerstört. Nach einem Interimsjahr bei der Opéra Italien im Salle Ventadour konnte man 1875 die Opéra Garnier am Place l'Opéra eröffnen. Zu den Produktionen der Opéra steuerten nicht nur französische Komponisten Werke bei wie Auber mit *La Muette de Portici* (1828), sondern auch der aus Deutschland stammende Meyerbeer mit *Robert le diable* (1831) und *Le prophète* (1849) und der Italiener Rossini mit *Guillaume Tell* (1829), *Le siège de Corinthe* (1826 eine Umarbeitung von *Maometto II.*) und *Moise et Pharaon* (1827 als Neufassung von *Mosè in Egitto*). Bei Aufenthalten in der französischen Hauptstadt konnte sich Verdi davon überzeugen, dass der Unterschied zwischen italienischer und französischer Oper nicht allein darin bestand, dass besonderer Wert auf eine aufwändige Ausstattung und ein gegebenfalls nachkomponiertes Ballett gelegt wurde. Für die Franzosen war eine Oper mehr als lediglich eine Abfolge virtuoser Nummern für Gesangsstars. Sie bedurfte auch musikalisch eines dramaturgisch zusammenhängenden Ganzen, wobei die dramatische Glaubwürdigkeit des Vortrags wichtiger war als vokale Kunststücke. Von ihrer Grundanlage her eigneten sich Verdis Opern sehr wohl für den französischen Geschmack. Dennoch nahm der Komponist die Möglichkeit, *I Lombardi* und *Macbeth* 1847 an der Opéra bzw. 1865 am Théâtre Lyrique herauszubringen, zum Anlass für umfangreiche Revisionen. Dabei schrieb er jeweils gut ein Drittel der Musik neu und veränderte die Handlung von *I Lombardi* so stark, dass unter dem Titel *Jérusalem* quasi eine eigenständige Oper hervorging (siehe 3.2 Verdis Überarbeitungen). Mit zwei eigens für Paris entstandenen Bühnenwerken gelang es ihm, sein dramaturgisches und musikalisches Spektrum erheblich zu erweitern: *Les vêpres siciliennes* und *Don Carlos*. Auch wenn Verdi das Théâtre Impérial de l'Opéra als Institution äußerst kritisch betrachtete, erkannte er ihre künstlerische Bedeutung an.

„Eine Oper in der Opéra ist eine Anstrengung, die einen Stier umbringt“, meinte er und beklagte, dass ihm scheine, man sei „nicht eines Sinnes [...] über die Art, Musik zu empfinden und zu interpretieren“.[99] Dennoch konnten sich die Ergebnisse durchaus sehen lassen.

Les vêpres siciliennes (1855)

Als Verdi die historischen Ereignisse der „Sizilianischen Vesper“ am Ostermontag, dem 30. März 1282, zum Hintergrund für eine Oper wählte, war er sich darüber im Klaren, dass sich bereits Donizetti mit Eugène Scribes (1791-1861) Textbuch auseinandergesetzt hatte. Doch dessen *Le Duc d'Albe* blieb 1839 mit nur zwei von vier Akten unvollendet. Auf Verdis Drängen hin wurde das Drama auf fünf Akte ausgeweitet und in Details geändert. Bei *Les vêpres siciliennes* gelingt es ihm, das weit gespannte Panorama der Grand Opéra mit dem intimeren Charakter seiner auf Individuen fokussierten Musikdramen zu verbinden. Er zeigt deutlich, wie privates Glück im Spannungsfeld der gesellschaftlichen und politischen Verhältnisse zerstört wird. Der junge Sizialianer Henri liebt die Herzogin Hélène, die dem Widerstand gegen die Franzosen angehört, doch er ist zugleich der uneheliche Sohn des Gouverneurs Guy de Montfort. Er weiß um ein geplantes Attentat auf seinen Vater und verhindert es, auch wenn er dadurch die Verachtung Hélènes auf sich zieht. Schließlich wird er genötigt, sich öffentlich zu seinem Vater zu bekennen, wenn er sie vor der Hinrichtung bewahren will. Die anschließende Anordnung des Gouverneurs, dass sein Sohn Hélène als Zeichen der Versöhnung heiraten soll, könnte den lang andauernden Zwist zwischen Franzosen und Sizilianern beilegen, doch auf Geheiß des Rebellenführers Procida werden die Hochzeitsglocken das Signal für den Auftakt eines Massakers, dem auch das junge Paar zum Opfer fällt.

Die „tinta musicale“ von *Les vêpres siciliennes* ist geprägt durch den Gegensatz von Tod und Leben. Schon zu Beginn der Ouvertüre erklingt wiederholt ein kurzes Motiv, das aus zwei Zweiunddreißigstelnoten und einer Viertelnote besteht. Diesem schließt sich eine Klangfigur in Klarinetten und Fagott an, der man im 4. Akt wieder begegnet, wenn die Mönche die bevorstehende Hinrichtung mit ihren Gesängen begleiten (*VS 1855* I/1 ab 0:12 und III/8; *VS 1861* I/1 ab 0:17 und III/13). Man kann durchaus von

zwei Varianten eines Todesmotivs sprechen, die – trocken und kalt – enge Tonräume umfassen. Sie finden sich auch in den Gesängen Procidas und der Verschwörer wieder sowie in jenen Momenten, in denen das Sterben als Bedrohung erscheint, etwa wenn Hélène im 2. Akt gegenüber Henri von der Todesgefahr spricht und ihre bösen Ahnungen bei „Près de tombeau“ (Nahe dem Grab, *VS 1855* I/15; *VS 1861* I/19) in düsteren Holzbläserfarben von einer Variante der Todesmotivik untermalt werden. Im Gegensatz dazu steht eine weit ausschwingende Melodik, die die Freiheit und das Leben repräsentiert (*VS 1855* I/1 ab 3:28; *VS 1861* I/1 ab 3:55). Auch diese ist Bestandteil der Ouvertüre, und sie kommt zudem im Duett von Montfort und Henri im 1. Akt vor (*VS 1855* I/9 ab 1:33; *VS 1861* I/10 ab 1:38) und im 3. Akt (*VS 1855* II/4 ab 1:32; *VS 1861* II/7), als Montfort Henri anhand eines Briefes der Mutter beweist, dass er sein von ihm getrennter Sohn ist.
Gegenüber dem Gouverneur Montfort wirkt Procida verbittert und eintönig. Sein es-Moll-Largo „E toi, Palerme“ (*VS 1855* I/11; *VS 1861* I/13 ab 1:19) orientiert sich formal an den Gepflogenheiten französischer Bühnen. Es ist zweiteilig mit einem frei modulierenden Mittelabschnitt, in dem er über die Aufgabe sinniert, die Rache selbst in die Hand zu nehmen, woran sich eine konventionelle Cabaletta mit dem Chor der Verbündeten anschließt. Im weiteren Verlauf bleibt Procida ein mit Bassgewalt grollender Widerstandskämpfer, der unfähig ist, seine Haltung zu ändern und Mordgelüste hegt. Montfort hingegen ist einer der differenziertesten Charaktere Verdis: Beim Duett mit Henri im 1. Akt tritt er noch als dominanter Machtmensch in Erscheinung. Sein Monolog zu Beginn des 3. Akts, in dem er an Henris Mutter denkt, zeigt ihn jedoch als einen gefühlvollen Vater voller Hoffnungen und Selbstzweifel. Die Szene wechselt zwischen rezitativischen und ariosen Passagen, die ausgesprochen sparsam und nuanciert instrumentiert sind und nur selten in Momenten höchster Erregung vom vollen Orchester Nachdruck verliehen bekommen. In der anschließenden Auseinandersetzung mit Henri realisiert Verdi sein Konzept des „canto declamato“ in einer fremdsprachigen Oper (*VS 1855* II/3-7; *VS 1855/56*, II/5-10).
Im Finale des 4. Akts hebt Verdi den privaten Konflikt auf die öffentliche Ebene. Sein großes Vorbild hierfür war die Krönungsszene im 4. Akt von Meyerbeers *Le Prophète*, dem er mit der

Hinrichtungsszene in *Les vêpres siciliennes* (*VS 1855* III/8-10; *VS 1855/56*, III/13-17) und dem Autodafé in *Don Carlos* am nächsten kam. Dem bedrohlichen psalmodierten Bußgebet „De profundis“ setzt Montfort sein Angebot entgegen, eine Begnadigung auszusprechen, wenn Henri vor allen Anwesenden bereit ist, ihn „Vater“ zu nennen. Das enge Tonspektrum der Todesnähe weitet sich nach Henris verzweifelt deklamiertem „Mon père“ und Montforts Ankündigung einer bevorstehenden Eheverbindung zwischen seinem Sohn und der Prinzessin Hélène zu einem spektakulären Jubelensemble, dem nur Procida und die Seinen ihre kleingliedrig-enge Melodik entgegensetzen. Der Schluss der Oper ist brüsk und abrupt wie das Ende von *Il trovatore*. Das Schlagen der Glocken ist der Auftakt für das Massaker an den Franzosen und markiert einen weiteren Schritt Verdis hin zu einer unverklärten, knappen, realitätsnahen Ausgestaltung seiner Bühnenwerke, wie man sie auch in *Stiffelio*, *Simon Boccanegra*, *Otello* und *Falstaff* findet.

Für die Spielzeit 1855/56 in Italien musste *Les vêpres siciliennes* politisch entschärft werden. Deswegen wurde die Handlung ins Lissabon des 17. Jahrhunderts verlegt und das Stück unter dem Titel *Giovanna de Guzman* herausgebracht, unter dem es auch 1859 in dem ersten Buch über Verdi, verfasst von Abramo Basevi, auftaucht. Nach der italienischen Einigung wurde das Stück dann unter der Übersetzung *I vespri siciliani* mit der in Sizilien angesiedelten Handlung bekannt. Diese scheinbare Beliebigkeit von Ort und Epoche belegt, dass zu diesem Zeitpunkt für Verdi die Auseinandersetzungen zwischen den Akteuren seiner Opern wichtiger wurden als die geschichtlichen Hintergründe. Bei *Rigoletto* und *Un ballo in maschera* war der Komponist ähnlich flexibel. Letztendlich ging nur die von Verdi abgesegnete italienische Fassung von *I vespri siciliani* in Druck. Ob man nun das französische Original oder die von Verdi genehmigte italienische Version der Oper verwendet, hängt davon ab, welche Gesangstradition man bevorzugt. So wie beispielweise die Partie des Henri bzw. des Arrigo in der italienischen Version mit ihren extremen Tonsprüngen, dem Ansingen gegen das volle Orchester und der Mischung aus lyrischen und hochdramatischen Passagen angelegt ist, scheint eher ein italienischer „tenore di forza“ dafür geeignet zu sein als ein französicher Tenor mit seiner zumeist hellen, auf klare Diktion hin trainierten Stimme. Auch bei den Anforderun-

gen, die Verdi an die Interpreten von Montfort, Procida und Hélène bzw. Elena stellt, dürfte er eher die durchschlagsfähigen Organe italienischer Solisten im Sinn gehabt haben als die weicheren französischen Stimmen.
Während *Les vêpres siciliennes* in der italienischen Version musikalisch unverändert blieb, durchlief *Don Carlos* mehrere Transformationen, die sich von der ursprünglichen Fassung erheblich unterscheiden.

Don Carlos (1867)
Die auf ein Textbuch in französischer Sprache komponierte Oper *Don Carlos* war die Ausgangsversion für ein Werk, das als bürgerliches Drama in königlichem Hause und politisch ausgerichtete Musiktragödie im Verlauf der nächsten 19 Jahre immer mehr an Kontur gewinnen sollte (siehe 3.2 Verdis Überarbeitungen). Die ursprüngliche Fassung hatte vier Jahre nach Meyerbeers Tod an der Opéra Premiere. Zu diesem Zeitpunkt machte sich beim Publikumsgeschmack schon eine erhebliche Veränderung bemerkbar: Die große historische Oper galt weitgehend als passé und ein- bis dreiaktige wurden den langen fünfaktigen Stücken vorgezogen, wobei Adaptionen von italienischen Werken oder die Zauber- und Märchenwelten der so genannten „féerie“ en vogue waren. Doch Verdi hatte es nicht mehr nötig, den neuesten Trends hinterherzulaufen – er handelte lokal, indem er ein in Frankreich nur noch von weniger bekannten Komponisten gepflegtes Genre bediente, und dachte global, da er mit *Don Carlos* ein Ideendrama auf die Bühne brachte. Historische Genauigkeit ist bei dem um 1560 angesiedelten Stück nebensächlich, denn es geht um Gewissenskonflikte, Fragen der angemessenen Herrschaft sowie den Aspekt der Freiheit von Völkern und Individuen.
In zwei Duetten mit König Philipp manifestiert sich der Bedeutungsgehalt von *Don Carlos*: Einerseits jenem mit dem Marquis von Posa im 2. Akt und andererseits dem mit dem Großinquisitor im 4. Akt. Sie verdeutlichen das Dilemma, dem sich Verdi als Opernkomponist gegenübersah, denn es galt, Philosophie und Politik, weltanschauliche und religiöse Ansichten zu vermitteln, was in dem eher handlungsorientierten Genre der Oper nur schwer in den Griff zu bekommen war. Verdi gelang dies durch eine gezielte Kombination der drei Eckpfeiler seiner musikdramatischen Gestaltung. Die zumeist düstere Klangfarbe, die „tinta

musicale“ des *Don Carlos* wird geprägt durch die dunklen Männerstimmen – allen voran die Bässe von König und Großinquisitor und der Bariton des Posa – sowie von Blechbläsern und Streichern in den tiefen Lagen. Sie ist unter anderem zu vernehmen in den Klosterszenen und in der Auseinandersetzung Philipps mit dem obersten Inquisitor, vor allem beim Auftritt und beim Abgang, den einzigen Stellen, bei denen zusätzlich noch ein Kontrafagott zum Einsatz kommt (*DC 1867* II/14-15). Verdi war daran gelegen, mit diesen bedrohlichen, düsteren Farben eine „Escorial-Aura“ zu erschaffen – ja er lässt sogar den König in seiner Arie zu Beginn des 4. Akts von „der Gruft des Escorial“ singen –, obwohl der „Real Sitio de San Lorenzo de El Escorial“ erst später gebaut wurde. Verdi behagte die „ernste, schreckliche“ Atmosphäre des „Marmorhaufens“ überhaupt nicht, als er vier Jahre zuvor Spanien besucht hatte.[100] Der deklamierende Gesangsstil, der „canto declamato“, dominiert die wesentlichen Momente der Oper, die reich an Ensembleszenen ist. Die intensiven Reaktionen des Orchesters sind besonders ausgeprägt, wenn szenische Reizwörter, „la parola scenica“, fallen. Die sinisteren Orchesterfarben dröhnen, wenn der Marquis von Posa vom König vor dem Großinquisitor mit den Worten „Garde-toi de mon Inquisiteur! Garde-toi!“ (Hüte dich vor meinem Großinquisitor!; *DC 1867* II/5 ab 2:31) gewarnt wird, oder wenn der Großinquisitor dem König Verweichlichung ob seiner Freundschaft mit dem Marquis vorwirft und auf die Erwähnung des „zuverlässigen Menschen“ nur „Pourqoi un homme?“ (Warum ein Mensch?) lästert, denn: „Mit welchem Recht nennt Ihr Euch denn König, wenn es scheinbar Euresgleichen gibt?“ (*DC 1867* II/15 ab 1:30) Durch eine vokale und instrumentale Flexibilität gelingt es, Gedankengut zu vermitteln sowie die rhythmische und melodische Spannung stets aufrecht zu erhalten.

In dem eng geflochtenen Beziehungsnetz gibt es verschiedene Handlungsebenen, in denen sich das politische und private Drama abspielt. Entgegengesetzte ideologische Entwürfe werden personifiziert durch den Marquis von Posa und den Großinquisitor. In mancherlei Hinsicht steht König Philipp zwischen beiden, denn er kann die Macht der Kirche im Staat nicht ignorieren, dennoch fühlt er sich persönlich zu dem Marquis hingezogen, sodass er seine freidenkerischen Ansichten in Kauf nimmt. Ebenso wie er steht Elisabeth von Valois in dem Konflikt zwischen

Pflicht und Neigung, da sie den Infanten Don Carlos liebt, aber seinen Vater Philipp heiraten muss, um den Friedensschluss zwischen Frankreich und Spanien zu besiegeln. Da Don Carlos nicht die individuelle Freiheit gestattet ist, mit der etwa gleichaltrigen Elisabeth eine Verbindung einzugehen, und sie durch die Eheschließung sogar zu seiner Stiefmutter wird, versucht ihn sein Freund, der Marquis von Posa, für den Freiheitskampf des flandrischen Volks zu gewinnen. Carlos, durch die Staatsraison von seinem Vater als Elisabeths Gatte ausgebootet, tritt dem Herrscher und Rivalen mit flammenden Plädoyers für die Unabhängigkeit der besetzten Länder entgegen. Zur Intrigantin und Unruhestifterin wird die Prinzessin Eboli, die sich als Geliebte des Königs eine gewisse Stellung bei Hofe sichern könnte, aber vergeblich Carlos zugetan ist.
In vereinfachter Darstellung ergibt sich dadurch folgende Personenkonstellation in *Don Carlos*:

Handlungsebene	Akteure
weltanschaulich	Posa ↔ Großinquisitor
politisch/privat	Großinquisitor → König → Posa
Pflicht/Neigung	König ↔ Elisabeth → Carlos
Freiheit/Volk/Individuum	Posa → Carlos → Elisabeth
Konflikt Staatsraison/Familie	Carlos ↔ König
Rationalität/Emotionalität	Elisabeth ↔ König → Eboli → Carlos

Ungeachtet der vorherrschenden Tinta bietet *Don Carlos* sowohl musikalisch als auch szenisch Abwechslungsreichtum und Mannigfaltigkeit. Der erste, in Fontainebleau angesiedelte Akt erzählt die Vorgeschichte der Beziehung von Carlos und Elisabeth und enthält musikalische Motive, auf die später in mitunter wehmütigen Erinnerungen Bezug genommen wird. Die vornehmlich düsteren Klangfarben kommen insbesondere in den sich anschließenden, in Spanien spielenden Akten zum Tragen. Der Marquis von Posa korrespondiert mit seinem noblen Baritonglanz vortrefflich mit dem idealistischen Tenorimpetus des Carlos, während die erotisch aufgeladenen Mezzogesänge der Eboli einen bewussten Kontrast zur Sopranstimme der Elisabeth bilden, die ihre sexuellen Neigungen unterdrücken muss.
Bei keiner anderen Oper hatte Verdi so viel Musik komponiert, die später nicht verwendet wurde. Er schrieb noch am 5. Akt und der Ballettmusik, als die Proben bereits begonnen hatten. Bereits vor der Generalprobe zeichnete sich ab, dass die Oper mit allen

Szenenwechseln und Umbauten zu lang werden würde. Allein die Musik ohne Pausen und Applaus hätte gut 3 ¾ Stunden in Anspruch genommen, wodurch bei den Besuchern an ein gepflegtes Abendessen vorab und den späteren Heimweg mit öffentlichen Verkehrsmitteln nicht mehr zu denken gewesen wäre. Aus rein praktischen Gründen sah sich Verdi zu Kürzungen gezwungen, mit denen er sich zum größten Teil gut abfinden konnte, denn sie fanden bei Revisionen keine Berücksichtigung mehr (siehe Anhang, Tabelle 3, S. 182-184). Beispielsweise wurde noch vor der Uraufführung eine zehnminütige Einleitungsszene mit einem Chor der Holzfäller und Jäger gestrichen, die das Elend des Kriegs beklagen und denen Elisabeth Trost zuspricht und eine goldene Kette schenkt. Ebenfalls entfiel noch vor der Premiere die Klage des Königs über die Ermodung des Marquis von Posa im Auftrag der Kirche. Wahrscheinlich entschloss sich Verdi auch aus musikdramaturgischen Gründen für diese Striche, die er später nie wieder rückgängig machte. Der Volkschor hätte zu sehr an die Chöre aus der Zeit des Risorgimento erinnert und wäre, da Verdi selbstverständlich auch Aufführungen der neuen Oper in seinem Heimatland im Sinn hatte, wenige Jahre nach der Gründung des italienischen Staates nicht mehr zeitgemäß gewesen. Und nicht zuletzt hätte die statische Totenklage Philipps den Fortgang der Handlung nur aufgehalten. Verdis Trachten ging stets in Richtung einer dynamischen Entwicklung von Musik und Bühnengeschehen sowie einer Unabhängigkeit von jeglichen Konventionen. „Neuartigkeit, Neuartigkeit! Die Klippe aller jungen Dichter", lästerte er. „Sie meinen, im siebten Himmel zu sein, wenn sie sagen können: ‚Ich habe es gemacht wie Romani, wie Cammarano etc.' Mein Gott, eben deswegen müsste man es anders machen…"[101] Verdi hielt sich daran, indem er etliche wichtige Szenen zum Teil erheblich überarbeitete oder neu komponierte.

In Paris war *Don Carlos* kein dauerhafter Erfolg beschieden. Nach 43 Aufführungen nahm man das Stück aus dem Spielplan der Opéra, in den es erst 1963 wieder zurückkehrte. Für italienische Produktionen wurden sämtliche gewichtigen Überarbeitungen, die sogar die Kernaussage der Oper betrafen, vorgenommen. *Don Carlos* gebührt eine Sonderstellung, weil Verdi der Stoff wichtig genug war, um fast zwei Dekaden lang an einer idealen Fassung zu feilen.

3.2 Verdis Überarbeitungen

Die Frage, einige seiner Werke einer Revision zu unterziehen, stellte sich Verdi schon früh in seiner Laufbahn. Bei der „unseligen *Alzira*“ konstatierte er, dass „das Übel im Innern sitzt und durch Nachbessern wird man es nur noch schlimmer machen“.[102] Bei *Macbeth*, einem Werk, dem er einen hohen Stellenwert einräumte, war er bei erneuter „Lektüre der Musik [...] betroffen gewesen über Dinge, die ich darin nicht hatte vorfinden wollen“.[103] In solchen Fällen ließ sich anlässlich neuer Produktionen Abhilfe schaffen. Bei Verdi gibt es drei Arten von Überarbeitung, die keineswegs immer zum Vorteil der Werke ausfallen und jeweils gesondert betrachtet werden müssen. Dazu gehören

- das Eingehen auf Sängerwünsche,
- die Berücksichtigung von Bühnengepflogenheiten,
- und das Feilen an der Aussage des Werks.

Sängerwünsche

Vor allem in den Opern der 1840er Jahre sah sich Verdi mehr als einmal genötigt, bei Wiederaufnahmen oder Aufführungen seiner Opern in anderen Städten auf die dortigen Solisten einzugehen. Dabei entstanden mitunter attraktive Musiknummern, die sich zumeist problemlos in den Kontext einfügen ließen:

⅄ *Oberto* (1839)

alternative Kavatine Cunizas „D’innocenza i cari inganni“ und Cabaletta „Ma ne’ primi anni un angelo“ (*Oberto* II/9)
alternatives Duett Cuniza-Riccardo „Ah, Riccardo, a mia ragion“ (*Oberto* II/10)
alternative Szene und Duett Leonora-Cuniza „Al padre io corro“ (alle für Mailand 1840; *Oberto* II/8)
neues Duett Leonora-Oberto „Dove corri o sciagurata“ und neuer Chor für Cunizas Gefolge „Sorge un canto“ (beide für Genua 1841)

⅄ *Nabucco* (1842)

alternative Romanze für Fenena (Venedig 1842)

⅄ *I Lombardi alla perima crociata* (1843)

alternative Vertonung von Orontes Cabaletta „Come poteva un angelo“ (für Senigallia 1844)

⅄ *Ernani* (1844)

Silvas Cabaletta „Infin che un brando vindice“ (für Wien bzw. Mailand 1844) (*Ernani* I/11 ab 3:34)
alternative Arie Ernanis „Odi il voto, o grande Iddio“ (für Parma 1844)

⅄ *I due Foscari* (1844)
alternative Szene und Cavatine des Jacopo „Dal più remote esilo“
alternative Cabaletta des Jacopo “Sì, lo sento, Iddio mi chiama
(für Paris 1846)

⅄ *Giovanna d'Arco* (1845)
alternative Cavatine der Giovanna „Potrei lasciare il margine“
(für Venedig 1845/46)

⅄ *Attila* (1846)
alternative Romanze des Foresto „Sventurato! Alla mia vita sol conforto era l'amor” (für Triest 1846)

⅄ *Les vêpres siciliennes* (1855)
alternative Arie des Henri „A toi que j'ai chérie“ (für Paris 1863)

[Die Tenorarien aus *Ernani*, *Attila*, *I due Foscari* und *Les Vêpres siciliennes* finden sich auf der CD *Pavarotti Premieres*, CBS SMK 37228.]

Verdi blieb ein praktisch orientierter Komponist, der unter den entsprechenden Umständen zu Kompromissen bereit war. Beispielsweise war es wegen der hohen vokalen Anforderungen kurz nach der Uraufführung von *Nabucco* zeitweilig sogar üblich, die Oper ohne die Todesszene der Abigaille aufzuführen. Doch je mehr Einfluss Verdi auf die Sängerauswahl und die Realisierung seiner Werke auf der Bühne nehmen konnte, desto weniger war er zu Zugeständnissen bereit.

Bühnengepflogenheiten
Es gibt bestimmte Opern wie *Rigoletto*, bei denen Verdi jegliche Veränderung als einen Angriff auf die dramaturgische Integrität des Werkes betrachtet hätte. Dennoch hatte er Verständnis, wenn die Gepflogenheiten an bestimmten Opernhäusern Anpassungen erforderlich machten. Hierzu gehören vor allem die Umarbeitungen für französischsprachige Bühnen, die natürlich auch neue Einnahmequellen erschlossen. Für Produktionen in Brüssel und Paris war es bei *Nabucco*, *Le trouvère* und *Otello* damit getan, neben kleineren Retuschen noch Ballettmusiken hinzuzukomponieren, von denen jedoch jene zu *Nabucco* verlorengegangen ist. Bei zwei Revisionen früherer Werke nahm Verdi indes gewichtigere musikalische Änderungen vor.

Jérusalem (1847)
Im Auftrag der Pariser Opéra arbeitete Verdi *I Lombardi alla prima crociata* 1847 um zu *Jérusalem*, wobei die Handlung passenderweise in Toulouse und Palästina spielt. Im Sinne der französi-

schen Grand Opéra trachtete er danach, der sich sprunghaft entwickelnden Handlung von *I Lombardi* mehr Konsistenz zu verleihen. Und so verwandelte er zusammen mit seinen neuen Librettisten Alphonse Royer (1803-1875) und Gustave Vaëz (1812-1862) die lombardischen Kreuzfahrer in französische und fokussierte das Geschehen auf ein Drama um Eifersucht, Mord und Sühne. Die zweite Tenorpartie ist ebenso eliminiert wie der Bruderzwist und die Liebesbeziehung einer Christin mit einem Moslem. Die Revision machte nicht nur eine Veränderung von Tonarten und Transpositionen erforderlich. Etliche Passagen wurden neu komponiert wie etwa das Vorspiel und das Zwiegespräch von Gaston und seiner Geliebten Hélène zu Beginn (*Jérusalem* I/2-3), Schlachtgesänge der Kreuzfahrer oder das 2. Bild des 3. Akts, in dem Gaston die Ehren eines Edelmanns aberkannt werden (*Jérusalem* I/10 und III/18-21), oder die obligatorische Balletteinlage (*Jérusalem* III/2-14). Vielfach stellte Verdi Musikstücke aus *I Lombardi* um und übernahm sie mit zum Teil nur leichten Eingriffen (Einzelheiten dazu finden sich im Anhang, Tabelle 2, S. 180-182). Insgesamt erhielt die Musik durch elegante, vom Orchester sensibler begleitete Rezitative mehr Geschlossenheit. Der Gewinn an musikalischer Einheitlichkeit geht indes auf Kosten der Dramaturgie. Die parallelen Handlungsstränge in *I Lombardi* machen das frühere Werk kontrastreicher, auch entbehrt *Jérusalem* etlicher Schroffheiten und musikalischer Spannungselemente des Vorgängers. Reduziert auf die Rivalität zweier Liebender, die noch nicht einmal miteinander verwandt sind, und ohne Schlüsselszenen wie Giseldas Kritik an den Kreuzzügen, bleibt lediglich ein abgemildertes, wenn auch kompositorisch attraktives Ritterdrama übrig. Als die Oper in der italienischen Fassung als *Gerusalemme* 1850 nach Mailand reimportiert wurde, fand sie keine Akzeptanz. Bis ins letzte Drittel des 19. Jahrhunderts hinein bevorzugte man südlich der Alpen letztendlich immer noch *I Lombardi*.

Macbeth (1865)

Für die Pariser Aufführung von *Macbeth* wurde gewünscht, die Oper mit einer Chorszene zu beenden. Da ohnehin auch das obligatorische Ballett komponiert werden musste, nutzte Verdi die Gelegenheit, einige Unausgewogenheiten in der Erstfassung seiner Oper zu überarbeiten. *Macbeth* gehörte 1847 zu seinen avanciertesten Werken, doch nicht alles fügte sich zu einem überzeugenden Ganzen, wie er bei erneuter Durchsicht der Partitur feststellte. „Es gibt verschiedene Nummern, die entweder schwach sind oder denen es an Charakter fehlt“, stellte er fest.[104] Vor allem der Chor der Flüchtlinge, „Scozia oppressa“ (Unterdrücktes Schottland), war noch im Duktus der Chorszenen seiner nationalen Opern gehalten. Die Neufassung „Patria oppressa“ (Unterdrücktes Heimatland) ist reicher an Chromatik und gewinnt durch ein neues Orchestervorspiel an Ausdrucksintensität, die die zweite Fassung des *Macbeth* aus einem Übergangsstadium mehr in die Nähe des Spätwerks rückt.

Abgesehen von kleineren Retuschen wie etwa im Duett von Macbeth und Lady Macbeth (bei „Vieni altrove“, Komm woandershin mit), an der Tessitura, an der Harmonik oder der Instrumentierung (vor allem der Szene der Erscheinungen im 3. Akt), gibt es folgende wesentliche Veränderungen:

Macbeth (Florenz 1847)	*Macbeth* (Paris 1865)
2. Akt	
Cabaletta der Lady „Trionfai“	→ ersetzt durch „La luce langue“
Erscheinungen Banquos in der Bankettszene lyrisch	→ deklamierend
3. Akt	
ohne Ballett	→ Ballett in der Hexenszene neu
Cabaletta „Vada in fiamme“	→ ersetzt durch Duett Macbeth-Lady „Vi trovo alfin!“
4. Akt	
kurze Orchestereinleitung	→ neues Orchestervorspiel und Chor
und Chor „Scozia oppressa“	„Patria oppressa“
„Schlacht-Stretta“	→ ersetzt durch „Schlacht-Fuge“
Macbeth stirbt auf der Bühne	→ Macbeth stirbt hinter der Bühne ohne Solo
mit f-Moll-Solo „Ma! Per me che m’affida“ als Schluss	→ Finale mit Chorszene

In der Neufassung geht die Tendenz dahin, stereotype Floskeln durch musikalisch-dramatische Gesten auszutauschen. Selbst beim Ballett gelingt es Verdi, diesem im Rahmen der Wiederbegegnung Macbeths mit den Hexen eine dramaturgische Funktion zu verleihen. Der Schluss hält sich auch enger an Shakespeare, während in der Erstfassung der Bühnentod Macbeths inklusive seines Abgesangs noch auf eine *Macbeth*-Bearbeitung des Schauspielers David Garrick (1717-1779) zurückgeht. Durch die Anpassung an die Bühnengepflogenheiten in Paris gelang es Verdi indes, bei seiner ersten Shakespeare-Vertonung näher am Original zu bleiben und ihr eine größere Geschlossenheit zu verleihen. Allerdings konnte der Komponist auch die Konventionen italienischer Bühnen nicht unberücksichtigt lassen. Um mit *Stiffelio* ein durchgefallenes Werk zu retten, entschloss er sich 1857, die Musik einer völlig neuen Handlung anzupassen und aus dem Zeitdrama um einen Geistlichen ein Kreuzfahrerstück zu machen: *Aroldo*. „Es versteht sich, dass der neue Stoff an allen Orten von der Zensur erlaubt werden muss", schrieb er einem Freund, „das ist der Grund für die Bearbeitung."[105]

Aroldo (1857)

Sieben Jahre nach dem Misserfolg von *Stiffelio* orientierte sich Verdi bei der Neuverwertung der qualitativ hochwertigen Musik an Versatzstücken aus Scotts 1825 publiziertem Roman *The Betrothed* (Die Verlobten) – wobei dies interessanterweise auch der Titel der englischen Übersetzung von Manzonis *I promessi sposi* war. Hinsichtlich der Namen erinnert die Oper an Bulwer-Lyttons Roman *Harold, the Last of the Saxon Kings* (1848). Zwar konnte Verdi mit der Verlegung der Handlung aus der Gegenwart Mitteleuropas nach Großbritannien um das Jahr 1200 einen Großteil der Musik bewahren, doch dramaturgisch nahm das Werk erheblichen Schaden. Im Milieu von Edelleuten, denen das Verzeihen nicht so nahe ist, wie es christlichen Amtsträgern anstehen sollte, verliert die Handlung an Brisanz und Glaubwürdigkeit. Der Priester Stiffelio steht durch den Ehebruch seiner Frau vor einem gewaltigen psychischen und moralischen Dilemma, das er von sich aus durch seinen Glauben und sein Vertrauen auf die Lehren des Neuen Testaments überwindet. Wie der vom Kreuzzug zurückgekehrte Haudegen Aroldo nach der Trennung von seiner Gattin und der Ermordung des Rivalen durch seinen Schwiegervater reagiert, entbehrt hingegen jeglicher Brisanz. Über weite Strecken ließ sich die Musik der früheren Oper verwenden. Da Verdi die abschließende Kirchenszene aus *Stiffelio* nicht übernehmen konnte, fügte er noch einen neu komponierten 4. Akt an. Hierin wird die Begegnung mit einem Eremiten konstruiert – angelehnt an Scotts Versdichtung *The Lady of the Lake* (1810) bzw. Rossinis Oper *La donna del lago* (1819) –, der Aroldo auf die Geschichte von Jesus mit der Ehebrecherin hinweist und ihn zur Vergebung auffordert (*Aroldo* II/15). Im Verlauf der Revision ersetzt Verdi in fast allen Fällen das Unkonventionelle durch das Vorhersehbare. Schon zu Beginn der Oper verdrängt ein banaler Trinkchor das Solo des Predigers Jorg (*Stiffelio* I/2 und *Aroldo* I/2) und auch der 4. Akt wird mit einer Chornummer sowie einer lärmenden Gewittermusik eingeleitet (*Aroldo* II/8-9 und 11). Das Terzett und das Versöhnungs-Quartett am Ende schwelgen in melodisch-belcantesker Gemütlichkeit, die im Umfeld der anderen Werke, die Verdi in jener Phase seiner Laufbahn entwarf, nicht mehr zeitgemäß war (*Aroldo* II/14-15). In *Aroldo* versuchte er, vieles von der *Stiffelio*-Musik zu erhalten, indem er insgesamt die Substanz des früheren Stücks der Theatralik opferte.

Werkdisposition

Manche seiner Opern ließen Verdi über Jahre hinweg nicht los, weil er die Grundaussage des Werkes noch nicht in angemessener Form herausgearbeitet hatte. Sieben Jahre lang beschäftigte er sich insgesamt mit *La forza del destino* (1862-69), bei *Simone Boccanegra* lag fast ein Vierteljahrhundert zwischen der Erstfassung und der endgültigen Gestaltung (1857-81) und von *Don Carlos* entstanden im Verlauf von 19 Jahren gar mehrere Fassungen (1867-86).

La forza del destino (1862-69)

Zerbrechen Menschen an dem Los, das ihnen widerfährt, oder vermögen sie es zu bewältigen? Diese Frage beantwortet Verdi in den beiden Fassungen von *La forza del destino* (Die Macht des Schicksals) auf unterschiedliche Weise. Schon Anfang der 1850er Jahre hatte er sich für das Drama *Don Álvaro o la fuerza des sino* (1835) von Ángel de Saavedra begeistert, aus dem sich, da es „wirkungsvoll, einzigartig und äußerst weitgespannt“ ist, „mit Sicherheit etwas Außergewöhnliches“ machen ließe.[106] Die Handlung bietet ein umfangreiches Kaleidoskop an Schauplätzen und Ereignissen, die Verdi noch durch Anregungen aus Schillers *Wallensteins Lager* (1798) in der Übersetzung von Andrea Maffei erweiterte, sowie einen Spiegel des Chaos und der Abgründe des menschlichen Zusammenlebens. Den historischen Hintergrund bilden kriegerische Auseinandersetzungen zwischen Spanien und Österreich in der Mitte des 18. Jahrhunderts, die Zuschauer aus Russland, Großbritannien, Frankreich und den USA (schon 1865 wurde die neue Verdi-Oper in New York gegeben) unmittelbar auf die verheerendsten modernen Kriege ihrer eigenen Epoche beziehen konnten, den Krimkrieg (1853-56) und den amerikanischen Sezessionskrieg (1861-65). Vor diesen Hintergründen erscheinen die Ereignisse in *La forza del destino* keineswegs unglaubwürdig, sondern diktiert vom Zufall, der unablässig das Leben bestimmt. Ein Unfall setzt zu Beginn eine Kettenreaktion von Flucht und Vergeltung in Gang, deren Ausgang Verdi in den beiden Fassungen der Oper unterschiedlich gestaltet. Der Marchese von Calatrava wendet sich gegen die nicht standesgemäße Liebesbeziehung seiner Tochter Leonora mit dem Mestizen Don Alvaro. Als dieser zum Zeichen seiner Friedfertigkeit seine Waffe wegwirft, löst sich ein Schuss, der Leonoras Vater tötet. Auf der Flucht werden Alvaro und Leonora getrennt und begegnen sich erst am Schluss des Stücks wieder. Carlo di Vargas, Leonoras Bruder, verfolgt die beiden, um den Tod des Vaters zu rächen. Leonora sucht Schutz bei einer Ordensgemeinschaft. Alvaro, der glaubt, dass seine Geliebte ums Leben gekommen ist, geht unter falschem Namen zur Armee und später auch in ein Kloster.

Verdis private Lebenserfahrung sowie die Vernichtungslotterie der Kriege und der italienischen Freiheitskämpfe lassen die Willkür und Zufälligkeiten des Lebens in *La forza del destino* durchaus realistisch erscheinen. Wie zahlreiche Opern Verdis zeigt das Werk menschliche Tragödien und Extremsituationen, in denen sich die Protagonisten bewähren müssen, aber in keinem anderen Stück sind diese in ein derart reichhaltiges Umfeld eingebettet. Weit über die lokal begrenzten Handlungen der französischen Grand Opéra hinaus bietet Verdi in seiner Oper für das St. Petersburger Bolschoi-Theater ein umfangreicheres Spektrum an privaten Situationen, Genrebildern vom Lager- und Soldatenleben sowie sakralen Szenen. Es gibt keine Figur, keinen Moment, der nicht auch ein entsprechendes Pendant hätte. Die einzelnen Bilder wechseln von Hallen im Anwesen des Marchese zu Schenken in entlegenen Dörfern, von Waldgebieten in Italien über Militärlager zu spanischen Klöstern und unzugänglichen Tälern, in de-

nen Einsiedler leben. Das Gegengewicht zu der dramatisch angelegten Figur der Leonora ist die junge Zigeunerin Preziosilla, die in einer Schenkenszene und im Feldlager der Soldaten mit ihren munteren Liedern für Stimmung sorgt. Dem obersten Klostervorsteher, dem seriösen Padre Guardiano, steht der schwatzhafte Laienbruder Fra Melitone zur Seite,[107] während Carlo zum Widersacher Alvaros wird.
Einige wesentliche musikalische Motive sind bereits 1862 in dem kurzen Orchestervorspiel angelegt, das der St. Petersburger Fassung vorangeht. Ab 1868 überarbeitete Verdi die Oper für eine Neuproduktion in Mailand und schrieb dazu eine seiner ausgefeiltesten Ouvertüren. Das wuchtige Bläser-Motiv zu Beginn, das an die Einleitung zur 5. Sinfonie des von Verdi bewunderten Beethoven gemahnt, wird gemeinhin mit dem im Titel genannten „Schicksal" in Verbindung gebracht. Im Verlauf der Oper klingt es mehrfach an als Vorbote des blind waltenden Zufalls, beispielsweise in den Klarinetten gleich am Anfang des 1. Akts (*Forza 1862* und *1869* I/2), in dem die Willkür des Daseins zu einem verhängnisvollen Unglück führt, oder bei Leonoras Einsegnung im Kloster am Ende des 2. Akts (*Forza 1862* I/18 ab 2:07 und *Forza 1869* II/1 ab 5:57). Der Padre Guardiano, der allein weiß, dass sich hinter dem neuen Einsiedler in der Klause mit Leonora eine Frau verbirgt, schwört die Mönche darauf ein, dass alle, die versuchen, das Geheimnis zu lüften, verflucht seien. „Des Himmels Blitze sollen den Ruchlosen erschlagen", skandiert der Chor, und nachdem das Motiv des unkontrollierbaren Zufalls in den Holzbläsern angeklungen ist, wiederholt man pianissimo: „Der Wind wehe seine sündige Asche hinweg." Der Todesbezug im Text und das kurze Aufscheinen des verhängnisvollen musikalischen Motivs muten an wie ein früher Verweis auf das tragische Ende, wenn Carlo und Alvaro ihr letztes Duell in der Nähe von Leonoras Rückzugsort ausfechten.
Andere Motive aus dem Vorspiel von 1862 sind weniger starr und wandlungsfähiger. Etwa das nervöse Streicherthema, das in der Einleitung zum 2. Bild des 2. Akts Leonoras Erinnerung an die Flucht umrahmt (*Forza 1862* I/1 ab 0:10 und I/13; *Forza 1869* I/1 ab 0:16 und I/13) oder jenes ätherische Motiv in den hohen Streichern, Harfe und Soloklarinette, das anklingt, wenn sie Schutz in der Religion sucht (*Forza 1862* I/1 ab 1:23 und I/13 ab 2:28; *Forza 1869* I/1 ab 2:03 und I/13 ab 2:56). Die Musik zu *La forza*

del destino zeugt von einer bestechenden Stilvielfalt. Allein die drei Soloszenen Leonoras zeigen die junge Frau zwischen leidenschaftlicher Expressivität und religiöser Verinnerlichung und entsprechen den Phasen ihrer Entwicklung: sie liebt, verzweifelt über den Verlust und vereinsamt schließlich. Der Initiationsritus im Kloster mit seinen zahlreichen Bassrollen und litaneiartigen Chören ist auch eine Reverenz an die russische Oper, während die Arien und Duette eher mediterrane Verve besitzen. Hinzu kommen eine Klangsinnlichkeit und eine beinahe impressionistische Klarheit der Instrumentierung, durch die Nachtstimmungen und Erinnerungen an glückliche Zeiten untermalt werden. Das kurze „Andantino" für Flöte, Oboe und Klarinette aus der Orchesterintroduktion zur Oper nimmt das Motiv für Alvaros Seelenschmerzen bereits vorweg. Es ist in der Instrumentation zu Alvaros Reminiszenzen atmosphärisch präsent und taucht melodisch wieder auf, wenn er im Streit mit Carlo um Vergebung für das Gewesene bittet (*Forza 1862* I/1 ab 0:40, II/2 ab 0:17 und III/4 ab 2:19; *Forza 1869* I/1 ab 0:54, II/2 ab 0:46 und III/5 ab 2:33). Doch dieser bleibt unerbittlich: Carlo di Vargas erscheint geradezu als die personifizierte Rache. Rassenhass gegen den Mestizen, Verbitterung über den Tod des Vaters und der fanatische Ehrbegriff, durch den er die Lösung Leonoras aus dem Familienverbund nicht hinnehmen kann, treiben Carlos Vergeltungssucht an. Die Frage nach Schuld ist für ihn irrelevant, denn ihm geht es einzig und allein darum abzurechnen. Dass Leonoras Bruder in überkommenen Ehrbegriffen denkt, macht Verdi – wie bereits zwölf Jahre zuvor bei Stankar in *Stiffelio* – mit musikalischen Mitteln deutlich, indem Carlo in den Hass-Duetten Alvaro immer wieder zu konventionellen Ausbrüchen und altmodischen Opernfloskeln nötigt. Zudem zeigt sich seine starre, unveränderliche Haltung darin, dass Verdi Anfang der 1860er Jahre, als die Zeiten der Cabaletten allmählich vorüber waren, sie noch ein einziges Mal in eine seiner Opern integrierte. Im Fall von Carlo ergibt dies dramaturgisch Sinn, da der altmodische Stil seine Haltung charakterisiert (*Forza 1869* II/7 ab 4:14). Passenderweise eliminierte Verdi bei der Überarbeitung 1869 noch eine Cabaletta Alvaros, die nicht zu seiner neuen Sicht auf diese Figur passte (*Forza 1862* II/15).

In Verdis ausgreifendem Panorama wird die Tragödie der Protagonisten eingebettet in die Erfahrungen des Volks. Aus der Mas-

se der Chormitglieder – die Maultiertreiber, Landleute, Soldaten, Mönche, Marketenderinnen, Bettler und viele mehr mimen – treten immer wieder Individuen des Ensembles in Erscheinung: die Zigeunerin und Wahrsagerin Preziosilla, ein Alkalde oder der Hausierer Trabuco. Gerade in den Volksszenen hat Verdi den Konversationsstil in seinen Opern ungleich verfeinert. Die Lagerszenen und auch der Beginn des 4. Akts, wenn Bettler Melitone bedrängen, dürften nicht zuletzt bei Mussorgski Eindruck hinterlassen haben, bei dem das leidende Volk in *Boris Godunow* wenige Jahre später eine entscheidende Rolle spielen sollte.
Kaum ein Opernkomponist hat so eindringlich auf der Bühne gezeigt, welches Elend Krieg und Gewalt über die Menschen bringen wie Verdi. Es ist nicht unwahrscheinlich, dass ihm die entsprechenden Bilder von Callot und Goya vertraut waren. Die Konsequenz, die am Ende angesichts der Grausamkeiten gezogen wird, fällt 1862 völlig anders aus als 1869. Nachdem Alvaro letztendlich von Carlo zur gewaltsamen Auseinandersetzung genötigt wird, verwundet er seinen langjährigen Verfolger lebensgefährlich. Auf der Suche nach Hilfe klopft Alvaro an die Tür einer Klause und zu seinem großen Erstaunen tritt ihm Leonora im Mönchsgewand entgegen. Als sie zu dem tödlich Verletzten eilt, ersticht sie der unversöhnliche Carlo mit letzter Kraft. „Ein Gesandter der Hölle bin ich“, beginnen die letzten Worte Alvaros in der St. Petersburger Fassung. „Öffne dich, Erde, die Hölle soll mich verschlingen, der Himmel einstürzen, die ganze Menschheit untergehen!“ Dann stürzt er sich im Fortissimo-Getöse des Orchesters in die Schlucht. Verdi erntete heftige Kritik an dem pessimistischen Ausgang der Oper, doch er verwahrte sich zunächst energisch dagegen, dem Stück einen versöhnlichen Schluss zu geben. Für eine exzellent besetzte Neuinszenierung an der Mailänder Scala konnte er schließlich zum ersten Mal nach 1845 wieder dafür gewonnen werden, etwas für dieses Haus zu komponieren. Neben Änderungen in Details kamen vor allem eine sinfonisch ausgestaltete Ouvertüre hinzu, welche die Hauptaspekte des Dramas in nuce zusammenfasst, die Streichung von Alvaros Cabaletta – was ihn zu einem friedfertigeren Charakter macht – sowie vor allem eine radikale Veränderung des Finales. Im Gegensatz zur Dramenvorlage begeht Alvaro nun nicht mehr Selbstmord, sondern wird im Schlussterzett vom Padre Guardiano zur Demut ermahnt und Leonora gelobt, im Himmel auf ihn zu war-

ten. „Du verdammst mich zu leben und verlässt mich zugleich“, klagt Alvaro jetzt. „Der Schuldige kommt als Einziger ungestraft davon!“ In diesem Schluss wirkt die humanitäre Ethik von *I promessi sposi* nach. Möglicherweise hatte sich Verdi unterdessen anders besonnen, nachdem er im Sommer 1868 dem von ihm verehrten Alessandro Manzoni persönlich begegnet war. Kompositorisch hatte der neue Pianissimo-Abgesang zur Folge, dass das ursprüngliche Tonartenschema eine Veränderung erfuhr. In der St. Petersburger Fassung stürzt sich Alvaro zu e-Moll-Klängen in den Tod und die Oper schließt mit den „Misericordia“ (Erbarme dich)-Gesängen der Mönche in dieser Tonart, nachdem sie in E-Dur begonnen hatte. Das neue Terzett verhallt indes in As-Dur und bietet damit ein eher offenes Ende. Welche Version man für überzeugender erachtet, ist nicht allein eine musikalische, sondern auch eine Frage der Sicht auf die Welt. Für Verdi war *La forza des destino* ein Ideendrama und so erscheint es durchaus verständlich, dass es bei diesem Werk wie auch bei *Simone Boccanegra* und *Don Carlos* eines mehrjährigen Reifungsprozesses bedurfte, bevor die Grundgedanken schärfere Konturen annahmen.

Simone Boccanegra (1857-81)

Zwei Männer im vertrauten Gespräch. Eine düstere Szenerie umrahmt von steinernen Gebäuden. „Was sagt Ihr? Den Wucherer Lorenzino zum Dogen wählen?“ – „Nennt einen anderen, der würdiger wäre.“ – „Wie wär’s mit dem tapferen Mann, der die afrikanischen Piraten aus unseren Meeren vertrieb und Liguriens Fahne wieder ihren alten, stolzen Ruhm zurückgab?“ – „Ich verstehe… Und was habe ich davon?“ – „Reichtum, Macht, Ehre.“ – „Dafür verkaufe ich die Gunst des Volkes…“ So beginnt bereits die Erstfassung des *Simone Boccanegra*, ein für das Jahr 1857 nahezu unmöglicher Anfang für eine Oper. Kein Eröffnungschor, keine Auftrittsarie, lediglich rezitativisches Geraune tiefer Männerstimmen. Das Drama, so Verdi, „ist düster, weil es düster sein muss, aber es ist fesselnd.“[108] So radikal bereits die Ausgangsversion dieses Stücks war, Verdi unterzog Libretto und Musik 24 Jahre nach der erfolglosen Uraufführung in Venedig noch einer gründlichen Revision. Erst zu diesem Zeitpunkt hatte er in dem Schriftsteller und Komponisten Arrigo Boito (1842-1918) einen Mitarbeiter gefunden, der in der Lage war, das Libretto von Piave und Montanelli dahingehend zu überarbeiten, dass dem Rohdiamanten noch der letzte Feinschliff gegeben wurde. Nicht zuletzt wurde diese gemeinsame Revision zum Prüfstein für die spätere Zusammenarbeit bei *Otello* und *Falstaff*.

Bei *Simone Boccanegra* handelt es sich um ein Drama über die Legitimation von Macht: Vermag jemand die Geschicke des Stadtstaates zu lenken, der nicht zu den angesehensten Familien der Region gehört, sondern sich allein durch seinen Mut und sein Engagement verdient gemacht hat? Erst in der zweiten Fassung, die 1881 an der Mailänder Scala erstmals aufgeführt wurde,[109] kommt noch ein wesentlicher Aspekt hinzu, nämlich die Frage der Humanisierung von Macht. Am Ende des 1. Akts fügten Verdi und Boito noch eine neue, fast halbstündige Szene hinzu. Sie spielt im Ratssaal des Palazzo degli Abati in Genua. Die Senatoren willigen zwar ein, mit den Tartaren Frieden zu schließen, doch gegen die eigenen Landsleute in Venedig will man in den Krieg ziehen. Der Doge Simone Boccanegra präsentiert ein Schreiben des Dichters und Humanisten Francesco Petrarca (1304-1374), der sich nach Fontaine-de-Vaucluse nahe Avignon in das Tal der Sorgue („Sorga" im Italienischen) zurückgezogen hat (*SB 1881* I/13 1:20-2:23):

Doge:	Doge:
La stessa voce che tuonò su Rienzi,	Dieselbe Stimme, die auf Rienzi einst
Vaticinio di gloria e poi di morte,	die Verheißung des Ruhmes und dann des Todes niedertönen ließ,
Or su Genova tuona – Ecco un messaggio	sie erschallt jetzt über Genua. Hier ist die Botschaft
(mostrando uno scritto)	(Er zeigt ein Schriftstück.)
Del romito di Sorga, ei per Venezia	des Einsiedlers aus dem Tal der Sorgue. Für Venedig
Supplica pace...	ersucht er um Frieden…
Paolo (interrompendolo):	Paolo (ihm ins Wort fallend):
Attenda alle sue rime	Er soll lieber auf seine Reime achten,
Il cantor della bionda Avignonese.	der Sänger der blonden Dame aus Avignon.
Tutti (ferocemente):	Alle (wütend):
Guerra a Venezia!	Krieg gegen Venedig!

Doge:	Doge:
E con quest'urlo atroce	Und mit diesem entsetzlichen Geschrei
Fra due liti d'Italia erge Caino	erhebt zwischen zwei Küsten Italiens Kain
La sua clava cruenta! – Adria e Liguria	seine blutige Keule! Adria und Ligurien
Hanno patria comune.	haben ein gemeinsames Heimatland.
Tutti:	Alle:
È nostra patria Genova.	Unse Heimat heißt Genua.

Der Streit im Rat droht zu eskalieren. Schließlich spricht der Doge ein Machtwort (*SB 1881* I/16):

Doge (possentemente):	Doge (mit machtvoller Stimme):
Fratricidi!	Brudermörder!
Plebe! Patrizi! Popolo	Plebejer! Patrizier! Volk
Dalla feroce storia!	einer grausamen Geschichte!
Erede sol dell'odio	Erben allein des Hasses
Dei Spinola e dei Doria,	der Spinola und der Doria.
Mentre v'invita estatico	Euch heißt doch begeistert willkommen
Il regno ampio dei mari,	das weite Reich der Meere,
Voi nei fraterni lari	und Ihr spottet der brüderlich schützenden Geister
Vi lacerate il cuor.	und zerfleischt Euch die Herzen.
Piango su voi, sul placido	Ich weine über Euch, über das friedliche
Raggio del vostro clivo	Licht Eurer Hügel,
Là dove invan germoglia	wo vergeblich
Il ramo dell'ulivo.	der Ölzweig grünt.
Piango sulla mendace	Ich weine über das trügerische
Festa dei vostri fior,	Fest Eurer Blüten,
E vo gridando: pace!	doch immer rufe ich Euch zu: Frieden!
E vo gridando: amor!	Immer rufe ich: Liebe!

„Ruhe [...] Gesetztheit und szenische Autorität" brauche der Interpret des Simone Boccanegra, meinte Verdi, um vor allem bei den Mahnungen in es-Moll und dem Aufruf zum Frieden in Fis-Dur die angemessene Ausstrahlung zu entfalten.[110] Seine Tochter, die unter dem Namen Amelia bei der Familie Grimaldi aufgewachsen ist, übernimmt dann die führende Stimme in dem sich darauf entwickelnden gewaltigen Ensemble:

Amelia:	Amelia:
Pace! lo sdegno immense	Frieden! Den gewaltige Zorn
Raffrena per pietà!	haltet bitte zurück!
Pace! T'ispiri un senso	Friede! Beseele
Di patria carità.	ein Heimatgefühl.

Die Ratsszene und die große Ansprache des Dogen gehören zu Verdis unmittelbarsten politischen Stellungnahmen. An aktuellen Bezügen bestand kein Mangel. Verdi war bitter enttäuscht von etlichen Entwicklungen, die es in der italienischen Politik nach der Staatsgründung gegeben hatte. „Wirklich, wirklich steht es um Europa ganz schlecht, aber um uns am schlechtesten", schrieb er einem Kollegen. „Alle wollen Präsidenten oder Minister sein, und ans Vaterland denke wer will!"[111] Mit *Simone Boccanegra* erzielte Verdi eine nachhaltigere Resonanz als mit seiner eigentlichen Tätigkeit als Abgeordneter. In der Oper finden die Ereignisse auf der politischen Bühne ihre Entsprechungen auf der persönlichen Ebene. Dem angesehenen Patrizier Jacopo Fiesco ist der Emporkömmling Boccanegra zuwider und beide stehen einander die meiste Zeit unversöhnlich gegenüber. Verdi forderte für diese Basspartie „eine Grabesstimme, in der etwas Unabwendbares, Prophetisches ist".[112] Erst durch die Verbindung des Genueser Adligen Gabriele Adorno mit Boccanegras Tochter Amelia kommt es am Schluss zur Versöhnung zwischen den Klassen und zu Frieden durch die Liebesbande.

Da mit der eigens komponierten Ratsszene – die signifikant etwa in der Mitte des Stücks steht – der musikalische Höhepunkt stilistisch eher dem Spätwerk zuzuordnen ist als einer Oper aus den 1850er Jahren, musste Verdi das Stück dahingehend überarbeiten, dass es musikalisch eloquenter, bruchloser und geschmeidiger in den Übergängen erscheint. Dementsprechend ist die „Konversations-Tinta" des Frühwerks so umgestaltet, dass nun zusätzlich noch die mediterrane Aura der Stadt Genua in den Vordergrund tritt. Die Erstfassung wurde von einem Orchestervorspiel eingeleitet, das in nur zweieinhalb Minuten den öffentlichen sowie den privaten Konflikt anreißt, indem vier Themen der Oper vorgestellt werden: Der Hochgesang auf den Dogen („Viva Simon!"), die „È morta" (Sie ist tot)-Klage auf die frühere Geliebte Simone Boccanegras in Oboen und Klarinetten, das Hauptthema aus der Wiederbegegnung mit seiner Tochter Amelia („Figlia! A tal nome io palpito"; Tochter! Bei diesem Wort erbebe ich) mit Holzbläsern in den hohen Lagen und einer zarten Streicherbegleitung sowie das Thema der Guelfen vom Ende des 2. Akts in den Blechbläsern („All'armi!"; Zu den Waffen). Das sich daran anschließende Gespräch wird von unruhigen Streicherbewegungen eingeleitet. Die umkomponierte Orchesterintroduktion bietet eine nahezu impressionistische Stimmungsmalerei voll wogender Melodiebögen, die die Wellen des Mittelmeers suggerieren. Nicht minder fließend ist der Übergang zum Prolog, bei dem diese Klangaura auch dem Gespräch des Goldwirkers Paolo mit dem Anführer der Volkspartei, Pieto, unterlegt ist (*SB 1857* I/1-2 und *SB 1881* I/2). Sie schwingt auch mit im Vorspiel zum 1. Akt und der unmittelbar ohne Rezitativ einsetzenden Arie der Amelia (*SB 1881* I/6-7), dem Duett von Vater und Tochter (*SB 1881* I/11) sowie dem Monolog zu Beginn des 3. Akts (*SB 1881* II/9 ab 1:08). Verdi war mit der Atmosphäre der Hafenstadt bestens vertraut, verbrachte er doch ab 1874 oftmals die Wintermonate im Palazzo Doria in Genua.

Zwei umfangreiche Duette bei den Auseinandersetzungen von Simone Boccanegra mit Jacopo Fiesco bilden den musikdramaturgischen Rahmen der Oper. Im Prolog stehen die Versöhnungsappelle in Simones weichen, langgezogenen Bögen der kurzen, harten Phrasierung des Patriziers gegenüber (*SB 1881* I/4 ab 0:50). Wenn im 3. Akt im Dogen Simone Boccanegra schon das Gift zu wirken beginnt, das ihm heimlich verabreicht wurde, verliert sein Ausdruck an Kraft und Energie, während Fiesco weiterhin unerbittlich bleibt (*SB 1881 II/9* ab 2:47). In der frühen Version sind diese Elemente noch nicht genügend ausdifferenziert (*SB 1857* I/7 und II/14 ab 2:43), wobei es überhaupt vor allem viele kleine Details sind, durch die hinsichtlich der instrumentalen und vokalen Struktur bei *Simone Boccanegra* aus einem Klanggewand aus Wolle eines aus Seide wird.

Zu den einschneidendsten Veränderungen gehören neben dem neuen Orchestervorspiel und der Ratsszene – der unter anderem ein Jubelchor, ein Ballett afrikanischer Korsaren und ein Sextett aus dem ursprünglichen Finale des 1. Akts geopfert wurde (*SB 1857* I/23, 24 und 26) –, vor allem noch das Ersetzen der Cabaletta nach Amelias Arie durch kurze erregte Freudenrufe (*SB 1857* I/11 und *SB 1881* I/8) sowie das Verkürzen und Integrieren von Fest- und Hochzeitschor zu Beginn des 3. Akts in den Ablauf des Geschehens (*SB 1857* II/11-12 und *SB 1881* II/8). Vielfach wurden zu stereotype Akkorduntermalungen durch eine elegantere instrumentale Grundierung ersetzt, wie etwa in der Einleitungsszene, und mit neuen Akzenten klarere Sinneinheiten hergestellt. Wenn beispielsweise Paolo dem Volk auf die drängende Frage „Ma fra i nostri sai l'uom? [...] Risuoni il nome suo" (Weißt du, welcher von uns es sein wird? Sage, wie er heißt…) den Namen „Simone Boccanegra!" nennt, geschieht dies in der frühen Fassung auf eine abfallende Streicherfigur. In der Zweitfassung hingegen wird mit einer sich aufschwingenden Crescendo-Phrase eine Art Doppelpunkt gesetzt, nach dem der Aspirant auf den Posten des Dogen genannt wird. Hatte Verdi zuvor mit hohen Holzbläser- und Streicherlagen die Oberstimmen betont, transponiert er die Szene nun um einen Ganzton in eine tiefere Oktave und ermöglicht durch rhythmische Veränderungen eine freiere Entfaltung des Dialogs. Bei der ersten Reaktion des Chors auf die Namensnennung werden die Worte „Simone? Il corsaro?" noch im Fortissimo als Ausdruck der Verwunderung herausgeschleudert. Später wird dem Ambiente der Nachtszene Rechnung getragen und die Anwesenden singen die Passage mit gedämpfter Stimme (*SB 1857* I/3 0:01-1:45 und *SB 1881* I/1 ab 5:07). Generell ermöglicht es Verdi, durch eine Verfeinerung des Klanggewebes und einen dichteren, dunkleren Orchestersatz die eher steifere Deklamation zu einem nahtloseren Parlandoton umzuformen. Davon profitiert auch die Wiederbegegnung des Dogen mit seiner Tochter Amelia, bei der altmodische vokale Schnörkel zugunsten einer Unterredung im natürlichen Sprachduktus verfeinert werden (*SB 1857* I/19 ab 2:28 bis 20 und *SB 1881* I/11). Anstatt mit einem applausheischenden Fortissimoschluss schließt die Szene in der Endfassung mit einem Orchesternachspiel, in dem die Emotionen nachhallen, die Menschen bewegen, wenn sie sich nach einem Vierteljahrhundert wiederbegegnen. In die zärtlich ausschwingende Melodie wird das sanfte „Figlia!" des Dogen wie ein Segen eingebettet.

Während Amelia, die wesentlich zur Entspannung und Befriedung der Geschehnisse beiträgt, das vokal am weitesten gespannte Ausdrucksspektrum hat, bewegt sich Paolo, der einstige Gefolgsmann und spätere Gegner Boccanegras, in engen Grenzen. Gerade seine Persönlichkeit erfuhr bei der Revision die stärksten Veränderungen. Arrigo Boito hatte wenige Jahre zuvor nicht nur seine eigene Oper *Mefistofele* (1868) herausgebracht und Webers

Freischütz mit der diabolischen Gestalt des Kaspar übersetzt, sondern in dem Libretto zu *La Gioconda* (1876) für Ponchielli die Figur des perfiden Polizeispitzels Barnaba entworfen. Diese Erfahrungen trugen dazu bei, Paolo bei der Neugestaltung von *Simone Boccanegra* von einem gewöhnlichen Bühnenschurken zur Verkörperung des Bösen werden zu lassen – und damit letztlich auch zu einem Vorläufer des Jago in *Otello* (1887). In beiden Versionen erinnert seine Erzählung über die düsteren Machenschaften der Patrizierfamilie der Fieschi, „L'atra magion vedete?" (Sehr Ihr den düsteren Bau?, *SB 1857* I/3 ab 2:04 und *SB 1881* I/2), an den Beginn von *Il trovatore* – immerhin stammte die Dramenvorlage zu *Simone Boccanegra* auch aus der Feder von Antonio García Gutiérrez. Bei seinem Wutausbruch „Aborriti patrizi" (Verfluchte Patrizier!) machen ihn die Streichertremoli und Blechbläserfanfaren in der ersten Fassung zu einem augenrollenden Halunken. Wahrlich Dämonisches ist ihm erst nach der Überarbeitung der Szene zu eigen und zwar durch das Verebben der für die Oper so charakteristischen milden „Meeres-Tinta" im dreifachen Pianissimo, einer Generalpause – als ob für einem Moment der Atem stockt – und der sofortigen Eintrübung der Tinta durch Streicher, Holz- und Blechbläser in den tiefsten Lagen, über denen sich mächtig sein Zorn entlädt (*SB 1857* I/2 0:50-1:09 und *SB 1881* I/1 2:39-3:11). Nur in der Mailänder Fassung ist zu erleben, wie Paolo zu Beginn des 2. Akts heimlich Gift in das Trinkgefäß des Dogen träufelt, nachdem ihn dieser am Ende der Ratsszene öffentlich bloßgestellt hat. Und wenn Paolo im 3. Akt schließlich zur Hinrichtung geführt wird und bekennt, dass ihn sein „böser Dämon antrieb, für die Rebellen zu kämpfen", gelingt es Verdi, durch eine sich in der Not aufbäumende Melodik Mitgefühl aufkommen zu lassen (*SB 1881* II/8 1:21-2:05).

Paolo ist das negative Gegenbild zu Boccanegra, der nicht minder in der Lage ist, hart durchzugreifen, wenn er es für angemessen hält. Dementsprechend erscheint sein Fluch-Motiv in einer Umkehrung wieder als Gift-Motiv. Das Sterben des Dogen wird qualvoll. Es zieht sich durch den gesamten 3. Akt und lässt im Dahinsiechen die Wahrnehmung wie durch ein Vergrößerungsglas erscheinen. Die Disposition der zeitlichen Abläufe ist einzigartig in *Simone Boccanegra*. War zu Beginn ein Sprung von 25 Jahren zwischen dem Prolog und dem 1. Akt mühelos überbrückt worden, liegen zwischen dem 1. und 2. Bild des 1. Akts nur wenige Tage. Die Geschehnisse im 2. Akt drängen anfangs nahezu in Echtzeit voran, während sie sich, nachdem der Doge das Gift genommen hat, immer mehr zu verlangsamen scheinen. Diese Zeitverdichtung und -dehnung korrespondiert mit der Befindlichkeit Boccanegras, die vormals zügigen Tempi gerinnen zu erstarrter Zeit. „Alles in mir spricht von Ewigkeit", sagt der moribunde Doge. Im Schlussterzett mit seiner Tochter und dem Nachfolger Gabriele Adorno klingt zwei Mal das „pace"-Motiv aus der Ratsszene an. Am Ende wird bei der Ausrufung eines neuen Dogen noch einmal die Brücke zum Prolog geschlagen und das ganz im Sinne des „parola scenica". Anfangs erfuhr Boccanegra von seiner Wahl in dem Moment, als gerade seine Geliebte, Maria, gestorben war – der große politische Triumph kontrastiert mit der privaten Katastrophe. „Una tomba!" (Ein Grab!), ruft Boccanegra, doch sein damaliger Förderer Paolo hält dem entgegen: „Un trono!" (Ein Thron!). Wenn dann am Schluss verkündet wird: „Feiert mit Gabriele Adorno Euren neuen Dogen!", entgegnet das Volk „Nein, Boccanegra…", worauf Fiesco verkündet: „…ist tot." Eine der engagiertesten Opern Verdis schließt durch die Verbindung von Amelia und dem neuen Dogen mit einer positiven Perspektive für die Zukunft. Schon in der ersten Version stellte *Simone Boccanegra* die konsequente Weiterentwicklung von Stücken wie *I due Foscari* und *Macbeth* dar. Die revidierte Fassung von *Don Carlo* markiert ein weiteres wichtiges Werk im Reigen von Verdis politischen Dramen.

Don Carlo (1872-86)

Kurz nach der Pariser Uraufführung kam *Don Carlos* 1867 auch in London heraus, wo das Werk jedoch eigenmächtig gekürzt wurde, und erlebte noch im gleichen Jahr seine italienische Premiere in Bologna. Verdi selbst nahm erstmals 1872 bei einer Wiederaufnahme in Neapel Änderungen an der Partitur vor. Dies war der Auftakt für einen mehrjährigen Revisionsprozess, der auch inhaltliche Aspekte betraf (eine vereinfachte Übersicht über die wichtigsten Änderungen findet sich im Anhang, Tabelle 3, S. 182-184).[113] Von entscheidender Bedeutung sind die weitgehende Neukomposition des Duetts von Posa und Carlo zu Beginn des 2. Akts und des Zwiegesprächs des Königs mit Posa am Ende des 2. Akts, wenn man von der fünfaktigen Version ausgeht. Verdi experimentierte 1884 auch damit, den Fontainebleau-Akt wegzulassen, um die Oper, wie er einem Freund schrieb, „kürzer und gehaltvoller“ zu machen.[114] Damit er die Romanze des Carlo retten konnte, stellte er sie an den Beginn der Neufassung, doch sie bleibt damit die einzige Reminiszenz an den Aufenthalt in Frankreich und die Begegnung mit Elisabeth (*DC 1884* I/2). Passenderweise ist sie in einer einfachen französischen Liedform gehalten und eignet sich im Original als Reverenz gegenüber dem Gastgeberland, da Carlo sich auf französischem Boden aufhält. In Spanien wirkt sie eher befremdlich, zumal der vokale Impetus der Tenorpartie des Don Carlo zumeist italo-iberisches Temperament verlangt. Abgesehen davon, dass ohne den Fontainebleau-Akt etlichen musikalischen Verweisen in der Oper der Bezug fehlt, führt die Mailänder Version zu einer Überbetonung des phantastisch-metaphysischen Elements. Nun beginnt und endet *Don Carlo*, wie die italienische Schreibweise lautet, nämlich im Kloster von San Juste und man vernimmt zu Beginn und am Ende die Stimme eines Mönchs. Dieser wird von vielen Anwesenden für eine Erscheinung des früheren Kaisers Karl V. gehalten, obgleich der Chor der Klosterbrüder deutlich sagt, dass „der erhabene Herrscher nur noch Staub und Asche“ ist.

Verdi muss diese Beschneidungen als unbefriedigend empfunden haben, denn nur zwei Jahre später fügte er bei einer Produktion in Modena den Fontainebleau-Akt wieder ein. Diese italienische Fassung des *Don Carlo* ist der französischen überlegen, weil Verdi im Verlauf der Jahre an der Instrumentierung gefeilt und das Werk im Ablauf stringenter und dynamischer gestaltet hat. Bereits ab 1872 wurde eine Schlüsselszene mit ergänzenden italienischen Textpassagen zum großen Teil neu komponiert. Spätestens seit diesem Zeitpunkt war durch einschneidende Ausweitungen der Diskurse in italienischer Sprache eine Rückkehr zur französischen Ausgangsversion unmöglich. Das intensive Gespräch des Königs mit dem Marquis von Posa im 2. Akt entbehrt in der französischen Version mit seinen höfisch eleganten Schnörkeln der Intensität und Direktheit der Endfassung. Wenn der Marquis seine Forderung nach Freiheit für das flandrische Volk zum Ausdruck bringt, wiederholt er im Zwiegesang mehrfach sein „donnez la liberté“ (*DC 1867* II/4 ab 2:28). Doch penetrantes Beharren ist der Kobold kleiner Geister. Erst in der ungleich prägnanteren italienischen Version gewinnt Posa wahrlich an Größe. Frisch hinzu kommt ein entscheidendes Moment, das wie vieles in *Don Carlo* aus Schillers Drama wörtlich übernommen wurde: Wenn der König darauf verweist, dass in seinem Herrschaftsbereich alles ruhig und friedlich sei, entgegnet Posa: „Orrenda, orrenda pace! La pace è dei sepolcri!“ (Welch grauenvolle Ruhe! Es ist die Ruhe eines Friedhofs!), woraufhin das Orchester mit einem brutalen dissonanten Ausbruch mit den Bläsern in den tiefsten Lagen reagiert. In dessen Nachhall mahnt der Marquis seinen Gebieter: „Lasst nie die Geschichte von Euch sagen: Er war ein Nero!“, denn er unterbindet als Regent nicht, dass „jeder Priester ein Bandit und jeder Soldat ein Henker“ werde. In der italienischen Version gipfelt Posas Schilderung des Elends in den von Spanien dominierten Landen in dem einmaligen Ausruf „Date la libertà!“ (Gewährt die Freiheit!). Im Orchester schwingt noch für einen kurzen Moment der Gestus seiner idealistischen Emphase nach, verebbt allmählich, bis ein ausgehaltener tiefer Ton des Fagotts das Ungeheuerliche dieser gewagten Forderung besser ausdrückt als alle Repetitionen der ursprünglichen Fassung. Der sich anschließende Kommentar des Königs, „O strano sognator“ (Welch seltsamer Träumer!), fasst dessen Verblüffung, ja Bewunderung zusammen (*DC 1886* II/5 ab 2:10). Immerhin lässt er Posa nicht auf der Stelle verhaften, sondern zieht ihn ins Vertrauen und warnt ihn vor der Macht der Kirche. Erst in dieser Form ist das Duett ein markanter Ausdruck von Verdis politischem Idealismus. Durch die Intensivierung des deklamierenden Gesangstils (canto declamato), den gezielten Einsatz szenischer Reizwörter (parola scenica) sowie die intensiven Reaktionen des Orchesters auf die Haltungen und Stimmungsumschwünge im Verlauf der Auseinandersetzung kommt Verdi in dieser Szene seiner Vorstellung vom musikalischen Drama so nahe wie nie zuvor. Auf ähnliche Weise profitieren das Duett von Don Carlo und Posa zu Beginn des 2. Akts sowie das Abschiedsduett von Carlo und Elisabeth im 5. Akt von der Überarbeitung. Besonders letzteres ist in der Modena-Fassung komplexer und dramaturgisch überzeugender als in der kürzeren Mailänder Version.

Selbstverständlich fehlt in der italienischen Fassung im mittleren Akt die gut viertelstündige Balletteinlage ebenso wie eine Szene zu Beginn des 3. Akts, in der die Königin sich von einem Fest zurückzieht und Eboli ihren Schleier überlässt. Dies ist jedoch unwesentlich, um zu verstehen, dass Eboli Carlo mit einem Brief des Nachts in die Gärten der Königin lockt und er sie anfangs wegen ihrer Maskierung in der Dunkelheit nicht erkennt. Das neue Orchestervorspiel zum 3. Akt bietet keine banale Festmusik wie in der Pariser Fassung, sondern evoziert fast impressionistisch veredelt Erinnerungen an Carlos erste Begegnung mit Elisabeth in Frankreich. Auf den Tod des Marquis von Posa folgt nicht wie ursprünglich geplant das lange Lamento des Königs und seines Sohnes – dessen Hauptmelodie Verdi später in das „Lacrymosa" des Requiems übernahm (*DC 1867* III/8 ab 2:15 und *Requiem* I/10) –, sondern eine verknappte Version des heftigen Wortwechsels von Philipp und Carlo, gefolgt von einem Volksaufstand, dem durch das Erscheinen des Großinquisitors Einhalt geboten wird. Als Verdi die ganze Schlussszene dieses Akts um 1882/83 vollständig revidierte, trachtete er danach, den Handlungsablauf so zügig und lebhaft wie möglich zu gestalten, um ein Gleichgewicht zu den von der Binnenspannung zehrenden, aber aktionsarmen philosophischen, politischen und staatstheoretischen Debatten zu bilden.

Zwar werden mitunter bestimmte Wortakzentuierungen abgewandelt, doch da Verdi den italienischen Text billigte, ja, das Duett des Königs mit Posa größtenteils sogar auf einen neuen Text in seiner Muttersprache umkomponierte, erscheint der Wechsel der Sprachen sekundär. Entscheidend ist, dass das Konzept von Anfang an beinhaltete, am Schluss von Schillers Trauerspiel abzuweichen. Dort überlässt der König seinen Sohn der Inquisition, während bei Verdi der Mönch des Klosters San Juste den Infanten unter seinen Schutz nimmt und vor dem Zugriff der kirchlichen Machthaber bewahrt. Die französische Version schließt mit einer Wiederholung des Mönchschors aus dem 2. Akt im Piano, wobei man der Meinung der Anwesenden widerspricht, bei dem Mönch handele es sich um Karl V. Statt mit einem Chor endet die Neufassung mit dem blanken Entsetzen der Umstehenden und wuchtigen Akkordschlägen des Orchesters. Verdi entmystifiziert dadurch das Finale und kreiert eine akustische Parallele zum Ausklang der Autodafé-Szene: Der Mönch bestätigt mit seinen Worten die Aussage der Stimme vom Himmel, dass letztlich nicht die irdische Gerechtigkeit das Sagen hat, sondern eine übergeordnete Macht. Damit stellt die Modena-Fassung von 1886 sozusagen den „director's cut" des *Don Carlo* dar: Sie ist dramaturgisch rundum überzeugend, bietet musikalisch eine erhebliche Weiter-

entwicklung gegenüber der Pariser Version und darf als Verdis Fassung letzter Hand betrachtet werden.
Andere Werke, die es in ihrer konzeptionellen Anlage mit den umfangreichen, für Paris entstandenen Opern aufnehmen konnten, schrieb Verdi für Auftraggeber in St. Petersburg und Kairo.

3.3 Werke für den internationalen Markt

Spätestens seit Mitte der 1840er Jahre war Verdi durch Aufführungen seiner Opern in Wien, London, Paris, Brüssel, Barcelona, Lissabon, Kopenhagen und auch New York international einer der bekanntesten italienischen Musiker. Kompositionsaufträge aus dem Ausland stellten ihn dabei stets vor besondere Herausforderungen: Sei es, dass er bei der Rollenkonzeption auf bestimmte Künstler Rücksicht nehmen musste (*Il corsaro* im damals österreichischen Triest bzw. *I masnadieri* in London, siehe Hinweise zu den Werken unter 2.2), dass er für *La forza del destino* das Potenzial des Opernhauses in St. Petersburg ausschöpfen konnte (siehe 3.2) oder sich bei einem Musikdrama für den „Dar Elopera Al Misria“ in Kairo mit *Aida* zu einem exotischen Sujet inspirieren ließ. Als Ergänzung zu seinen Theaterarbeiten kamen aber auch noch seine geistlichen Werke hinzu (*Requiem*, *Quattro pezzi sacri*), die bereits kurz nach der Uraufführung vom Komponisten selbst erstmals im Ausland vorgestellt bzw. dort sogar uraufgeführt wurden.
Vor allem mit den Opern der 1850er und 1860er Jahre hatte Verdi dem Kanon seiner Werke jene Stücke hinzugefügt, die die Hauptthemen seines Lebens am besten illustrieren: Menschen in Ausnahmesituationen (*Stiffelio*, *Rigoletto*, *Il trovatore*, *La traviata*) sowie als Spielball der gesellschaftlichen bzw. politischen Verhältnisse und als Opfer von Machtzwängen (*Les vêpres siciliennes*, *La forza del destino*, *Don Carlos*). Mit *Aida* fügte der Komponist seinen Themenkreisen noch eine neue Facette hinzu.

Aida (1871)

Als Verdi mit 58 Jahren *Aida* herausbrachte, musste er davon ausgehen, dass dies möglicherweise die letzte Oper sein würde, die er komponierte. „Zur Zeit geht es den Theatern so schlecht, dass es nutzlos ist, Opern zu schreiben“, äußerte er gegenüber einem Freund. „Du wirst sehen, dass alle Theater eins nach dem anderen schließen werden! Alle! [...] Komponisten und Publikum wissen

nicht, was sie wollen. Sänger mit unmöglichen Ansprüchen, und eine Regierung, die keine Subventionen gibt. Ein unmöglicher Zustand und deshalb Ruin und Tod! Wer weiß, ob nach einiger Zeit aus dem Nichts nicht etwas entsteht.“[115] Für Verdi bildete *Aida* die Summe einer über dreißigjährigen Theatererfahrung. Bei diesem Werk, das auf einem Handlungsentwurf des namhaften Ägyptologen Auguste Mariette (1821-1881) basiert, stand ihm der Dichter Antonio Ghislanzoni (1824-1893) zur Seite, der ihn bereits bei der Überarbeitung von *La Forza del destino* und der italienischen Version von *Don Carlo* unterstützt hatte. Bei einem flüchtigen Blick scheint es sich bei *Aida* um eine althergebrachte Nummern-Oper italienischer Provenienz zu handeln. Der erste Teil des Einleitungsaktes beginnt mit einem Vorspiel, einem kurzen rezitativischen Dialog, gefolgt von einer Arie sowie einem Duett, das sich zu einem Terzett weitet und in einem Finalensemble gipfelt. Doch sobald das martialische Marschgestampfe dieses Ensembles verhallt ist, fällt nicht etwa der Vorhang, sondern es folgt noch ein Solo, dass den Anfangsteil so intim enden lässt, wie er begonnen hat. Aidas Monolog erweist sich als das Negativbild zur einleitenden Arie des Radames, in welcher der ägyptische Feldherr seinen Hoffnungen Ausdruck verleiht, dass er Aida einst sagen kann: „Für dich habe ich den Sieg errungen!“ Verdi verdichtet die Ambivalenz der privaten Erfüllung durch die Partnerschaft mit der geliebten Person einerseits und der Verantwortung gegenüber den Mitmenschen andererseits in Aidas „Ritorna vincitor!“ (Kehre siegreich zurück!). Sie lässt sich vom A-Dur-Jubel der Kriegsbegeisterung anstecken und stimmt in die von der Pharaonentochter Amneris ausgegebene Parole enthusiastisch ein. Allein gelassen wiederholt Aida die Worte „Ritorna vincitor“, doch nun eher fragend, nach Moll gewendet. In ihrer Arie wird sie sich bewusst, in welchem Zwiespalt sie steckt (*Aida* I/8-10).
Mit einem sich natürlich aus der gesprochenen Sprache entwickelnden Parlando, prägnanten Texten und einem stringenten Ablauf des Geschehens ist das Werk von einer Geschlossenheit und inneren Logik des musikalischen und szenischen Ablaufs, welche nur noch von *Otello* und *Falstaff* übertroffen werden. Der ganze 3. Akt, ließ Verdi seinen Verleger wissen, soll „eine einzige Szene, und folglich eine einzige ‚Nummer‘“ sein.[116] Auch wenn sich bei oberflächlicher Betrachtung eine Arie und zwei Duette identifizieren lassen, sind die Verbindungen zwischen diesen so atem-

los, dass es einleuchtet, warum der Komponist das Geschehen als Einheit verstanden wissen wollte: Keine Generalpause trennt den instrumentalen Pianissomo-Nachhall von Flöten, Klarinetten und Streichern zu Aidas Monolog im 3. Akt von dem, was folgt. Das Orchestergewebe, in dem Aidas Sinnieren über die Angst vor der Trennung von Radames und die Sehnsucht nach ihrer Heimat mitschwingt, wird brutal von ihrem unbegleiteten entsetzten Aufschrei „Ciel, mio padre!" (Himmel, mein Vater!") zerrissen – eine Konstellation, bei der Verdi seinem und Manzonis Ideal der „verosimilitudine", der Angleichung der Situation an Wahrscheinlichkeit und Glaubwürdigkeit realisiert. Genauso verhält es sich, als Aidas Vater, der Äthiopierkönig Amonasro, sich verbirgt, um das Gespräch seiner Tochter mit dem in sie verliebten ägyptischen Heerführer Radames zu belauschen. In *Aida* hat Verdi die Kunst der Übergänge auf eine Weise perfektioniert, dass seine Vorstellung einleuchtet, ganze Akte oder zusammenhängende Szenenkomplexe als Gesamtstruktur zu betrachten. Bezeichnend hierfür ist, wie bei der heftigen Auseinandersetzung zwischen Aida und Amneris im 2. Akt von Ferne Siegesgesang hereinhallt, wodurch das Private mit dem Öffentlichen verknüpft und zugleich der Schauplatzwechsel zur Szene des Triumphmarsches vorbereitet wird (*Aida* II/5-8).

In der überzeugenden Verbindung von Spektakel und Kammerspiel bildet *Aida* eine Synthese aus französischer Grand Opéra und italienischem Musikdrama. Anstatt eines ausgedehnten Balletts finden sich im 1. und 2. Akt kürzere Charaktertänze, die integriert in feierliche und rituelle Vorgänge als retardierendes Moment sinnvoller Bestandteil der Handlung werden. Der Anteil der großen Chorszenen, wie beim Aufruf zum Krieg gegen Äthiopien und dem Triumphmarsch, nimmt nur einen geringen Teil des Werks ein. Dem Nebeneinander von Öffentlichem und Privatem, von gesellschaftlichem Druck und individuellen Neigungen kommt dadurch eine bedeutsame Rolle zu. Wenn Radames von den Priestern das heilige Schwert für die bevorstehende Schlacht überreicht wird, lässt er sich von der feierlichen, zwischen Es-Dur und As-Dur pendelnden Stimmung im Tempel mitreißen und stimmt in den von Posaunen und Fagotten gestützten Gesang mit ein. Als erfolgreicher Feldherr, dem die Menge zujubelt, kann er im 2. Akt dem König selbstbewusst entgegentreten und fordern, dass die Gefangenen am Leben bleiben und in die Freiheit entlassen werden, was nicht zuletzt auch Aidas Stellung stärken würde. Radames ist der Idealist, als der er mit seinem Rezitativ und der Arie „Celeste Aida“ zu Beginn eingeführt wird. Trompetenfanfaren untermalen nachdrücklich seinen Anspruch, ein erfolgreicher Oberbefehlshaber zu werden, während Holzbläser und hohe Streicher seinen Traum von einer glücklichen Liebesbeziehung mit Aida begleiten. Völlig unrealistisch scheint die Vorstellung nicht, sie, wie er im 3. Akt sagt, vom König als Kampfpreis für den Erfolg zu fordern, zumal die Verbindung von Menschen verfeindeter Nationen oftmals als Garant für eine Befriedung der Beziehungen diente. Aida und Radames sind – anders als etwa Tristan und Isolde – ein dem Leben zugewandtes Paar. Doch die Beziehung der pessimistischen Aida und des Optimisten Radames scheitert an der Wirklichkeit. Die Priesterkaste hetzt unablässig zur völligen Vernichtung der Gegner auf und, genötigt von ihrem Vater, verrät Aida ihre Liebe, indem sie Radames militärische Geheimnisse über die Stellungen der Truppen entlockt. Der Ausklang von Radames' Arie nimmt das Ende vorweg: So wie sich die Stimme bei „ergerti und trono vicono al sol“ (Ich werde dir einen Thron errichten, der bis zur Sonne aufragt) im Pianissimo, „morendo“, in die höchsten Lagen aufschwingt, versichern sich die beiden Liebenden, lebendig eingemauert, dass sich ihre Seelen zum Lichtschein der Ewigkeit erheben werden (*Aida* I/4 und III/24). Während Aidas Rivalin, die Pharaonentochter Amneris, und die Priesterschaft die altägyptische Gottheit Phtà anrufen, nehmen die zum Tode Verurteilten Bezug auf den moderneren Kult einer Sonnengottheit, der ihnen Trost spendet. Um auch die sakralen Szenen so glaubwürdig wie möglich zu gestalten, erkundigte sich Verdi, ob bei rituellen Handlungen auch „Priesterinnen der Isis und anderer Gottheiten“ anwesend waren,[117] denen er dann solistisch und auch als Chor Musik zuteil werden lassen konnte, was besonders zu Beginn des 3. Akts apart ist durch das fast bitonale Changieren zwischen e- und g-Moll (*Aida* I/11-12 und III/1-2). In seiner Vertonung solle man „den Duft Ägyptens“ spüren, meinte er,[118] und ließ sogar „sechs gerade Trompeten der altägyptischen Form“ anfertigen, um seinem imaginierten Klang der Antike gerecht zu werden.[119] Nicht zuletzt ist *Aida* auch die klangsinnlichste Oper Verdis.

Zu den größten Auslandserfolgen gehörten wenige Jahre später auch einige Sakralkompositionen, wie die *Messa da Requiem* und die *Vier geistlichen Gesänge*. Die umfangreiche Totenmesse entstand zum Gedenken an den Mann, dessen Anregungen einen Großteil von Verdis Schaffens inspiriert hatte, Alessandro Manzoni, während die *Quattro pezzi sacri* das Ergebnis von Gelegenheitsarbeiten waren, die im Verlauf von zehn Jahren zusammenkamen.

Quattro pezzi sacri (1898) und Requiem (1874)

Auch wenn Verdi äußerte, dass er sich „von Natur aus nicht zur Kirchenmusik hingezogen fühle",[120] weist kaum ein Opernkomponist ein so breites Spektrum religiöser Kompositionen auf wie er. Allein in seinen Bühnenwerken gibt es etliche Mönchschöre, Priester- und Gemeindegesänge, aber auch die Pervertierung des Glaubens in dem „Credo", dem Glaubensbekenntnis des Jago, in dem dieser seine atheistische Ideologie zum Ausdruck bringt (*Otello* I/12). Obwohl Verdi später eher zum Agnostizismus neigte, finden sich in seinem Schaffen bis zuletzt Sakralkompositionen. Die ersten waren fast siebzig Jahre zuvor um 1832 entstanden: *Laudate pueri* (Lobet, Ihr Knechte den Herrn) für zwei Tenöre, Bass, Chor und Orchester, *Tantum ergo* in F-Dur (Ein so großes Sakrament) für Bass und Orchester und *Qui tollis* (Der du die Sünden der Welt hinwegnimmst) für Tenor und obligate Klarinette. Sein damaliger Lehrer, Ferdinando Provesi, dem der an Rossini erinnernde Tonfall seiner Sakralkompositionen zu opernhaft und unpassend für die Liturgie erschien, war auf den Klerus nicht allzu gut zu sprechen. Verdi eiferte ihm darin nach und sollte sich auch bei der 1835 in der Kirche Sant'Anna fuori le mura in Busetto uraufgeführten *Messa solenne*, die während seiner Studien bei Vincenzo Lavigna in Mailand entstanden war, eines bühnenreifen, an der Orchesterbehandlung eines Haydn und Mozart geschulten Stils bedienen.

Verglichen damit ist dem Zyklus der *Quattro pezzi sacri* (Vier geistliche Stücke) ein beinahe meditativer Duktus eigen. Die Uraufführung fand – wenn auch vorerst ohne das *Ave Maria*, das erst sieben Monate später bei einer Darbietung in Wien mit einbezogen wurde – im Rahmen der Konzerte der Société des Concerts du Conservatoire im April 1898 in der Pariser Oper statt. Die zwischen 1887 und 1897 entstandenen Werke unterscheiden sich in ihrer Besetzung und der Sprache. Drei Texte sind auf Lateinisch: das *Ave Maria*, das *Stabat Mater* und das *Te Deum*.

Beim *Laudi alla Vergine Maria* griff Verdi auf einen italienischen Text von Dante Alighieri aus der *Divina Commedia* zurück. Das *Ave Maria* ging hervor aus der enigmatischen chromatischen Tonleiter c–des–e–fis–gis–ais–h–c, die in der vom Verlag Ricordi herausgegebenen *Gazetta musicale di Milano* veröffentlicht worden war und von interessierten Lesern harmonisiert werden sollte. Während Verdi das *Ave Maria* vier solistischen, a cappella singenden Stimmen anvertraut (Sopran, Alt, Tenor und Bass), steht beim *Stabat mater dolorosa* (Es stand die Mutter schmerzerfüllt) einem gemischten Chor ein Riesenorchester zur Seite mit je zwei Oboen und Klarinetten, drei Querflöten und Trompeten sowie je vier Fagotten, Hörnern und Posaunen, Schlagzeug – Pauke und große Trommel –, Harfe inklusive Streicher. Wie bei seinen Opern verzichtet Verdi in dem reich mit Chromatik ausgestatteten Stück auf Wort- und Textwiederholungen und dramatisiert die Verse durch arienhafte Melodien, unbegleiteten Chorgesang und dramatische Aufschwünge. Für das schlichte Gebet *Laudi alla Vergine Maria* aus dem Schlussgesang von Dantes *Paradiso* erschienen ihm indes vier solistische Frauenstimmen angemessener. Hier konnte er auch dem von ihm bewunderten Palestrina (1525/26-1594) Tribut zollen, der ihm als der „wahre Fürst der Kirchenmusik“ und „Ewiger Vater der italienischen Musik“ galt.[121] Beim *Te Deum* handelt es sich schließlich wieder um ein umfangreiches Werk für Doppelchor, kurzes Sopransolo und großes Orchester – zwar ohne Harfe, aber zusätzlich mit Englischhorn und Bassklarinette. Von einem Beginn im Stil gregorianischer Choräle schwingt es sich auf zu gewaltigen Steigerungen, die an die *Messa da Requiem* gemahnen.

Requiem (1874)

Die Uraufführung der *Messa da Requiem*, die laut Verdi „eigens zum Jahrestag des Todes von Manzoni geschrieben wurde“,[122] fand etwa ein Vierteljahrhundert vor den *Quattro pezzi sacri* am 22. Mai 1874 in der Kirche San Marco zu Mailand statt. Bereits im gleichen Jahr präsentierte der Komponist das Stück in Paris und brachte es 1875 auch nach London, Wien, Köln und München. Das für das *Requiem* benötigte Orchester hat die gleiche Größe wie jenes in *Don Carlos* und ist mit das umfangreichste, das Verdi je verwendet hat. Eine weitere Verbindung zu der Oper ist die Übernahme des Klagegesangs von König Philipp nach der

Ermordung Posas im 4. Akt, der in der Totenmesse als „Lacrymosa dies illa" (Tag der Tränen) Verwendung fand (*DC 1867* III/8 ab 2:15 und *Requiem* I/10). Ein anderer Baustein wurde aus der Gedenkmesse für Rossini übernommen. Verdi hatte bereits ein „Libera me" (Rette mich) sowie die Keimzelle des „Requiem aeternam" (Gib ihnen die ewige Ruhe) und des „Dies irae" (Tag des Zorns) für das 1869 als Gemeinschaftsprojekt entstandene Werk komponiert.
Erlösung und Befreiung stellen wie auch schon in den vorangegangenen Opern *Don Carlos* und *Aida* ein zentrales Thema des *Requiems* dar. Dass Verdi seine Vertonung der lateinischen Totenmesse nicht unbedingt für Sakralräume gestaltete, hatte einen praktischen Hintergrund: Frauen war nach Anweisung aus dem Vatikan die Mitwirkung bei Musikaufführungen in Kirchen untersagt. Deshalb mussten die Chorsängerinnen vom Konservatorium bei der Uraufführung hinter Schleiern verborgen werden. Für eine optimale Klangentfaltung hatte Verdi nicht auf Frauenstimmen verzichten wollen, da sie wesentlich kraftvoller und anders timbriert waren als die Organe von Kirchenchorknaben. Wegen des großen Interesses an dem Stück gab es schließlich auch noch drei Folgeaufführungen in der Mailänder Scala. Verdis Totengedenken bewegte von Anfang an nicht nur die Masse des Publikums. Wirkten bei der ersten Darbietung gut 120 Choristen und über 100 Instrumentalisten mit, waren es in London mehr als 1000. Für die Solistenrollen engagierte man veritable Opernsängerinnen und -sänger, die bereits in Verdi-Rollen auf der Bühne brilliert hatten. Im Zentrum steht auch wie bei *La forza del destino* der lange Weg von purer Verzweiflung hin zum Trost durch die Nähe jenes höheren Wesens, das die Menschen verehren. Verdis intensive Beschäftigung mit der Thematik des Todes ist als ein mit Handlung und dramatischer Entwicklung konzipiertes Opus gestaltet. Im weitesten Sinne beinhaltet auch das *Requiem* wie manche Opern Verdis die Auseinandersetzung eines Vaters, hier der Vaterfigur schlechthin, mit den Seinen: nun in der Konfrontation der Sterblichen – verkörpert durch entpersonalisierte Solisten – mit dem Allmächtigen. Vor Gottes Weltgericht bekennt der Mensch seine Schuld und fleht um Vergebung. Zwar ist das überarbeitete „Libera me" eigentlich nicht Teil eines Requiems und findet sich auch nicht bei manch anderen Vertonungen, bildet jedoch für Verdi den entscheidenden Punkt, auf den die Ereignis-

se zusteuern. Nach der wohl bedrohlichsten Darstellung des Jüngsten Gerichts, die man sich denken kann, im „Dies irae" (*Requiem* I/2), schildert der Basssolist, wie die Menschen aufgefordert werden, Rechenschaft abzulegen (*Requiem* I/3 ab 1:54). Tenor, Sopran und Mezzosopran veranschaulichen die Furcht der Seelen und bitten um Erbarmen (*Requiem* I/5-8).

Der Chiaroscuro-Stil des *Requiems* findet sich in den Stimmfarben, den Dur-Moll-Kontrasten und den extremen Gegensätzen von Chor- und Orchester-Tutti bis hin zu den lichten a cappella-Sphären des „Lux aeterna" (Das ewige Licht; *Requiem* II/2). Verdis dramatische Ausgestaltung der Geschehnisse zeichnet eine ungemein bildhafte Musiksprache aus, die an die entsprechenden Gemälde von Michelangelo und Hyronimus Bosch denken lässt. Bestimmte Instrumente veranschaulichen die Situationen, wenn etwa beim Wiederauftreten der das „Dies irae" einleitenden Orchesterschläge die Hiebe auf die straff gespannte große Trommel die Vernichtungsschläge symbolisieren (*Requiem* I/2 ab 0:15). Beim „Tuba mirum" klingen die beschworenen Posaunen des Jüngsten Gerichts an, während die Töne, die dann der locker gespannten großen Trommel entlockt werden bei „Mors stupebit et natura" (Schaudernd sehen Tod und Leben; *Requiem* I/3 0:01-1:40 und ab 1:45), die gewaltige Weite der Unendlichkeit suggerieren. Die Holzbläser bei „Inter oves locum præsta" (Bei den Schafen gib mir Weide; *Requiem* I/8 ab 1:52) deuten eine Hirtenmusik an, die an die Güte des Herrn erinnert.

Verdi verbindet die kunstvolle Mehrstimmigkeit Palestrinas, der für ihn „kein Melodiker" war,[123] mit der für ihn selbst kennzeichnenden melodischen Überfülle. Ganz am Schluss gemahnt die Schlichtheit der abschließenden Worte „Errette mich" an den Ausklang von *Aida* und der Zweitfassung von *La forza del destino*, wo die Seelen auch erst im Jenseits den Frieden finden, der ihnen auf Erden nicht vergönnt war. Wie bei etlichen Opern nahm Verdi auch beim *Requiem* nach den ersten Aufführungen noch Änderungen vor, sodass die heute verwendete Fassung jene ist, die erstmals im Mai 1875 in London erklang. Nun ist das „Liber scriptus" (Und ein Buch wird aufgeschlagen) für Mezzosopran gestaltet anstatt als Chorfuge, was zusätzlich zur Individualisierung der dem Jüngsten Gericht entgegensehenden Menschen beiträgt. Über die Ordensschwestern in dem von ihm gestifteten Krankenhaus in Villanova sull'Arda schrieb Verdi einmal bissig, sie sollten „weniger Zeit vergeuden, indem sie nicht so oft in die Kirche gehen“, denn ebenso könne man „Gott ehren, indem man seine Pflicht erfüllt und daheim bleibt“.[124] Seine Hauptaufgabe sah er bis zu seinem Lebensende im Komponieren. Hinsichtlich seines humanistisch-ethischen Gehalts steht Verdis *Requiem* vielmehr Janáčeks *Glagolitischer Messe* (1927) und Brittens *War Requiem* (1962) nahe als den traditionelleren Vertonungen von Mozart, Cherubini und Berlioz.

4. Wie haben Sie das gemacht, Signor Verdi?

Zu den wesentlichen Komponenten von Verdis Opern gehören nicht allein der Gesang oder die Melodik, sondern der raffinierte dramaturgische Spannungsaufbau, die Behandlung des Orchesters sowie der Humor des Komponisten, der nicht allein in den komischen Opern zum Tragen kommt.

4.1 Verdi und die Suspense

Auch wenn die Furcht der Protagonisten und überraschende Wendungen in Verdis Bühnenwerken vielfach eine Rolle spielen, haben sie doch nichts mit jener Suspense zu tun, die den Stücken ihre besondere Würze verleiht. Der Regisseur Alfred Hitchcock hat darauf hingewiesen, dass „Rätselhaftes selten Suspense" in sich birgt und Suspense auch „nichts mit Angst zu tun hat".[125] Ihr wesentliches Prinzip ist dem Filmregisseur zufolge, „dem Zuschauer eine Information [zu] geben, die die Figuren […] nicht haben. Dann weiß er mehr als die Helden und kann sich intensiver die Frage stellen: Wie wird sich die Situation auflösen?"[126] Markante Beispiele in Verdis Opern bieten etwa Nabuccos lange Unkenntnis darüber, dass seine Tochter Fenena den Glauben seiner Feinde angenommen hat, oder dass Odabella den geplanten Giftanschlag am Ende des 2. Akts von *Attila* vereiteln will. In *Simone Boccanegra* sieht man schon zu Beginn des 2. Akts, wie Paolo heimlich Gift in die Tasse des Dogen füllt und im 3. Akt von *Aida* ahnt Radames nicht, dass Aida im Auftrag ihres heimlich lauschenden Vaters ihm entlocken soll, wo die ägyptischen Truppen positioniert sind. Verdi hat es über Jahrzehnte hinweg verstanden, seine Opern mit Elementen der Suspense anzureichern. Unter diesem Blickwinkel erweisen sich *Un ballo in maschera* (1859) und *Otello* (1887) als wahre Thriller.

Un Ballo in maschera (1859)

Die Dramaturgie in *Un ballo in maschera* (Ein Maskenball) lebt von einem ständigen Wissensvorsprung des Publikums. Schon im Orchestervorspiel prallen die Motive des „Posa in pace" (Schlummere friedvoll) der Hofgesellschaft und das „E sta l'odio, che prepara il fio" (Und der Hass, der auf Rache sinnt) der Verschwörer aufeinander, sodass mit Beginn der ersten Szene, die, gleichfalls in h-Moll, diese Musik aus dem Vorspiel aufgreift, deutlich ist, dass Attentäter aus den eigenen Reihen auf den Gouverneur, Graf Riccardo, lauern. Wenn dessen Vertrauter Renato ihn vor Anschlägen warnt, weiß er nicht, was dem Betrachter aus dem vorangegangenen Auftrittsarioso bekannt ist: Sein Freund liebt Renatos Frau Amelia. Die Menschen, die die Wahrsagerin Ulrica aufsuchen, sind in völliger Unkenntnis darüber, dass auch der Gouverneur mit den Seinen inkognito den Beschwörungen und Prophezeiungen beiwohnt. Und Renato ist völlig arglos, als er nach einem Stelldichein von Riccardo in unwegsamer Gegend eine verschleierte Dame in die Stadt zurückgeleiten soll – nur dem Publikum ist durch das vorhergegangene Geschehen klar, dass es seine Gemahlin ist. Wenn er sich schließlich den Verschwörern anschließt und Amelia herbeiholt, um ein Los zu ziehen, ist sie misstrauisch, erfährt aber nicht, dass sie damit den Namen desjenigen festlegt, der Riccardo ermorden muss.

Verglichen mit den abrupten Handlungsumschwüngen in Werken wie *I Lombardi* oder *Alzira* vollzieht sich die Entwicklung des Geschehens in *Un ballo in maschera* ganz allmählich, aber mit einer beunruhigenden Folgerichtigkeit. Konflikte deuten sich an, lassen sich erahnen, werden entwickelt und immer weiter zugespitzt. Dabei treibt Verdi das Geschehen ohne Ruhepunkte voran. Seine Oper ist etwa um ein Drittel kürzer als das französische Vorbild *Gustave III, ou Le bal masqué* (1833) von Eugène Scribe und Daniel-François-Esprit Auber. Zusammen mit seinem Librettisten Antonio Somma straffte Verdi das Textbuch und entschied sich für einen stringenteren musikalischen Ablauf. Dass man wegen der Zensur darauf verzichten musste, den Mord an einem König auf der Bühne zu zeigen – in diesem Fall ging es um den Anschlag auf Gustav III. von Schweden anlässlich eines Maskenfests am 29. März 1792 –, focht Verdi nicht an. In späteren Jahren verzichtete er darauf, zur ursprünglich geplanten „schwedischen Fassung" zurückzukehren, obwohl diese nur einige Namens- sowie Textänderungen erforderlich gemacht hätte und die Musik davon unberührt geblieben wäre. Letztlich jedoch war Verdi vor allem daran gelegen, den zwischenmenschlichen Konflikten Ausdruck zu verleihen.

Aubers Vertonung zeichnet sich durch eine gefällige, verspielte und noble Melodik aus. Allerdings besitzen seine Figuren nicht die scharfen musikalischen Konturen von Verdis Charakteren. Viele Szenen erwecken durch Wiederholungen und parallele

Stimmführung beim Zwiegesang einen eher statischen Eindruck, während Verdi das Drama unablässig vorantreibt. Er gönnt seinen Figuren keine langatmigen Auftrittsarien mehr: Wenn Riccardo die Szene betritt, singt er – accompagniert vom Chor, der Verschwörerclique und dem Pagen – eine Kurzversion, die zudem dramatisch motiviert ist, nachdem er auf einer Einladungsliste den Namen von Amelia entdeckt hat. Bei der Gestaltung von Arien orientiert Verdi sich erstmals nicht mehr an dem konventionellen Adagio-Cabaletta-Aufbau, wie *Un ballo in maschera* überhaupt mehr Konversationsstück ist als mit vokaler Artistik angereicherte konventionelle Oper. Auch Mercadantes *Il reggente* (1843) übertraf Aubers Stück durch eine straffere Handlungsführung, doch abgesehn davon, dass Verdi dem italienischen Kollegen an melodischer Erfindungskraft weit überlegen war, ist seine musikdramatische Ausgestaltung fesselnder. Bei Mercadante ziehen die Verschwörer unter sich die Lose und als sein Name fällt, bricht der auserwählte Attentäter „subito con tutta forza d'impetuoso fiume" (sofort mit voller Kraft und ungestüm) solistisch in einen enthusiastischen Rachegesang aus, der diese entscheidende Szene beendet. Verdi hingegen macht sich wieder das Element der Suspense zunutze: Als der Name des Mörders bestimmt werden soll, tritt Amelia plötzlich ins Zimmer. Sie will nur mitteilen, dass der Page eine Einladung zum Ball des Gouverneurs überbringt, wird aber genötigt, zur „Schicksalsverkünderin" zu werden. Sie weiß nicht, was vor sich geht, als sie einen Zettel aus einer Vase ziehen soll, doch nachdem ihr Mann jubelt, als sein Name vorgelesen wird, mutmaßt sie entsetzt, sie habe gerade mit eigener Hand den Namen desjenigen bestimmt, der Graf Riccardo ermorden soll. Das kurze Ensemble könnte schon der Höhepunkt der Szene sein, doch Verdi lässt den 2. Akt in einer doppelten Volte kulminieren. Der Page Oscar erscheint. Er könnte noch Verdacht schöpfen. Und nun zeigt Verdi, wie nah Tod und Leben beieinander liegen. Der Page – Verdis einzige Hosenrolle – schwärmt im Allegro brillante-Kehraus mit glitzerndem Koloratursopran von den Freuden des Festes, die dunklen Männerstimmen von Renato und den Verschwörern dröhnen von Vergeltung, während Amelia in großen Melodiebögen sich entsetzt fragt, wie sie den Anschlag verhindern und zugleich ihren Mann schützen kann (*Ballo* II/7-8).

Un ballo in maschera bietet nicht zuletzt ein Psychogramm moderner Gesellschaften. Was weit bis ins 19. Jahrhundert hinein auf der Opernbühne kaum denkbar war, macht Verdi möglich. Der Page zeigt die Oberflächlichkeit sozialen Lebens: Er ignoriert alles, wenn sich sein hoher Sopran in tänzelnder Rhythmik über dem Verschwörergrollen und Amelias Verzweiflungsrufen erhebt. Der Gouverneur steht ihm kaum nach, als er anstatt die ominöse Wahrsagerin zu verbannen, das Gesetz aushebelt und anordnet, sie inkognito aufzusuchen. Inwiefern die Verschwörer, die alle Gründe für ihren Hass auf Graf Riccardo nennen, Freiheitskämpfer oder Mörder sind, bleibt offen. Egoistische Interessen, gleichzeitige Nähe und Fremdheit der Menschen dominieren. Gefühle werden nur verdeckt geäußert: Renato stellt den Freund nicht persönlich zur Rede, sondern schleudert alle Vorwürfe einem Bild entgegen. Das Finale hält diesem Gebaren eine soziale Utopie entgegen, wie man sie auch in dem im selben Jahr 1857 entstandenen *Simone Boccanegra* findet: Ohne Empathie und Vergebung ist ein Zusammenleben nicht möglich. Während ein vergleichbarer Augenblick in der viel konventionelleren Oper *Alzira* noch wirkungslos verpufft, transzendiert Verdi bei *Un ballo in maschera* das musikalische Drama: Die Ballmusik auf der Bühne verstummt allmählich, als der Sterbende dem Attentäter vergibt. Der Moment des Übergangs vom Leben zum Tod vollzieht sich nicht allein instrumental wie noch bei Orontes Dahinscheiden in *I Lombardi*, sondern auch vokal im Brechen der Stimme beim Abschiedsgesang Riccardos. „Morendo“ und „dolcissimo con espressione“ lauten die Anweisungen, sowie „die Stimme versagt ihm“ beim letzten nicht vollendeten „Addi…“. Wie in einer Zeitlupeneinstellung heben Streicher und Holzbläser im dreifachen Pianissimo die entscheidenden Sekunden hervor, wobei das Entrücken von der Welt und ihre Realität in den Reaktionen der Umstehenden zu verschwimmen scheinen. Verosimilitudine, die Wahrheitsangleichung, und Imagination werden von Verdi zu einer Symbiose geführt.

Otello (1887)
In Verdis von Shakespeare beeinflusstem Musiktheater dominiert eine realistische Darstellungsweise. Um das Archetypische zu zeigen, taugen Verklärung und Konvention kaum. Zudem ist gerade *Otello* reich an Suspense-Elementen, da jeder Protagonist einen anderen Wissensstand hat, wodurch sich eine verhängnis-

volle Verkettung von Missverständnissen und Misstrauen ergibt. Zwar schimmern in Verdis vorletzter Oper noch die traditionellen Standard-Nummern der italienischen Oper durch (Tempesta – die Gewittermusik –, Trinklied, Liebesduett, Soli für die Protagonisten), doch werden diese einzelnen Bestandteile nun vollkommen in den dramatischen Ablauf eingegliedert und mit einer durchlaufenden musikalischen Struktur verzahnt. Verdis *Otello* bietet keinerlei Möglichkeit, eine Aufführung mit ständigem Szenenapplaus zu unterbrechen. Es gibt nicht einmal mehr eine – und sei sie auch noch so kurze – Orchestereinleitung. Mit der spektakulären Sturmszene schlägt Verdi den Ton für das Drama an: Die wilde Natur wird zum Spiegel der aufgewühlten Emotionen und der gepeinigten Seelen. Der Feldherr Otello liebt seine Frau Desdemona; doch sein Fähnrich Jago will noch alte Rechnungen begleichen, intrigiert gegen ihn und redet ihm ein, dass sie ihn betrügt.

Auch wenn in dem Duett von Otello und Jago am Ende des 2. Akts noch das von Basevi beschriebene Modell der „solita forma“ erscheint, wird es durchbrochen von rezitativischen Einschüben und überlagert von einem nahtlosen musikalischen Fluss, der sich am Text orientiert (*Otello* I/17-23). Darin sticht immer wieder das „parola scenica“ hervor. Während das vorangegangene Ensemble in Otellos Erkenntnis „Desdemona rea!“ (Desdemona ist schuldig) mündet, steuert das Duett – wie auch die entsprechende Szene bei Shakespeare – auf sein markantes, dreimal ausgerufenes „Sangue!“ (Blut) zu. Und selbst wenn die Auseinandersetzungen im Finale des 3. Akts in ein großes „largo concertato“ gipfeln, dem traditionellen dramatischen Kulminationspunkt der alten Belcanto-Oper, ist dieser Moment – entgegen der Konvention – durchbrochen von zwei parallel ablaufenden Gesprächen Jagos mit Otello und mit Roderigo, die die Handlung inmitten der vordergründig statischen Szene weiter vorantreiben (*Otello* II/12-13).

Die Oper hält sich nicht mehr mit dem Venedig-Akt aus Shakespeares Vorlage auf (inhaltlich wichtige Textbausteine daraus sind teilweise in das Liebesduett integriert), sondern bündelt das Geschehen in vier etwa gleich lange Akte, die musikalisch unter ständiger Hochspannung stehen. Eine Symmetrie wird dadurch gewahrt, dass die Binnenakte 2 und 3 im Fortissimo schließen, während der 1. und letzte Akt leise im Pianissimo enden. Die auf

Zypern angesiedelte Handlung durchzieht eine „Raum-Dramaturgie“, indem sich die Räume parallel zu der zunehmenden „Scheuklappen-Perspektive“ der Titelfigur verengen – von der großen Unwetterszene am Strand hin zum Schlafgemach der Desdemona.
Die Charaktere sind pointiert gezeichnet: Für die Titelfigur benötigt Verdi keine umständliche Auftrittsarie mehr. Als Kriegsheld schmettert Otello seine knappgehaltene Siegesverkündigung mit der Untermalung von Trompetenfanfaren, ausgehaltenen Horn-Akkorden und Streicherarpeggi:

Esultate! L'orgoglio musulmano / sepolto è in mar; nostra e del ciel è gloria! / Dopo l'armi lo vinse l'uragano.	Freut euch! Der Stolz der Muselmanen / liegt im Meer begraben, uns und dem Himmel gehört der Ruhm! / Nach den Waffen besiegte sie der Sturm!

Die emotionale Palette reicht vom innigen Liebesduett, das mit dunklen Vorahnungen durchsetzt ist, bis hin zu martialischen Wutausbrüchen. Auch Desdemonas komplexem Wesen wird musikalisch Ausdruck verliehen: Mal ist sie als einfühlsame Liebende im Duett zu hören, wenn sie sich mit einem leicht militärischen Rhythmus das gefahrvolle Leben ihres Mannes vergegenwärtigt (*Otello* I/9 2:37-3:12), mal setzt sie sich engagiert und keineswegs unterwürfig gegenüber ihrem Gatten für den verleumdeten, degradierten Hauptmann Cassio ein: zunächst einfach und natürlich, dann „con espressione“, mit Ausdruck, wobei ihrem zweiten „gli perdona“ (begnadige ihn) die Oboe Nachdruck verleiht (*Otello* I/15 0:55-1:18).
Jago nutzt ihren Einsatz für einen guten Freund dazu, Otello einzureden, Desdemona habe ein Verhältnis mit Cassio. Der destruktive Charakter Jagos zeigt sich von der ersten bis zu letzten Note in der Oper nicht nur in seinen vielfach abfallenden Gesangslinien, sondern vor allem in seinem als „Credo“ bezeichneten Solo des 2. Akts – einem von Shakespeare unabhängigen, nur von Verdi und Boito entwickelten Moment der Selbstdarstellung, in dem Jago sich als Misanthrop und Atheist entpuppt (*Otello* I/12). Dadurch kann man diese Oper nicht allein auf die Aspekte „Eifersuchtsdrama“, „Außenseitertum“ (Otello ist ein Farbiger) usw. reduzieren. Vielmehr ist der Protagonist hin- und hergerissen zwischen unterschiedlichen Prinzipien: der nihilistischen, menschenverachtenden Haltung Jagos einerseits sowie Desdemonas Sphäre der Güte, des Arglosen, Mitfühlenden, Verletzlichen andererseits.

Als in der Oper unausgesprochene Grundlage liegt den Geschehnissen nicht zuletzt Otellos Äußerung aus der 3. Szene des 3. Akts zugrunde, „wenn ich dich nicht mehr liebe, kehrt das Chaos wieder".
Zwar wird der Gesangston fast nie verlassen, dennoch finden sich in *Otello* zuweilen scharfe Akzentuierungen, z. B. bei dem kalten, auf fast nur einem Pianissimo-Ton nahezu gesprochenen „La Morte è il Nulla" als Resumee von Jagos Glaubensbekenntnis (Der Tod ist das Nichts; *Otello* I/12 ab 2:26) und Otellos bedrohlich herausgeschleuderter Beschimpfung Desdemonas als „vil cortigiana" (üble Hure) im 3. Akt – „cupo e terribile" (düster und fürchterlich) lautet die Anweisung und „voce soffocata" (mit erstickter Stimme), als Otello hinzufügt: „ch'è la sposa d'Otello" (jene ist Otellos Gattin; *Otello* II/4 3:49-4:41). Die geschmeidige, sprachmelodische Gestaltung des Rezitativs, der Parlando-Tonfall sowie das die Emotionen und die verhängnisvolle Entwicklung ausleuchtende Orchester verleihen *Otello* eine Ausnahmestellung in Verdis Schaffen: So wie der anders konzipierte, aber nicht minder subtile *Falstaff* (1893) eine Dialogoper ist, kann man *Otello* als eine Oper des „dialogischen Duetts" charakterisieren (denn selbst das „Quartett" im 2. Akt ist eigentlich ein aus zwei separaten Duetten bestehendes Ensemble und noch in die ausgreifende Schlussszene mit Chor im 3. Akt sind zwei Duette eingebettet). Bei Verdis neuer Art von Musikdramatik werden das prägnante szenische Wort und die Stimmung wichtiger als die Stimme. Verdi hatte sein Ziel erreicht, jeder einzelnen Note „einen Charakter zu geben".[127]

4.2 Verdi und das Orchester

Die Klangkörper, mit denen Verdi sich auseinandersetzte, waren fast ausschließlich Opernorchester. Reine Instrumentalmusik besaß in Italien einen erheblich geringeren Stellenwert als in Deutschland oder Österreich. Nicht von ungefähr waren Ouvertüren und Ballettmusiken zumeist die Stücke, die für eine Produktion erst ganz am Schluss komponiert wurden, oft nachdem die Probenphase bereits begonnen hatte. Auch Verdis „Sinfonien" aus den 1830er Jahren muten eher an wie Opern-Ouvertüren in der Nachfolge Rossinis. Die Sinfonia in C- und jene in D-Dur, die höchstwahrscheinlich um 1834 im Hause von Verdis Förderer Antonio Barezzi in Busseto uraufgeführt worden waren, entlehnen ihre Bezeichnung vielmehr den als „Sinfonia“ bekannten Orchestereinleitungen zu Bühnenwerken als der mindestens dreisätzigen, nördlich der Alpen etablierten Gattung von Instrumentalwerken. Einer solchen neapolitanischen Opernsinfonia – bei der sich an einen schnellen ein langsamer Satz anschließt, bevor das Stück im zügigen Tempo beendet wird, im Gegensatz zur französischen Ouvertüre mit ihrer langsam-schnell-langsam-Abfolge – steht auch Verdis *Introduzione, Andante e Tema con variazioni* nahe. Bei einem *Capriccio* für Fagott bzw. einem *Adagio* für Trompete und Orchester wird das Soloinstrument ausgesprochen vokal geführt, wie etwa in Haydns *Sinfonia concertante*, so als handele es sich um eine Arie.

Opern waren Verdi von Jugend an vertraut. Mit 14 Jahren schrieb er eine neue Ouvertüre zu Rossinis *Il barbiere di Siviglia*, die sogar vor einer Aufführung eines Gastspielensembles in Busseto gespielt wurde. Bis in die 1840er Jahre hinein besaß das Orchester in der italienischen Oper weitgehend eine Begleitfunktion und war Rhythmusgeber zur Untermalung des Geschehens. Auch Verdi hielt sich in der frühen Phase seiner Laufbahn an diese Gepflogenheiten. Sobald ein Theaterorchester über herausragende Instrumentalisten verfügte, regte ihn dies dazu an, bei den zuweilen mit Soloeinlagen ausgestalteten Einleitungen zu einzelnen Akten oder Szenen diesen Musikern einen angemessenen Part zukommen zu lassen. Davon profitierte beispielsweise der Sologeiger des Orchesters der Mailänder Scala beim Vorspiel zur 3. Szene des 3. Akts von *I Lombardi*, der Solocellist des Teatro Apollo in Rom bei Amelias Arie „Morrò“ (Ich werde sterben) oder der mit Verdi seit den Studientagen befreundete Klarinettist Ernesto Cavallini (1807-1874) am Opernhaus in St. Petersburg, der ihn in *La forza del destino* zu Klarinettenintermezzi wie etwa zu Beginn des 3. Akts inspiriert hatte. Im Vorspiel zum 2. Akt von *I due Foscari* findet sich ein Duett für Solobratsche und -cello, während bei *I masnadieri* für den später berühmten Cellovirtuosen Alfredo Piatti (1822-1901) der Solopart im Vorspiel zur Oper entstand.

Die Fähigkeiten der Orchestermusiker forderte Verdi heraus, wenn er kammermusikalische Grazie verlangte wie bei der Ausgestaltung von Giseldas „Salve Maria“ in *I Lombardi* mit acht Geigen, einem Cello und Kontrabass nebst Flöte und Klarinette, dem Vorspiel zu Amelias Arie in *I Masnadieri*, oder wenn er mit instrumentalen Mitteln einen Sonnenaufgang evozierte, wie im Prolog von *Attila*. In seinen besten Momenten instrumentierte der junge Verdi wie Berlioz (1803-1869), mit dessen einflussreicher, 1843 publizierter Instrumentationslehre, der *Grand Traité d'instrumentation et d'orchestration moderne*, er sicher vertraut war. Verdi war sich stets über die Bedeutung des Orchesters im Klaren. „Es ist sehr schwierig, einen guten Leiter für das Orchester zu finden", wusste er, denn „vom Orchesterleiter kann oft der Erfolg einer Oper und einer ganzen Spielzeit abhängen."[128] Spätestens ab *Macbeth* zeigt sich, dass Verdi das Orchester zunehmend zum Mitgestalter des dramatischen Ausdrucks macht. Dies spiegelt sich auch in genaueren Hinweisen in seinen Briefen. „Das Orchester, das sich unter der Bühne befindet, muss (für das große Theater von S. Carlo) verstärkt" werden, fordert er hinsichtlich einer geplanten Aufführung in Neapel für den 3. Akt, „aber gebt Obacht, dass weder Trompeten noch Posaunen dabei sein dürfen. Der Klang muss wie aus der Ferne und lautlos scheinen und muss mithin aus Bassklarinetten, Fagotten und Kontrafagotten bestehen, sonst nichts."[129]

Verdi verwendete je nach Möglichkeit auch für damalige Opernorchester ungewöhnliche Instrumente – z. B. Saxhörner in *Jérusalem*, die Bassklarinette in *Don Carlos* oder die so genannten Aida-Trompeten – bzw. solche, die heute kaum oder nicht mehr gebräuchlich sind, wie etwa die Ventilposaune, das Cimbasso oder die Ophikleide. So sind die entsprechenden Passagen in der Ouvertüre zu *La forza del destino* im Hinblick auf Ventilposaunen geschrieben, die eine leichtere Ansprache haben als Zugposaunen, während insbesondere bei exponierten Stellen des *Requiems* der knorrige, konturierte Klang des Cimbasso dem eher abgerundeten Ton einer modernen Tuba vorzuziehen ist. Wenn Verdis Musik auf heutigen Instrumenten ausgeführt wird, sollte man sich bewusst sein, dass die Originalinstrumente zumeist ein weniger durchdringendes Volumen und ein zarteres Timbre besaßen. Das überirdische „ewige Licht" des „Lux aeterna" sollte nicht durch wabernde Streichertremoli hervortreten, vielmehr braucht es ein zartes Leuchten, das sich mittels eines nicht übertriebenen bis kaum vorhandenen Vibratos erzeugen lässt. Dass der Verdi-Ton einst geschmeidiger war, hängt gewiss auch mit der Veränderung des Kammertons zusammen, der im Laufe der Zeit erhöht wurde. Wie sehr Verdi auch dieser Aspekt beschäftigte, zeigt nicht zuletzt seine besorgte Frage vor der Uraufführung von *Aida* in Kairo, „ob der normale Kammerton beibehalten wird".[130]

Die Orchestergröße der Opernhäuser schwankte erheblich. Zwar blieb die Anzahl der Holz- und Blechbläser weitgehend gleich, doch wichtige Häuser wie die Mailänder Scala konnten bis zu 27 erste und zweite Geigen bieten, je sechs Bratschen und Celli sowie acht Kontrabässe, das Teatro La Fenice in Venedig hingegen nur bis zu 24 erste und zweite Geigen, sechs Bratschen, drei Celli und acht Kontrabässe, andere Theater zumeist weniger. Die Pariser Opéra prunkte abgesehen von der technischen Qualität des Orchesters mit 24 ersten und zweiten Geigen, acht Bratschen, zehn Celli und acht Kontrabässen.[131] Auch bei großen Besetzungen hätte Verdi nie im Sinn gehabt, dem Orchester in einer Oper mehr sinfonisches Gewicht als in der deutschen Oper zu verleihen. Über den neuen Erfolgskomponisten Giacomo Puccini (1858-1924), den Ricordi nach ihm unter Vertrag nahm, meinte Verdi, dass es ganz natürlich sei, wenn dieser modernen Entwicklungen folge. „Aber er fühlt sich auch der Melodie verpflichtet und das ist weder neu noch alt", schrieb er. „Es scheint jedoch, dass ein sinfonisches Element bei ihm überwiegt! Daran ist nichts verkehrt! Nur dass man dabei vorsichtig sein muss. Oper ist Oper; Sinfonie ist Sinfonie, und ich glaube nicht, dass man gut daran tut, sinfonische Abschnitte in eine Oper einzufügen, nur weil man Spaß daran hat, das Orchester zum Tanzen zu bringen."[132]

Im 19. Jahrhundert war die Positionierung des Dirigenten nicht einheitlich. An italienischen Opernhäusern standen die Orchesterleiter, wie auch heute üblich, an der Abschirmung zu den Zuschauerreihen, während die Dirigenten bei fast allen anderen europäischen Theatern ihren Platz nahe der Bühne hinter dem Souffleur hatten. In einem Interview, das Verdi 1894 dem Pariser *Journal des Débats* gab, sprach er sich eindeutig für die italienische und gegen die französische Praxis aus. Ein Aspekt, der für Verdi von außerordentlicher Bedeutung war, betrifft die Positionierung der Instrumente. „Die Sitzordnung des Orchesters", betonte Verdi, „ist für den Zusammenklang der Instrumente, für die Klangfülle und für den Effekt von weit größerer Bedeutung, als man gemeinhin annimmt."[133] Er hatte wesentlichen Anteil an der Reformierung italienischer Opernorchester. Orchestersitzplänen aus dem 19. Jahrhundert zufolge deckten beispielsweise an der

Mailänder Scala oder am Teatro San Carlo in Neapel die hohen Streicher die ganze Bühnenbreite ab, indem auf *beiden* Seiten des Dirigenten erste Geigen saßen und dahinter die zweiten Geigen. Kontrabässe und Celli waren ebenfalls sowohl links als auch rechts aufgestellt, die Bratschen eher mittig, dahinter die Bläser. Verdi störte, dass darunter die Präzision des Zusammenspiels litt. Seine ersten Versuche, die Aufstellung zu ändern gehen auf das Jahr 1858 zurück, als er für Aufführungen von *Simone Boccanegra* in Neapel verlangte, dass die Bratschen und Celli zusammen in Gruppen und nicht verteilt sitzen sollten. Doch noch wurden seine Anregungen nicht dauerhaft aufgenommen. Ab 1869 nutzte er anlässlich seiner Rückkehr an die Mailänder Scala mit *La forza del destino* seine etablierte Position, um sich verstärkt für einschneidende Veränderungen zu engagieren. „Wie kann man akzeptieren, dass die Bratschen und Celli immer noch nicht zusammen sind? Wie können die Streicher mit Attacke spielen, dynamischer Farbgebung, Akzenten usw.?" echauffierte er sich in einem Brief und berichtete, wie sehr ihn in Wien „alle Kontrabässe zusammen vereint genau in der Mitte des Orchesters" fasziniert hatten.[134] Dies legt nahe, dass es für den ausgewogenen, vom Komponisten angestrebten „vollen, runden Klang"[135] erforderlich ist, dass bei einem Verdi-Orchester die tiefen Streicherstimmen als Basis zentral liegen. Sollte dies nicht möglich sein, so wünschte er sich die Kontrabässe links und rechts verteilt, während er eine Aufstellung an der Seite ablehnte. Ebenso wollte er die Geigengruppen zusammengefasst haben, und zwar als erste und zweite Geigen antiphonal links und rechts vom Dirigenten platziert. Die derzeit zumeist übliche Positionierung der Instrumente nach der Tonhöhe – mit den nicht zwischen ersten und zweiten Geigen differenzierenden hohen Streichertönen von links und dem Brummen der tiefen Streicher von rechts – hatte Verdi nie im Sinn gehabt. Ihm schwebte ein Verschmelzungsklang vor, durch den sich eine homogene Klangmischung entwickelt. Dafür sollten die hohen Streicher die ganze Breite des Orchestergrabens nutzen, Bratschen und Celli links dahinter, Blechbläser und Schlaginstrumente rechts und die Holzbläser in der Mitte sitzen. Möglicherweise hatten Verdi auch seine in Paris gesammelten Erfahrungen angeregt, denn dort war an der Opéra die antiphonale Sitzordnung der ersten und zweiten Geigen üblich, während die Holzbläser und die tiefen Streicherstimmen für die zentrale Grundierung des

Klangs sorgten.
Das Orchester war für Verdi Rhythmus- und Impulsgeber, vermittelte Stimmungen und Emotionen und war wesentlich, um das Bühnengeschehen voranzutreiben. In seiner Instrumentierung finden sich etliche kammermusikalische Finessen, doch sie unterstützen gezielt den dramatischen Ausdruck des szenischen Augenblicks. Obwohl Verdi als Privatvergnügen ein höchst apartes Streichquartett, eine *Romanza senza parole* für Klavier und einen Klavierwalzer schrieb – den Nino Rota 1962 für die Filmmusik zu Luchino Viscontis *Der Leopard* instrumentierte –, interessierte er sich nicht für Kammermusik. Als 1863 in Mailand eine „Società del Quartetto" gegründet wurde, bat er seinen Verleger nachdrücklich, ihn „dabei aus dem Spiel zu lassen".[136] Stattdessen verfeinerte er vom Beginn seiner Karriere an bis zu seinen letzten Kompositionen seine Technik darin, das Orchester zu einem ausdrucksvollen Partner von Chor und Solisten werden zu lassen.

4.3 Verdi und der Humor

Auch wenn Verdis Werke größtenteils von ernster Natur sind, bedeutet dies nicht, dass der Komponist den heiteren Seiten des Lebens desinteressiert gegenüber stand. „Ich habe alles gesehen, was sich an Ernstem und Komischem zugetragen hat", ließ er eine Freundin wissen und fügte noch hinzu: „Bitte, glauben Sie mir, *gesehen* heißt mit *meinen eigenen Augen*."[137] Diese Erfahrungen fließen auch in die Opern und Lieder ein. Doch indem Verdi den buffonesken Elementen nie großen Raum einräumt, grenzte er sich deutlich von dem in seiner Jugend alles dominierenden Komponisten, Gioachino Rossini, ab. Selbst in seinen ausgelassensten Liedern beweist Verdi bereits, dass er gegenüber seinen zumeist realitätsbezogenen Stoffen eine ironische Distanz wahren kann, wenn er etwa wie in „Il Brigidino" doppeldeutig mit den Ähnlichkeiten von Aniswaffeln und Kokarden kokettiert oder in „Stornello" die Verspieltheit der Liebesszenen von Nanetta und Fenton in *Falstaff* aufblitzt (*Lieder* 3 und 12). In „Lo Spazzacamino" (Der Kaminkehrer; *Lieder* 22) schwingt bereits der lockere, unbeschwerte Tonfall des Pagen Oscar aus *Un ballo in maschera* mit, und „Brindisi" lässt an die lebhaften Trinklieder der Opern denken. Bereits die Aussage weist in eine ähnliche Richtung: Während in dem Sololied die Verlässlichkeit des Genusses gepriesen wird, dem eher zu trauen sei als Freundschaft und Liebe („Tu solo, o bicchiero, / Fra gaudi terreni non sei menzognero…; Nur du, o Glas, bist unter all den irdischen Vergnügen kein Lügner, *Lieder* 24), bejubelt man im einleitenden „Brindisi“ von *La traviata*, dass die Bedeutung des Daseins nur in Lust und Labsal besteht („Tutto è follia nel mondo / Ciò che non piacer…“; Alles auf Erden ist sinnlos, was nicht Genuss ist, *Traviata* I/3). Im Trinklied in *Otello* schließlich wandelt sich der Rundgesang höhnisch zum Ausdruck einer spöttisch-nihilistischen Weltsicht („Sfido l'ironico/ Nume e il destin“; Ich fordere den spottenden Gott und das Schicksal heraus, *Otello* I/6).

Für Verdi besaß auch das Böse stets etwas Belustigendes. „Mir scheint sogar, wenn Ihr dem Charakter Wurms eine gewisse Komik verleih, dann wird die Situation noch schrecklicher“, schrieb er an Cammarano, den Librettisten von *Luisa Miller*.[138] Dementsprechend ließ er auch den Chören der gedungenen Mörder in *I Lombardi* und *Macbeth* einen gewissen buffonesken Charakter angedeihen – das Entsetzliche liegt darin, mit welch professioneller Gelassenheit Menschen gegen Entlohnung töten (*Lombardi* I/6 und *Macbeth 1847* I/12 bzw. *Macbeth 1865* I/11). Verdi wusste schon um die Banalität des Bösen und stellte sie dar, lange bevor dieser Begriff geprägt wurde. Lediglich Sparafucile in *Rigoletto*, der Privatunternehmer in Sachen Auftragsmord, zeichnet sich durch einen stoischen Ernst aus, allerdings bedeutet sein Nom de guerre burleskerweise „Schießgewehr“ (sparare – schießen; fucile – die Flinte). In *Rigoletto* geben die Hofschranzen, die für alles und jeden nur Spott und Verachtung übrig haben, den Allegro-Chor „Zitti, zitti“ (Seid mucksmäuschenstill!; *Rigoletto* I/14) zur Entführung von Gilda zum Besten. Einen buffonesken Tonfall verwendet Verdi häufig für zynische Kommentare, wie etwa Jagos joviale und hämischen Bemerkungen im 3. Akt, nachdem er, um Otello zu provozieren, Cassio dazu gebracht hat, Desdemonas Taschentuch zu zücken (*Otello* II/8). Bereits in *Ernani* gibt es einen Anklang an den von Verdi geschätzten *Barbiere di Siviglia* Rossinis, wenn Carlo gleichfalls im Finale des 1. Akts – nachdem seine Identität als König enthüllt ist – abseits vom Ensemble in Figaros Manier auf Silva weist und feststellt: „Vedi come il buon vegliardo / or del cor l'ira depone” (Sieh, wie sich bei dem guten Alten nun der Zorn in seinem Herzen aufstaut; *Ernani* I/12).

In humorvolle Szenen bindet Verdi so gut wie nie einfache Leute ein, die eigentlich vorwiegend das Personal in Komödien gestellt hatten. Selbst in seinen beiden als „giocoso“ bzw. „commedia“ ausgewiesenen Werken *Un giorno di regno* und *Falstaff* sind die Akteure Vertreter der oberen Gesellschaftsschichten bzw. wohlhabende Bürger – auch wenn Falstaff ein eher heruntergekommner Mann von Stand ist. Bedienstete sind bei Verdi zumeist nur Stichwortgeber und das Volk agiert weitgehend als anonyme Chormasse, wobei es bei stärker individualisierten Volksszenen wie in *La forza del destino* durchaus unterhaltsam zugehen kann, wie etwa beim Rataplan-Gesang im 3. Akt, der kurzfristig für Auflockerung sorgt (*Forza 1862* II/13 und *Forza 1869* II/14 ab 0:19). Mitunter werden die in der Hierarchie höher Stehenden auf amüsante Weise portraitiert, wie etwa mit Bruder Melitone ein Vertreter des Klerus. Dessen Parlando-Geplapper, wenn er den Menschen im Heerlager ins Gewissen redet, ist größtenteils wörtlich von der Kapuzinerpredigt aus dem achten Auftritt in Schillers *Wallensteins Lager* übernommen. Das Humorvolle in Verdis Kunst zeigt sich überwiegend in dem unvermuteten Nebeneinander von scheinbar völlig unvereinbaren Dingen. Selbst in Komödien ist die Nähe des Todes gegenwärtig, wenn etwa in *Un giorno di regno* Edoardo den Tod auf dem Schlachtfeld herbeisehnt, nachdem er seine Geliebte für sich verloren glaubt, womit die eher schlichte Komödie durch den trauerumflorten Tonfall des jungen Mannes zeitweilig eine gewisse Tiefendimension erhält (*Giorno* I/7). Folgt man Albert Camus, stellt der Selbstmord das einzige „wirklich ernste philosophische Problem“ dar: „Die Entscheidung, ob das Leben sich lohne oder nicht, beantwortet die Grundfrage der Philosophie.“ Verdi ist ein „Gefühl für das Absurde“ nicht abzusprechen, diesem, so Camus, bedrückenden „Zwiespalt zwischen dem Menschen und seinem Leben, zwischen dem Schauspieler und seinem Hintergrund, [...] zwischen dem sehnsüchtigen Geist und der enttäuschenden Welt“. Dieses Wissen um das Absurde führt den Menschen, der sich darüber im Klaren ist, zur Revolte gegen diese Herausforderung, denn „für einen Menschen ohne Scheuklappen gibt es kein schöneres Schauspiel als die Intelligenz im Widerstreit mit einer ihm überlegenen Wirklichkeit.“[139] Am heftigsten wird dieser Kampf in *La forza del destino* ausgefochten, wo die Kontraste von ernsten und humorvollen Szenen ein wesentliches Element der Dramaturgie bilden, sowie in *Un ballo in maschera*, wo die Komödie am schnellsten in die Tragödie umkippt. Inspiriert von der spritzigen Leichtigkeit der französischen Opéra bouffe rüstet sich die Hofgesellschaft dafür, sich unerkannt unter die einfachen Menschen zu mischen, um die Wahrsagerin Ulrica aufzusuchen (*Ballo* I/5). Die übersprudelnde Munterkeit der Gesänge des Pagen Oscar kontrastiert immer wieder mit ernsten Momenten, wenn er etwa im 3. Akt auf dem Maskenball mit dem Attentäter Renato schäkert (*Ballo* II/11) oder mit perlender Melodik einen Kontrapunkt zu den rohen Stakkati der Verschwörer setzt und die Szene zu einem Tanz auf dem Vulkan werden lässt (*Ballo* II/8). Wenn Verdi seinem Humor freien Lauf lässt, geschieht dies nie unbeschwert, sondern stets im Bewusstsein der Widrigkeiten des Daseins.

Un giorno di regno (1840)

Dass Verdi viel Humor besaß, zeigt sich schon an seiner zweiten Oper *Un giorno di regno* (König für einen Tag). Das Werk hat indes keinen farcenhaften Charakter, wie wohl manche vorangegangenen Vertonungen des Stoffs, denn er macht daraus ein „melodramma giocoso" mit eher tragikomischen Zügen, bei dem er der buffonesken Heiterkeit nie völlig freien Lauf lässt. Die in aristokratischen Kreisen angesiedelte Geschichte nimmt Bezug auf den Aufenthalt des polnischen Königs Stanislas Leszynski im französischen Exil im Jahr 1733. Dieser lässt den Chevalier de Beaufleur vorübergehend seine Rolle als Monarch spielen, um unerkannt nach Warschau reisen zu können. Die sich daraus ergebenden Verwicklungen sind vorhersehbar und die eher holzschnittartigen Figuren können wenig Anteilnahme wecken. Die rigorosen Straffungen des zuvor schon von anderen Komponisten verwendeten Librettos führen zu manchen Verständnislücken, sodass das Lustspiel zu einer Abfolge von Missverständnissen und Verstellungspossen wird. Vorangetrieben wird die Handlung in größtenteils vom Cembalo begleiteten Secco-Rezitativen, was noch den damals bei Unterhaltungsstücken üblichen Gepflogenheiten entsprach. Verdi versucht, in dem Räderwerk der Verwicklungen immer wieder Ruhepunkte zu setzen – wie etwa in dem melodisch und strukturell raffiniert geformten Sextett „Cara Giulia" (Teure Giulia; *Giorno* I/12) –, doch die beiden unmittelbar aufeinanderfolgenden Arien, in denen die in Belfiore verliebte Marchesa di Poggio und Edoardos Liebste Giulietta di Kelbar ihrer Verzweiflung Ausdruck verleihen (*Giorno* II/8 und 10), sind

mehr an der Geschmeidigkeit und Geläufigkeit der Kehlen ihrer ersten Interpretinnen ausgerichtet, als dass dabei aus einer Bühnenfigur ein Charakter entsteht. Zudem erscheint die unmittelbare Aufeinanderfolge von Andante und Cabaletta der beiden Protagonistinnen eher monoton. Immer wieder werden denkbare retardierende Momente zu einförmigen, trockenen Fingerübungen, um der Form Genüge zu tun, wie etwa bei dem „pezzo concertato“ im Finale des 1. Akts (*Giorno* I/16 ab 3:11-6:01). An vielen anderen Stellen ist Verdis Musik durchaus beschwingt, pendelt aber eher unpersönlich zwischen den Opera buffa-Stilen Rossinis und Donizettis.
Über die ablehnende Reaktion in Mailand vermochten Verdi auch erfolgreiche Aufführungen von *Un giorno di regno* an anderen italienischen Theatern nicht hinwegzutrösten. Elemente des Komischen blieben dennoch weiterhin in seinen Werken präsent, doch erst ein halbes Jahrhundert später sollte er mit der „commedia lirica“ *Falstaff* wieder ein als komische Oper ausgewiesenes Werk schreiben. Mit Arrigo Boito als Librettist wurde es ihm möglich, eine Komödie mit Substanz zu realisieren.

Falstaff (1893)

Die Melodienfülle in *Falstaff* hätte Verdi in früheren Jahren für drei Opern ausgereicht. Dass er einen solchen Ideenreichtum in einer „commedia lirica“ bündelt, die kürzer ist als allein der letzte Akt von Wagners heiterster Oper, *Die Meistersinger von Nürnberg*, liegt an den weitgehend fragmentisierten, kleingliedrigen Klangbausteinen dieses Stücks. Noch in *Otello*, dessen heiteres Pendant Verdis letztes Bühnenwerk darstellt, ist alles viel großflächiger strukturiert. In dem von Verdi als „Tragödie und Komödie“[140] der Liebe konzipierten *Falstaff* wird das Orchester zu einem Hauptakteur des Geschehens, indem es kommentierend, illustrierend, sezierend, liebkosend, fragend, auftrumpfend, dazwischenplappernd und -grölend in das Geschehen eingreift. Dieses Kleinod des Musiktheaters um Liebe, Eifersucht und Intrigen bietet eine Synthese aus verschiedenen Stücken und Motiven Shakespeares. Die Figur des Falstaff taucht sowohl in *Henry IV.* als auch in *Die lustigen Weiber von Windsor* auf, dessen Handlungsgerüst die Grundlage für den Inhalt der Oper bildet: Eine Riege geistreicher Damen spielt dem Schwerenöter Falstaff diverse Streiche, um ihn zur Raison zu bringen. Verdi und Boito weiten die Thematik, indem sie Elemente aus beiden Teilen von *Henry IV.* integrieren wie beispielsweise Falstaffs Monolog über die Ehre. Wenn Falstaffs Bediensteter Pistola sich weigert, Liebesbriefe seines Herrn zu überbringen und argumentiert, er sei kein „Messer Pandarus“, verweist er auf Shakespeares Drama *Troilus und Cressida*, in dem dieser als das Musterexemplar eines Kuppelbruders in Erscheinung tritt. Fentons Lied zu Beginn des 2. Bilds des 3. Akts hat eine sonettartige Reimstruktur, was auf die Shakespearsche Liebeslyrik verweist, ist aber formal verkürzt mit zwei statt drei Vierzeilern. Indem das Spektrum der literarischen Grundlagen erweitert wird, gelingt es, die Achsenfigur Falstaff – auf die sich die Intrigen sowohl der Frauen als auch der Männer fokussieren – mit mehr Charakter und Tiefgang auszugestalten.

Falstaff ist eine Ensemble-Oper mit vielen Gruppenszenen, Monologen und kurzen Liedern anstelle von formgebundenen Arien – ein Konversationsstück mit erheblich verfeinerten Mitteln verglichen mit den ersten Ansätzen in *Stiffelio*, *La traviata*, *Un ballo in maschera* oder *La forza del destino*.

Die ungewöhnliche neue Struktur zeigt sich bereits deutlich in der Einleitungsszene. Das Werk beginnt mit einer auftaktigen Klanggeste des Orchesters, bei der die Betonung auf einem schwachen Taktteil liegt. Dies illustriert das Hineinstolpern in die Handlung, wenn Dr. Cajus in das Gasthaus stürmt, in dem Falstaff sich gemütlich niedergelassen hat, um sich zu beschweren, dass die Diener des abgewirtschafteten Ritters ihn beraubt hätten (*Falstaff* I/1). Innerhalb kürzester Zeit wechseln die Tempovorschriften, die Dynamik, die Instrumentierung und die Klangfarben, während die Wortgefechte zunehmend eskalieren. Den gehetzten Tempi des aufgebrachten Dr. Cajus steht die satte Gemächlichkeit Falstaffs entgegen, wohingegen seine Diener Pistola und Bardolpho nur Lügen und hämische Bemerkungen von sich geben. Die Instrumente kommentieren das Geschehen: Wenn Falstaff dem aufgebrachten Arzt rät, er mache sich nur lächerlich, falls er die Angelegenheit vor den Königlichen Rat bringen wolle, kichern Flöten und hohe Streicher vor sich hin und Dr. Cajus Schwur, er wolle zukünftig nur noch mit ehrbaren Leuten auf Sauftour gehen, wird pathetisch von Posaunen untermalt, gekrönt von einer heroischen Kadenz auf dem Wort „pia“, fromm (*Falstaff* I/1 ab 0:44 und I/1 ab 3:34-3:56). Überhaupt tragen die Instrumente wesentlich zur Ausgestaltung der Ereignisse bei. Wenn

Falstaff sich im 1. Akt darüber lustig macht, dass Bardolphos rote Säufernase ihm des Nachts als Laterne dienen kann („il tuo naso ardentissimo mi serve da laterna"; Falstaff I/0:58-1:13), bringt Verdi die Holzbläser zum Leuchten. Als Falstaff im 2. Akt eine Bezahlung für Unterstützung in Liebensdingen angeboten wird, hört man bei dem Stichwort „un sacco di monete", ein Sack voll Geld, im Orchester die Münzen klimpern (*Falstaff* I/14 ab 1:26). Falstaffs Horrorvision, dass er nicht mehr er selbst sei, wenn er an Gewicht verlöre, schildern die Instrumentalisten äußerst sinnlich: Bei der Beschreibung des abgemagerten Falstaff vernimmt man einen schwachen, völlig ausgedünnten Orchesterton, und erst als er sich seines noch vorhandenen Wanstes vergewissert hat und diesen preist, gewinnt der Klang an Konturen, Blechbläser treten hinzu und auf den Ausruf: „Quest'è il mio regno, lo ingradirò!" (Dies ist mein Reich, das ich vergrößern werde!; *Falstaff* I/2 1:40-2:30) wabert das ganze Orchester gravitätisch. Seine Diener preisen ihn daraufhin wichtigtuerisch mit den Worten „Immenso Falstaff!" (Allmächtiger Falstaff!; *Falstaff* I/2 ab 2:20), wobei Verdi eine von mehreren Selbstparodien einfügt, da der Tonfall deutlich an die „Immenso Phtà"-Anrufungen der Priester aus *Aida* erinnert (*Aida* I/14 ab 3:45). Das *Falstaff*-Orchester kommentiert leise, kann sich aber auch ausschütten vor Lachen über Situationskomik, wenn plärrende Trompetentriller den Rauswurf der Diener aus der Gaststube begleiten oder wenn alle lautstark losprusten, als Falstaff mit dem Ausruf „Alice mia!" wähnt, Fords Frau Alice für sich erobert zu haben (*Falstaff* I/3 ab 3:49 und I/13). Allein durch die Stimmführung vermag Verdi der Melodik einen unmissverständlichen Ausdruck zu verleihen. Wenn die Frauen sich am Schluss des 1. Akts darüber lustig machen, dass Falstaff sich aufplustert, bis er zerplatzt, wandelt Alice seine Worte aus dem Liebesbrief ab und singt mit einer weit gespannten, „con caricatura" vorzutragenden Phrase: „Ma il viso mio su lui risplenderà…" (Aber mein Gesicht wird über ihm erstrahlen…), in die ihre Freundinnen lachend einfallen mit: „…come una stella sull'immensità" (…wie ein Stern über dem Weltkreis). Dabei imaginiert ihr Gesang das Aufgehen jenes Sterns über dem Erdenrund bzw. Falstaffs Kugelbauch und die ornamentierte Schlusswendung und das Orchester, wie diese Luftblase schließlich zerplatzt (*Falstaff* I/10 ab 1:53).

Schon mit dem Beginn wird die Grundstimmung der Oper festgelegt: Ein fein gesponnenes Netz von Parlandoreigen und instrumentalen Kapriolen durchzieht eine Oper, der man nur folgen kann, wenn man in jedem Moment weiß, wovon gerade die Rede ist. In der Strukturierung des Werkes beginnt jeder der drei Akte in Falstaffs Hauptquartier, dem Gasthof „Zum Hosenband", von wo aus sich die Szenerie im zweiten Bild jeweils zu den Schauplätzen amouröser Aventiuren weitet:

Planungen	I/1Gasthaus	II/1Gasthaus	III/1Gasthaus
Reaktion	I/2Garten bei Fords Haus	II/2In Fords Haus	III/2 Im Park von Windsor

Besonders kunstvoll ist das zweite Bild des 1. Akts eingeteilt (*Falstaff* I/4-10). Umrahmt von den Intrigen, die sowohl die Männer als auch die Frauen gegen Falstaff aushecken, tändelt das jungendliche Paar Fenton und Nanetta sorglos herum und bildet damit ein Gegengewicht zu der Verbissenheit der Erwachsenen. Durch die Reihenfolge der Auftritte ergibt sich in dieser Szene eine Bogenstruktur, bei der die Verschwörungsszenen die Liebesintermezzi umrahmen:

Frauen „Alice, Meg, Nanetta"	Konversation
Männer „È un ribaldo, un furbo"	Ensemble und Konversation
Paar „Pst, pst, Nanetta"	Duettino
Frauen „Falstaff m'ha canzonata"	Konversation
Paar „Torno all'assalto"	Duettino
Männer „Udrai quanta egli sfoggia"	Konversation und Ensemble
Frauen „Vedrai"	Konversation

Die Verschwörungsszenen in *Falstaff* gehören zu Verdis Spiel mit genretypischen Elementen. Dabei werden vergleichbare Momente wie in *Ernani*, *La Battaglia di Legnano* oder – mit dem entsprechenden Paukenwirbel – in *Un ballo in maschera* ironisch gebrochen. Komponist und Librettist waren sich einig, dass, wie Boito es formulierte, die Liebe von Fenton und Nanetta „alles und jedes beleben" muss.[141]
Bei dem Liebescode von Fenton und Nanetta, mit dem sie sich stets grüßen (*Falstaff* I/7 ab 1:12 und 9 ab 1:44 und II/10 ab 3:30), handelt es sich um ein Zitat aus der siebten Geschichte des zweiten Tages von Boccacios um 1350 entstandenem Novellenzyklus *Decamerone*.

Fenton: „Bocca baciata non perde ventura…“	„Ein geküsster Mund büßt nichts ein…“
Nanetta: „…anzi rinova come fa la luna. “	„…sondern erneut sich wieder wie der Mond.“

In der Erzählung geht es um eine Frau, die – bevor sie zu dem ihr zugedachten Gatten gelangen kann – durch etliche Verwicklungen mit anderen Männern schläft bzw. schlafen muss. Dennoch gelingt es ihr letzten Endes, Vater und Ehemann weiszumachen, sie sei noch unberührt und, so Boccaccio, „darum sagt man: ein geküsster Mund büßt nichts ein, sondern erneut sich wie der Mond“. Bemerkenswert ist, dass die jungen Leute im verschlafenen Windsor diese frivolen Geschichten kennen. Indes bekommt die Oper durch die subtile vokale und instrumentale Ausgestaltung auch eine erotische Finesse, die ein Gegengewicht bildet zu den Überhöhungen veroperter Liebesmythen des 19. Jahrhunderts wie denen von Tristan und Isolde (Wagner), Dalibor und Milada (in Smetanas *Dalibor*) oder Dido und Aeneas (in Berlioz' *Les Troyens*). In den starren Notenrepetitionen zu Beginn der zärtlichen Liebesbekundung von Fenton und Nanetta spiegeln sich die Worte Fords zu Beginn seines Monologs im 2. Akt: „È sogno? O realtà?“ (Ist es ein Traum? Oder die Wirklichkeit?; *Falstaff* I/16) Die *Falstaff*-Partitur ist feinsinnig genug, um hierin nicht auch eine leichte Andeutung darauf zu zeigen, dass im schlimmsten Fall aus einem einst glücklich verliebten Paar dereinst argwöhnische Individualisten werden können. Fords Philosophieren über Vertrauen und Eifersucht bietet die komische Variante des Misstrauens eines Otello oder Renato.

Als Summe von Verdis Schaffen finden sich in *Falstaff* etliche Kontrapunkte zu seinen dramatischen Gestaltungselementen. Zusätzlich vermittelt das Stück einen ironischen Streifzug durch die Geschichte der standardisierten und gelehrten musikalischen Formen: Beispielsweise kleine „Nummern“ für Bariton und Tenor (*Falstaff* II/3 3:45-4:13 und II/10 1:32-3:30), eine das *Requiem* parodierende Litanei („Domine fallo casto“; Herr, mach ihn keusch, *Falstaff* II/7 ab 2:35), ein Menuett des Falstaff (*Falstaff* II/8 ab 1:00) und eine Fuge – quasi als Fingerübung präsentiert Verdi in seinem letzten Bühnenwerk eine formale Vielseitigkeit, mit der er am Ende seiner Laufbahn allen Konservatoriumsgelehrten noch einmal eine lange Nase dreht.

Auch wenn Falstatt immer wieder zum Stein des Anstoßes wird, sind Menschen wie er das Salz in der Suppe, ja gerade durch sie wird der scharfe Verstand der anderen herausgefordert. Falstaffs Monolog im 3. Akt und sein Schlusskommentar wurzeln letztendlich in den Erkenntnissen aus *Henry IV* und *Wie es Euch gefällt*, wo eine Bemerkung des Edelmanns Jacques dem Fazit des Schlussensembles der Oper, „Tutto nel mondo è burla“, anverwandelt wird:

Jacques:	Falstaff:
Die ganze Welt ist eine Bühne und alle Fraun und Männer bloße Spieler. Sie treten auf und gehen wieder ab, Sein Leben lang spielt jeder manche Rollen Durch sieben lange Akte hin.	Alle Dinge auf der Welt sind üble Streiche. Der Mensch ist ein geborener Possentreiber. Die Treue im Herzen ist unbeständig, unzuverlässig ist sein Verstand. Ein jeder wird geprellt. Jeder verhöhnt den anderen. Nur wer zuletzt lacht, lacht am Besten.

Der Begriff „burla“, ein alter Ausdruck für „scherzo“, kann auch Aprilscherze bezeichnen und umfasst nicht nur Spaß und Unfug, sondern auch unangenehmen Schabernack. Dass Verdi zu dem Schlusskommentar des Titelhelden, in den das ganze Ensemble einstimmt, eine Fuge schreibt, gehört zu seinen subtilen Scherzen: Die streng geordnete Form der Fuge vermittelt Ordnung im Chaos, verweist auf Sinn im Unsinn und wurde von Verdi auch zur Illustrierung der Kampfszene in der Zweitfassung des *Macbeth* verwendet (*Falstaff* II/16 und *Macbeth 1865* II/14 ab 1:29). Das Resumee, das am Ende gezogen wird, bietet die Summe von Verdis jahrzehntelangen Erfahrungen. Es ist die Einsicht, dass alles im Leben dem Wandel unterliegt, nichts verlässlich ist und man nie dem ersten Augenschein trauen sollte. Der Komponist selbst hatte oft genug Enttäuschungen hinnehmen müssen. Einen Vorteil hatte Verdi indes: Ihm war es vergönnt, lange genug am Fluss des Daseins zu sitzen, um die Leichen seiner Feinde vorbeischwimmen zu sehen.

5. Verdi, der „uomo di teatro“ – Forderungen an die Interpretation

„No, no, lasci andare il gran musicista, io sono un uomo di teatro!” (Nein, nein, lass den großen Komponisten beiseite, ich bin lediglich ein Mann des Theaters), schrieb der fast 80-jährige Komponist mit dem für ihn bezeichnenden Understatement und umriss damit, dass die Noten, die er zu Papier gebracht hatte, im Opernhaus sinnlich erfahrbar gemacht und zum Leben erweckt werden müssen. Dass er sich dabei auf den unterschiedlichsten Bedeutungsebenen interpretieren lässt, spricht für sein dramatisches Potenzial und die Vielseitigkeit seiner Kunst. Vordergründig betrachtet scheinen in den post-heroischen Gesellschaften unserer Tage manche von Verdis Bühnenwerken heute fehl am Platz zu sein. Doch in einem großen Teil der realen und heutzutage auch der digitalen Welt sozialer Netzwerke wird die Koexistenz weiterhin bestimmt von Ehrencodices, Engagement, Kampfeswut, Aufopferungsbereitschaft, dem Glauben an Überweltliches und instablile Strukturen. Nicht selten gleichen die unterschiedlichen Vorstellungen von Recht und Unrecht, die fließenden Grenzen zwischen Freiheitskampf und Terrorismus, die Ambivalenz selbst scheinbar alltäglicher Ereignisse dem Geschehen in einer Verdi-Oper. Als Komponist bewegte er sich nicht nur von Anbeginn seiner Karriere an auf internationalem Parket, sondern war auch jemand, dessen Stücke den unterschiedlichsten Mentalitäten Ausdruck verliehen. Dadurch bietet sein Werk die vielfältigsten Identifikations- und Reibungspunkte für moderne multikulturelle Gesellschaften. Da der überwiegende Teil von Verdis Œuvre Theatermusik ist, muss sie auch als solche erlebt werden. Seine Opern brauchen den szenischen Kontext, denn Konzerte mit Auszügen vermitteln ein verzerrtes Bild der Werke. Die DVD besitzt dokumentarischen Charakter und die CD mag für die Vorbereitung oder das Kennenlernen der Stücke sehr nützlich sein, beide können aber die unmittelbare Erfahrung einer Aufführung im Opernhaus nicht ersetzen. Verdi selbst hat mit energischem Gestaltungswillen in seinen Briefen die wesentlichen Aspekte einer gelungenen Umsetzung seiner Opern umrissen. Seine Forderungen an die Sängen und Sänger sind ausführlich belegt.[142] Diese müssen „nicht unbedingt verstehen, Solfeggien zu singen“, also Tonübungen, sondern „vielmehr Gefühl haben und das *Wort* begreifen und es ausdrücken".[143] Sie sollen „sicher in Musik und mit geübter, geschmeidiger Kehle, nur vom eigenen Gefühl geleitet" werden und ihr Vortrag „kein[en] Schulgesang, sondern Inspiration" bieten. „Der Künstler wäre eine Persönlichkeit", fährt Verdi fort, „er wäre er *selbst* oder noch besser, er wäre im Melodramma die Person, die er darstellen soll."[144] Überzogene Dramatisierung erachtete Verdi jedoch fehl am Platze. Für ihn erschien es selbstverständlich, dass „man nicht husten darf im letzten Akt von *La Traviata* und auch nicht lachen bei ‚scherzo e follia' in *Un ballo in maschera*". [145] Verdi regte sich darüber auf, als eine Schauspielerin bei der Nachwandlerszene der Lady Macbeth es mit dem Todesröcheln zu weit trieb. „In der Musik darf und kann man das nicht machen", schrieb er. „Hier gibt es einen Klagelaut im Englischhorn, der das Röcheln wunderbar ersetzt und viel poetischer ist. Das Stück muss mit der größten Einfachheit gesungen werden und mit einer düsteren Stimme (es geht um eine Sterbende)."[146] Einer dynamischen Umsetzung seiner Partituren durch das Orchester kommt laut Verdi wesentliche Bedeutung zu. „Die Tempi sind alle mit der möglichen Klarheit in der Partitur angegeben", betont er. „Man braucht nur auf die dramatische Situation zu achten und auf das Wort, dann kann man schwerlich ein Tempo verfehlen."[147] Es gilt, zugleich der Poesie und den Brüchen, der Heimeligkeit und den Härten, der Intimität und der Aggressivität in Verdis Stücken gerecht zu werden. Wenn ein Dirigent die sogenannten „schönen Stellen" überbetont und ansonsten das Orchester lediglich vor sich hinleiern lässt, zerstört er das kunstvolle Gewebe von „con slancio", also mit Brio und Schwung zu nehmenden Passagen und den nicht minder nach Expressivität verlangenden retardierenden Momenten. Das Orchester muss mit der Gesangsstimme zu einem bewegenden Ganzen verschmelzen, indem durch rhythmische Flexibilität und Akzentuierungen ein lebendiges Äquivalent zum vokalen Ausdruck geschaffen wird. Der Komponist wies darauf hin, dass er „keine breiten Tempi mag", denn „es ist besser, mit Lebhaftigkeit zu sündigen, als dahinzukriechen".[148]

Er bestand darauf, „Kürzungen nicht zuzulassen", denn man könne in seinem Werk „nicht den kleinsten Satz streichen, ohne dem Ganzen zu schaden".[149] Entscheidend war für Verdi, „eine stimmliche, instrumental und inszenatorisch intelligente Aufführung" auf die Bühne zu stellen,[150] bei der alle „mit unbeschreiblicher

Präzision und Hingabe bei der Sache sind“ und wahrlich „den Teufel im Leib“ haben.[151]

Anhang

Tabelle 1

Situationsdramatik	**Progressionsdramatik**
Nummernoper	Auflösung des Nummernschemas
Begleitfunktion des Orchesters	Individualisierung des Orchesters
lückenhafter Handlungsverlauf	in sich geschlossene Handlung
eindimensionale Figuren	vielschichtige Charaktere
Betonung von Affekten und Effekten	Archetypen
viele tableaux-artige, statische Szenen	mehr dynamische Szenen und Ensembles

<table>
<tr><td>Oberto</td><td></td><td></td></tr>
<tr><td>Un giorno di regno</td><td>←Nabucco</td><td></td></tr>
<tr><td>I Lombardi / Jérusalem</td><td></td><td></td></tr>
<tr><td></td><td>←Ernani</td><td></td></tr>
<tr><td></td><td>I due Foscari→</td><td></td></tr>
<tr><td></td><td>←Giovanna d'Arco</td><td></td></tr>
<tr><td>Alzira</td><td></td><td></td></tr>
<tr><td>Attila</td><td></td><td>Macbeth</td></tr>
<tr><td></td><td>←I masnadieri</td><td></td></tr>
<tr><td>Il corsaro</td><td></td><td></td></tr>
<tr><td>La battaglia di Legnano</td><td></td><td></td></tr>
<tr><td></td><td></td><td>Luisa Miller</td></tr>
<tr><td></td><td>Aroldo→</td><td>Stiffelio</td></tr>
<tr><td></td><td></td><td>Rigoletto</td></tr>
<tr><td></td><td>Il trovatore→</td><td></td></tr>
<tr><td></td><td>La Traviata→</td><td></td></tr>
<tr><td></td><td></td><td>Les vêpres sicilienne</td></tr>
<tr><td></td><td>Simon Boccanegra (1857)→</td><td></td></tr>
<tr><td></td><td></td><td>Un ballo in maschera</td></tr>
<tr><td></td><td></td><td>La forza del destino</td></tr>
<tr><td></td><td></td><td>Don Carlos</td></tr>
<tr><td></td><td></td><td>Aida</td></tr>
<tr><td></td><td></td><td>Simon Boccanegra (1881)</td></tr>
<tr><td></td><td></td><td>Otello</td></tr>
<tr><td></td><td></td><td>Falstaff</td></tr>
</table>

Tabelle 2
I Lombardi alla prima crociata (1843) und Jérusalem (1847)
Durch die umfangreiche inhaltliche und musikalische Revision von *I Lombardi* entstand mit *Jérusalem* quasi eine eigenständige Oper. Einzelne Musiknummern (siehe Klammern) wurden teilweise an anderer Stelle mit neuem Text übernommen.

I Lombardi alla prima crociata (1843)	*Jérusalem* (1847)
(entfällt)	Der Graf von Toulouse (Bass)
Giselda, Arvinos Tochter (Sopran)	Hélène, seine Tochter (Sopran)
Pagano (Bass)	Roger, Bruder des Grafen (Bass)
Arvino, sein Bruder (Tenor)	Gaston, Vicomte von Béarn (Tenor)
Acciano, Tyrann von Antiochia (Bass	Emir von Ramla (Bass)
Oronte, sein Sohn (Tenor)	(entfällt)
Orchestervorspiel	Orchestervorspiel (neu)
(2) Chor „Oh nobile esempio!“	Szene und Duett Gaston-Hélène (neu)
Szene „Qui nel luogo santo e pio“	Hélène „Ave Maria“ (1)
	Chor „Enfin voice le jour propice“ (2)
	Orchesterzwischenspiel & Szene (neu)
(3) Quintett „T’assale un tremito!“	Sextett mit Chor „Je treble“ (3)
(4) Stretta „All’empio che infrange la santa promessa“	Ensemble „Cité du Seigneue“ (4)
(5) Chor „A te nell’ora infausta“	Chor „Viens, ô pécheur rebelle“ (5)
(6) Pagano „Vergini!... Sciagurata!“	Roger „Oh, dans l’ombre“ (6)
Szene „Molti fidi qui celati“	Rezitativ Planung des Attentats (neu)
(7) Chor „Niun periglio il nostro seno”	Chor „Fier soldat de la croisade” (7)
Cabaletta „O speranza di vendetta“	Cabaletta „Ah viens demon“ (neu)
(1) Giselda „Salve Maria“ & Szene	Ensemble Vorbereitung des Attentats (neu)
(8) Finale I „Mostro d’averno orribile“	Adagio „Monstre perjure homicide“ (8)
(9) Stretta „Ah! sul capo mi grava l’Eterno“	Stretta „Sur ton front est lance l’anathème“ (9, z. T. neu)
II/1 Palast in Antiochien	(entfällt)
Chor „È dunque vero?“	

(13) Oronte „La mia letizia infondere“	
Szene „Oh! ma pensa che non puoi“	
Cabaletta “Come poteva un angelo“	
II/2 Höhle des Eremiten	II/1 Höhle des Eremiten
(10) Orchestervorspiel und Rezitativ	Orchestervorspiel und Reziativ (10, z. T. neu)
(11) Pagano „Ma quando un suon terribile“	Roger „Ô jour fatal, ô crime“ (11)
Szene und Marsch „Ma chi viene a questa volta?“	Hélène „Quell'ivresse“
Duettino „Sei tu l'uom della caverna? “	Chor „O mon dieux“ (12)
Chor „Stolto Allah“	Marsch (neu)
	Szene Graf-Eremit und Finale (neu)
II/3 Harem	II/2 Palast in Ramla
(15) Coro „La bella straniera“	Gaston „Je veux encore entendre“ (13)
(16) Ensemble und Finale „Oh madre, dal cielo soccorri“	Duett Hélène-Gaston (14)
III/1 Tal von Josaphat	III/1 Ramla, Garten im Harem
(17) Chor „Gerusalem“	Chor „O belle captive“ (15) und Ballett (neu)
	Hélène „Mes plaints sont vaines“ (neu)
(14) Duett Giselda-Oronte	Szene „Non, non votre rage“ (16, z. T. neu)
III/2 Lager der Kreuzfahrer	II/2 Ramla, öffentlicher Platz
Arvino „Del ciel che non punisce“	Szene „Ô mes amis, mes frères d'armes“ (neu)
	Stretta „Frappez bourreaux frappez“ (neu)
III/3 Höhle des Eremiten	(entfällt)
Szene und Terzett „Qui posa il fianco!“	
IV/1 Eine Höhle nahe Jerusalem	IV/1 Beim Lager der Kreuzfahrer
Szene „Vedi e perdona!“	Roger und Chor „Jérusalem le sainte“ (17, z. T. neu)
Chor „Componi, o cara vergine“	Terzett „Dieux nous sépare“ (neu)
Giselda „Oh! di sembianze eteree“	

Oronte „In cielo benedetto“	
Giselda „Non fu sogno!“	
IV/2 Lager der Lombarden	IV/2 Im Zelt des Grafen
(12) Chor „O Signore, dal tetto natio“	
Inno „Guerra! guerra! “	Finale „À toi gloire ô Dieux de victoire“ (neu)
Szene und Finale „Questa è mia tenda“	

Tabelle 3
Don Carlo(s) 1867 – 1886

Insgesamt gibt es mehrere Zwischenstufen, bis Verdi für das Musikdrama *Don Carlo* die endgültige Gestalt gefunden hatte. Erste Überarbeitungen nahm er 1872 für eine Produktion der Oper in Neapel vor. Die im Januar 1884 erstmals in Mailand gespielte 4-aktige Version bleibt hier ausgespart, da bei ihr im Wesentlichen der gesamte Fontainebleau-Akt wegfällt und weitere Veränderungen für die letzte Fassung teilweise noch einmal revidiert wurden. Bei der Mailänder Fassung wurde zu Beginn die Romanze des Carlos mit einem neuen Text und leicht geänderter Melodieführung aus dem gestrichenen 1. Akt übernommen. Ferner fehlen die Ballettmusik und Elisabeths Rechtfertigung vor dem König (vor dem Quartett). Der Beginn der Szene in den Gärten der Königin und der Schluss des Werks wurden teilweise neu komponiert. Ebenso nahm Verdi die Revolutionsszene am Ende des vorletzten Akts wieder auf, die kurz nach der Uraufführung gestrichen worden war. Diese vereinfachte Übersicht zeigt, welche Teile bereits vor der Uraufführung (UA) gestrichen und in welchen Jahren wesentliche Passagen teilweise einschneidend überarbeitet wurden.

Don Carlos (Paris 1867)	Don Carlo (Modena 1886)
I Fontainebleau	
Chor der Holzfäller, Elisabeth (vor UA gestrichen)	(entfällt)
Jägerchor „Le cerf s’enfuit“	Jägerchor „Su, cacciator“
Romanze des Carlos „Fontainebleau! Foret immense“	Romanze des Carlo „Fontainebleau! Foresta immensa“
Begegnung Elisabeth-Carlos	Begegnung Elisabetta-Carlo
Finale Elisabeth, Carlos, Chor	Finale Elisabetta, Carlo, Chor

II/1 Klosterkirche San Juste	
Chor der Mönche „Charles Quint, l'auguste empereur"	Chor der Mönche „Carlo il sommo Imperatoro"
Duett Carlos-Marquis von Posa	Duett Carlo-Marquis von Posa
II/2 Vor den Toren des Klosters	
Eboli, Chor „Chanson de voile"	Eboli, Chor „Canzone des velo"
Terzett Eboli, Elisabeth, Posa	Terzett Eboli, Elisabetta, Posa
Duett Carlos-Elisabeth „Je viens solliciter de la Reine"	Duett Carlo-Elisabetta „Io vengo a domandar grazia"
Auftritt des Königs	Auftritt des Königs (leichte Retuschen)
Duett König-Posa „Restez!"	Duett König-Posa „Restate!" (1872, 1884-86 neu)
III/1 Die Gärten der Königin	
Chor „Que de fleurs"	(entfällt)
Szene Elisabeth-Eboli	(entfällt inklusive Ballett)
Le Ballet de la Reine „La Peregrina"	Orchestervorspiel (neu) und
Szene des Carlo	Szene des Carlo (revidiert 1884-86)
Duett Carlos-Eboli	Duett Carlo-Eboli
Terzett Posa, Eboli, Carlos	Terzett Posa, Eboli, Carlo
III/2 Platz vor der Kathedrale von Valladolid	
Autodafé	Autodafé
IV/1 Kabinett des Königs, Madrid	
Arie des Königs „Elle ne m'aime pas!"	Arie des Königs „Ella giammai m'amò"
Duett König-Großinquisitor	Duett König-Großinquisitor
Szene Elisabeth-König „Justice!"	Szene Elisabetta-König „Giustizia!" (rev. 1884-86)
Quartett Eboli, Posa, König, Elisabeth „Ciel! Que vois-je?"	Quartett Eboli, Posa, König, Elisabetta (rev. 1884-86) „Ciel! Che mai feci!" (rev. 1884-86)

Szene Eboli-Elisabeth „Pitié! Perdon“	Szene Eboli-Elisabetta „Pietà! Perdon!“(1884-86 neu komponiert)
Arie der Eboli „O don fatal“	Arie der Eboli „O don fatale“ (1884 kleine instrumentale Retuschen)
IV/2 Gefängnis	
Szene Posa-Carlos „C’est moi, Carlos“	Szene Posa-Carlo „Son io, mio Carlo“
Abschied des Posa „Je meurs“	Abschied des Posa „Io morrò“
Klage des Königs (vor UA gestrichen)	(entfällt)
Szene König-Carlo	Szene König-Carlo (1884-86)
Volksaufstand	Volksaufstand
Ensemble mit Elisabeth	Ensemble ohne Elisabetta (1884-86 neu)
Auftritt des Großinquisitors	Auftritt des Großinquisitors
V Klosterkirche San Juste	
Arie der Elisabeth „Toi qui sus le néant“	Arie der Elisabetta „Tu che le vanità“
Duett Carlos-Elisabeth „C’est elle!“	Duett Carlo-Elisabeth „È dessa! “ (rev. 1872, 1884-86)
Finale	Finale
Die Vorigen, König, Großinquisitor, Inquisitoren, Mönche	
94 Takte mit leise ausklingendem Schluss (mit Chor)	41 Takte mit Fortissimo-Schluss (ohne Chor)

Literaturhinweise

Die Literaturhinweise sowie die in den Anmerkungen genannten Bände und Artikel bieten Anregungen, das Thema Verdi weiter zu vertiefen. Die Ziffern in den Fußnoten verweisen auf die entsprechenden Bücher in dieser Liste.

(1) Abbiati, Franco: *Giuseppe Verdi*, 4 Bände, Mailand 1959.

(2) Alberti, Annibale: *Verdi intimo – Carteggio die Giuseppe Verdi con il conte Opprandino Arrivabene 1861-86*, Verona 1931.

(3) Budden, Julian: *The Operas of Verdi*, 3 Bände, London 1973-1978.

(4) Busch, Hans (Hrsg.): *Giuseppe Verdi – Briefe*, Frankfurt a. M. 1979.

(5) Busch, Hans (Hrsg.): *Verdi Boito – Briefwechsel*, Berlin 1986.

(6) Cesari, Gaetano / Luzio, Alessandro (Hrsg.): *I copialettere di Giuseppe Verdi*, Mailand 1913.

(7) Gerhard, Anselm / Schweikert, Uwe: *Verdi-Handbuch*, Stuttgart/Weimar 2001.

(8) Luzio, Alessandro (Hrsg.): *Carteggi verdiani*, 4 Bände, Rom 1935-1947.

(9) Otto, Werner (Hrsg.): *Giuseppe Verdi – Briefe*, Berlin 1983.

(10) Phillips-Matz, Mary Jane: *Verdi – A Biography*, New York/Oxford 1993.

Anmerkungen

[1] 18.10.1880 – [9], S. 277.
[2] [4], S. 7.
[3] Verdi in Arthur Pugin: *Giuseppe Verdi – Vita aneddotica con note ed aggiunte di Folchetto*, Mailand 1881, S. 43.
[4] 7.11.1878 – [4], S. 145.
[5] Januar 1854 – [1] II, S. 267.
[6] 5.9.1838 – [9], S. 27.
[7] Sommer 1842 – [9], S. 33.
[8] Mit der Debatte über Verdis korrektes Geburtsdatum kann man Seiten füllen (vgl. Phillips-Matz' Biographie, S. 11-13). Der Komponist selbst glaubte über sechzig Jahre lang, er sei am 9. Oktober 1814 zur Welt gekommen, weil ihm dies seine Mutter versichert hatte. Doch die Geburtsurkunden der Kirche und der Gemeinde legen beide den Schluss nahe, dass es der 10. Oktober 1813 gewesen sein muss.
[9] Sommer 1842 – [9], S. 33.
[10] Julian Budden: *Verdi – Leben und Werk*, Stuttgart 1987, S. 11.
[11] [4], S. 67 ff.
[12] Siehe Birgit Pauls: *Giusepe Verdi und das Risorgimento – Ein politischer Mythos im Prozess der Nationenbildung*, Berlin 1996, und Roger Parker: *„Arpi d'or die fatidici vati" – The Verdian Patriotic Chorus in the 1840s*, Parma 1997.
[13] Siehe [7], S. 92
[14] 21.4.1848 – [4], S. 25.
[15] 18.10.1848 – [4], S. 30.
[16] 12.1.1846 – [8] IV, S. 245.
[17] 13.8.1898 – [1] IV, S. 632.
[18] 15.11.1843 – [9], S. 39 f.
[19] 4.3.1869 – [9], S. 197.
[20] Dezember 1835 – [9], S. 20 f.
[21] 28.10.1838 – [9], S. 28.
[22] 12.5.1858 – Udo Bermbach (Hrsg.): *Verdi-Theater*, Stuttgart/Weimar 1997, S. 37.
[23] [1] II, S. 205.
[24] Heinz Becker (Hrsg.): *Meyerbeer – Briefwechsel und Tagebücher*, Band 1, Berlin 1960, S. 509.
[25] Das 850 Zuschauer fassende Dar Elopera Al Misria in Kairo bauten die Italiener Pietro Avoscani und Mario Rossi im Auftrag des ägyptischen Vizekönigs Ismail Pacha. Es wurde – passend zur Einweihung des Suezkanals im gleichen Monat – am 1. November 1869 mit Verdis *Rigoletto* eröffnet, dirigiert von Emanuele Muzio (1821-1890), der ab 1844 Verdis einziger Schüler und Assistent war. Erst zwei Jahre später folgte am 24. Dezember 1871 die Uraufführung von *Aida*. Das Theater wurde 1971 bei einem Brand vollständig zerstört.
[26] 20.1.1855 – [9], S. 114.
[27] 8.12.1869 – [6], S. 221.
[28] 8.12.1869 – [6], S. 221.
[29] In dem 1984 entstandenen Film *Il Bacio di Tosca* von Daniel Schmid werden das Haus und seine Bewohner auf sehr bewegende Weise vorgestellt. Der Titel spielt auf die Szene in Puccinis Oper *Tosca* an, in der die Titelheldin Scarpia ein Messer in den Leib rammt und sagt: „Dies ist der Kuss der Tosca."
[30] 21.4.1848 – [4], S. 25.

[31] 6.3.1868 – [9], S. 191.
[32] 10.9.1870 – [9], S. 211.
[33] 12.2.1878 – [6], S. 606.
[34] 17.11.1868 – [4], S. 86.
[35] 13.5.1868 – [9], S. 192.
[36] Wilhelm Altmann (Hrsg.): *Otto Nicolai, Tagebücher*, Regensburg 1937, S. 211.
[37] 20.1.1853 – [1] II, S. 190.
[38] 9.4.1851 – [4], S. 42.
[39] 4.3.1869 – [9], S. 197.
[40] 24.5.1867 – Arturo Di Ascoli: *Quartetto milanese ottocentesco – lettere di G. Verdi, G. Strepponi, C. Maffei, C. Tenca e di altri personaggi del mondo politico e artistico dell'epoca*, Rom 1974. S. 161 f.
[41] 7.7.1868 – Ebd., S. 184 f.
[42] 20.3.1876 – [4], S. 138.
[43] 1.1. 1853 – [5], S. 8.
[44] 5.9.1843 – [3] I, S. 141.
[45] 14.12.1850 – [4], S. 40 f.
[46] 22.4.1853 – [4], S. 49 f.
[47] 21.5.1869 – [8] I, S. 111.
[48] 21.1.1852 – [4], S. 46.
[49] 20.11.1880 – [7], S. 295.
[50] 22.4.1853 – [4], S. 50.
[51] Ausführliche Hinweise zu der Arbeit an Shakespeares *King Lear* finden sich unter anderem bei Phillips-Matz und Budden (Band 2).
[52] 17.8.1869 – [9], S. 201.
[53] 28.4.1865 – Jean-Gabriel Prod'homme: „Lettres inédites de G. Verdi à Léon Escudier" in *Rivista musicale italiana*, 35, 1928, S. 189.
[54] Sama Morgenstern: *Komponisten über ihre Musik*, München 1956, S. 112 f .
[55] 17.4.1872 – [9], S. 232.
[56] 2.5.1898 – [4], S. 206.
[57] 2.5.1898 – [4], S. 206.
[58] [7], S. 168.
[59] Francesco Florimo: *La scuola musicale di Napoli e i suoi conservatori*, Band 3, S. 115 f.
[60] 22.8.1870 – [6], S. 642.
[61] Die tabellarische Übersicht der Disposition der Grundstruktur findet sich erstmals bei Harold S. Powers: „'La solita forma' and the 'Uses of Convention'" in *Acta musicologica* 59, 1987, S. 65-90.
[62] Carlo Ritorni: *Ammaestramenti alla composizione d'ogni poema e d'ogni opera appartenente alla musica*, Mailand 1841, S. 40.
[63] 3.10.1863 – [9], S. 168.
[64] Siehe Markus Engelhardt: *Verdi und andere – Un giorno di regno, Ernani, Attila, Il corsaro in Mehrfachvertonungen*, Parma 1992.
[65] Siehe John Rosselli: „Verdi e la storia della retribuzione del compositore italiano" in *Studi verdiani* 2, 1983, S. 11-28.
[66] 15.2.1883 – [4], S. 165. Wagner war zwei Tage zuvor in Venedig verstorben.
[67] 17.4.1872 – [8], I, S. 149.
[68] 14.7.1889 – [6], S. 702.
[69] 4.1.1871 – [7], S. 538.
[70] 17.3.1882 – [9], S. 283. Den Satz singt Figaro, kurz nachdem er im Finale des 1. Akts hinzukommt, um den Grafen zu beruhigen.

[71] An dem *Requiem per Rossini* wirkten 1869 mit: Carlo Pedrotti (1817-1893), Gaetano Gaspari (1807-1881), Antonio Bazzini (1818-1897), Antonio Buzzolla (1815-1871), Alessandro Nini (1805-1880), Pietro Platania (1828-1907), Antonio Cagnoni (1828-1896), Lauro Rossi (1812-1885) und Teodulo Mabellini (1817-1897).
[72] 4.1.1871 – [1] I, S. 118 f.
[73] 17.2.1889 – [5], S. 314.
[74] 20.10.1874 – [1] III, S. 718.
[75] 22.4.1853 – [4], S. 49 f.
[76] 3.1.1873 – [4], S. 119.
[77] 22.7.1848 – [8] IV, S. 217.
[78] 18.10.1848 – [4], S. 30.
[79] 21.5.1869 – [8] I, S. 111.
[80] 14.12.1850 – [4], S. 40.
[81] 9.5.1844 – [10], S. 169.
[82] Mai 1844 – [1] I, S. 516.
[83] 22.4.1853 – Alessandro Pascolato: *‚Re Lear' e ‚Un ballo in maschera' – Lettere di Giuseppe Verdi ad Antonio Somma*, Città di Castello 1902, S. 45.
[84] 22.7.1848 – [8] IV, S. 218.
[85] 27.8.1848 – [4], S. 29.
[86] 17.3.1882 – [9], S. 283.
[87] [6], S. 473.
[88] 17.5.1849 – [6], S. 470.
[89] 17.5.1849 – [9], S. 70.
[90] 23.12.1867 – [4], S. 84.
[91] 4.9.1846 – [1] I, S. 646.
[92] 8.2.1865 – [7] S. 351.
[93] 7.1.1847 – [4], S. 20.
[94] 23.11.1848 – [6], S. 61 f.
[95] In der 3. Szene des 1. Akts findet sich in der Hexenszene eine unmissverständliche Anspielung auf den ersten Satz des seinerzeit berühmten Tagebuchs des Forschungsreisenden Ralph Fitch (1583-1611). Fitchs „Ich stieg in London in ein Schiff mit Namen *The Tiger*, worinnen wir nach Tripolis in Syrien fuhren, und von dort schlugen wir den Weg nach Aleppo ein..." wird bei der ersten Hexe zu „Ihr Mann ist nach Aleppo gefahren, führt den *Tiger*…"(Her husband's to Aleppo gone, master o' the Tiger).
[96] 4.4.1851 – [1] II, S. 122.
[97] 9.4.1851 – [6], S. 118.
[98] 9.4.1851 – [6], S. 118.
[99] 3.1.1855 – [9], S. 112.
[100] 22.3.1863 – [2], S. 24.
[101] 18.1.1854 – [9], S. 105.
[102] 5.11.1845 – [9], S. 46.
[103] 22.10.1864 – [9], S. 171.
[104] 11.10.1864 – [9], S. 171.
[105] 6.7.1854 – [8] I, S. 26.
[106] 20.8.1861 – [7], S. 442.
[107] Padre Guardiano ist kein Name, sondern bezeichnet den obersten Vorsteher eines Klosters. Melitone geht möglicherweise auf das lateinische „melioro" (verbessern) zurück, da sich der Laienbruder als großer Weltverbesserer gibt, anderen gerne ihre Sünden vorhält, aber hinsichtlich Frömmigkeit und Mitgefühl

selbst noch Potenzial hat, das nicht ausgeschöpft worden ist.
108 2.2.1881 – [2], S. 286.
109 Detaillierte Hintergründe zur Werkgeschichte finden sich in Christian Springer: *Giuseppe Verdis „Simon Boccanegra" – Dokumente,– Materialien,– Texte zur Entstehung und Rezeption der beiden Fassungen*, Wien 2008.
110 20.11.1880 – [7], S. 424.
111 14.4.1879 – [4], S. 150.
112 20.11.1880 – [7], S. 424.
113 Für ausführliche Details siehe Scott L. Balthazar (Hrsg.): *The Cambridge Companion to Verdi*, Cambridge 2004, S. 215-228.
114 15.3.1883 – [9], S. 286.
115 15.3.1883 – [9], S. 286.
116 26.8.1871 – [1] III, S. 477.
117 15.7.1870 – [9], S. 209.
118 16.10.1870 – [6], S. 654.
119 2.8.1871 – [9], S. 223.
120 15.10.1836 – [9], S. 26.
121 15.11.1891 – [9], S. 308.
122 14.2.1874 – [9], S. 241.
123 2.9.1871 – [9], S. 224.
124 15.1.1896 – [10], S. 738.
125 François Truffaut: *Mr. Hitchcock, wie haben Sie das gemacht?*, München 1973, S. 62 f.
126 Ebd., S. 102.
127 Ebd., S. 41.
128 23.3.1871 – [9], S. 219.
129 23.11.1848 – [9], S. 69.
130 10.7.1871 – [9], S. 221.
131 Detaillierte Hinweise finden sich in Gregory W. Harwood: „Verdi's Reform of the Italian Opera Orchestra" in *19th-Century Music*, vol. 10, No. 2, Herbst 1986, S. 108-134; Daniel J. Koudry: *Orchestral Performance Practices in the Nineteenth Century – Size, Proportions, and Seating*, Ann Arbour, Michigan, 1986; und Teresa Klier: „Verdis Orchesterkonzeption" in Markus Engelhardt: *Giuseppe Verdi und seine Zeit*, Laaber 2001, S. 191-201.
132 16.11.1884 – [2], S. 316.
133 10.7.1881 – [9], S. 221.
134 23.6.1869 – Harwood: „Verdi's Reform", S. 124. Bei Harwood und Koudry lassen sich anhand von etlichen Orchestersitzplänen aus dem 19. Jahrhundert die Aufstellungen gut nachvollziehen.
135 13.1.1872 – [9], S. 229.
136 3.10.1863 – [9], S. 168.
137 9.3.1848 – [9], S. 59.
138 17.5.1849 – [9], S. 71.
139 Albert Camus: *Der Mythos von Sisyphos – Ein Versuch über das Absurde*, Reinbek 1988, S. 11 und 50.
140 11.7.1889 – [5], S. 361.
141 12.7.1889 – [5], S. 363.
142 Siehe Franz Hajtas: „Verdis Aussagen über Interpretation und Sänger" in *Opernwelt*, Februar 1991, S. 12-18, und Christian Springer: *Verdi und die Interpreten seiner Zeit*, Wien 2000.
143 17.2.1863 – [9], S. 164.

[144] 20.2.1871 – [9], S. 217 f.
[145] 11.3.1865 – [7], S. 355.
[146] 11.3.1865 – [7], S. 355.
[147] 18.4.1844 – [9], S. 41.
[148] 18.4.1844 – [9], S. 41.
[149] 18.4.1844 – [9], S. 41.
[150] 8.12.1871 – [9], S. 227.
[151] 1.3.1869 – [9], S. 196 f.

Meinhard Saremba
Oper. Einführung

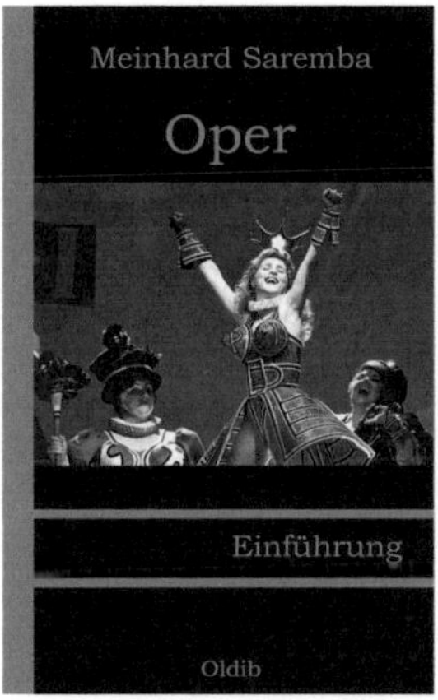

Von allen Kunstformen ist die Oper die größte emotionale und intellektuelle Herausforderung, die je ersonnen wurde. Allerdings ist die Oper auch die anstrengendste Kunst, die man sich denken kann – sowohl für die beteiligten Interpreten als auch für die Besucher. Sie umfasst und vereint Historie, Kulturgeschichte, Literatur, Malerei, bildende nebst darstellender Kunst und Musik. Nicht zuletzt ist die Oper eine Sinn stiftende Vereinigung von Gegensätzen. Die vor 400 Jahren in Italien geschaffene Oper hat im Laufe der Zeit viele Wandlungen durchgemacht und in anderen Ländern eigenständige Ausprägungen hervorgebracht. Der in diesem Band vorgestellte Zugang zur Oper beleuchtet den zeitlichen Kontext und die konzeptionellen Grundlagen anhand von exemplarisch ausgewählten Werken. Der Band regt nicht nur erfahrene Opernfreunde zu einem neuen Überdenken einer umstrittenen Kunstform an, sondern vermittelt Neugierigen und „Opern-Anfängern" die Grundlagen für ein weiter reichendes Verständnis. 164 Seiten, 12,99 Euro, ISBN 978-3-939556-19-0

Pressestimmen

„Im Rahmen der Einführungen des Oldib-Verlags beschreibt Meinhard Saremba in gut nachvollziehbarer Weise die Widersprüche der Oper, aber noch viel mehr das Faszinosum, das Oper nach wie vor ausübt. [...] Saremba entwickelt einen gut zu lesenden Schreibstil, der die Kenner nicht langweilt und Anfänger nicht überfordert, ohne je oberflächlich zu werden."
Gerhard Eckels in Orpheus (Januar/Februar 2012)

„Die Oper ist nicht tot. Diese Diagnose stellt der Publizist Meinhard Saremba. Er fühlt der Patientin, die angeblich in den letzten Zügen liegt, den Puls und prophezeit ihr ein langes Bühnendasein unter der Voraussetzung, dass Interpreten und Publikum das ‚Ziel' dieser Kunstform immer vor Augen behalten: Offen zu bleiben für Zeitstömungen und Deutungsversuche. [...] Der Autor [...] setzt sich für eine ‚uneingeschränktze Freiheit des Denkens' ein und legt in Beweisketten dar, wie unaufhörlicher Wandel die Geschichte der Oper bestimmt, da sie sich immer dem vorherrschenden Zeitgeschmack angepasst hat."
Monika Lanzendörfer in Mannheimer Morgen (30. September 2011)

Thepakos+

Interdisziplinäre Zeitschrift für Theater und Theaterpädagogik

Thepakos+ wirft dreimal jährlich einen interdisziplinären Blick auf das Theater und die Theaterpädagogik. Ein solcher Blick greift auf unterschiedliche Disziplinen zurück und wechselt gleichzeitig zwischen Theorie, Praxis und Ästhetik. Als solches finden sich Perspektiven aus der Theaterpädagogik, Soziologie, Philosophie, Pädagogik, Theaterwissenschaft, Germanistik oder der Kommunikationswissenschaft, die sich in unterschiedlichen Beiträgen niederschlagen. Praktische Ausformungen der theaterpädagogischen Arbeit sind – dem Wesen des Faches nach – unerlässlich und zwingend. Somit liegt in der Vermittlung zwischen Theorie und Praxis und der Interdisziplinarität das Selbstverständnis der Zeitschrift.

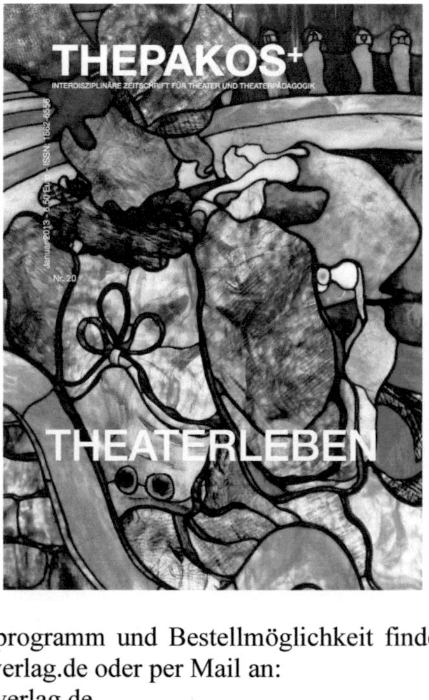

Das Verlagsprogramm und Bestellmöglichkeit finden Sie unter www.oldib-verlag.de oder per Mail an: info@oldib-verlag.de